JOHANNES NEUHOFER

DER JOHANNESWEG

Aufgezeichnet von
Andrea Fehringer & Thomas Köpf

JOHANNES NEUHOFER

DER JOHANNESWEG

So finden Sie zur Einkehr und Zufriedenheit

Aufgezeichnet von Andrea Fehringer & Thomas Köpf

AMALTHEA

Die Fortsetzung – berührende neue Geschichten rund um den Johannesweg

Johannes Neuhofer
Ich bin jetzt am Johannesweg
Zwölf Geschichten vom Leben
ISBN 978-3-85002-896-7
eISBN 978-3-902998-17-0

Besuchen Sie uns im Internet unter
www.amalthea.at

4. Auflage 2015

Schutzumschlaggestaltung: Kurt Hamtil, verlagsbüro wien
Schutzumschlag: Engelskapelle und Johannesbrunnen am Hof
der Familie Irxenmayr in Pierbach, © Verband Mühlviertler Alm
Wanderkarte auf Seite 228/229: © GISDAT/Michael Strasser
Sämtliche Abbildungen im Buch sind mit freundlicher Genehmigung
des Verbandes Mühlviertler Alm abgedruckt. www.muehlviertleralm.at
Herstellung: Franz Hanns
Gesetzt aus der 11/14 Punkt Minion
Gedruckt in der EU

ISBN 978-3-85002-809-7

Am Ziel

Angekommen.

Eigentlich könnte ich das Buch damit schon beenden. Mit dem Wort ist alles gesagt. Wer angekommen ist, ist dort, wo er hin wollte im Leben. Er hat seinen Platz gefunden. Er ist daheim. Er ist bei sich. Umgeben von Menschen, mit denen er alt werden möchte. Angekommen. Fertig.

Im Verlag hat man mir gesagt, dass das so nicht geht. Das genügt nicht für ein Buch, Herr Doktor, haben sie gesagt, Sie als Hautarzt wissen das vielleicht nicht, ist ja nicht direkt Ihr Metier. Aber Autoren arbeiten nicht so.

Das hat mich schon stutzig gemacht. Aber dann ist mir ein polnischer Autor eingefallen, Stanislaw Lec hat er geheißen. Und er hat gesagt: »Ich wollte der Welt nur ein einziges Wort sagen. Da ich es nicht konnte, wurde ich Schriftsteller.« Das hat mir eingeleuchtet, man soll von den Guten lernen.

Wobei es so gar nicht mein Ehrgeiz ist, mich als Schriftsteller hervorzutun. Ich möchte nur in Worte fassen, worauf es mir ankommt.

Und das ist: ankommen.

Ich persönlich bin optimistisch, dass es mir bald gelingen dürfte. Ich habe eine Idee, wie es auch anderen gelingen könnte. Ich habe eine Vision von dem Weg, den man gehen muss. Zu sich. Auf andere zu. Und mit ihnen in eine bessere Gesellschaft. Ich nannte ihn Johannesweg.

Wobei es so gar nicht meine Eitelkeit ist, mich als Person in den Vordergrund zu stellen. Ich wollte nur einen Namen haben, für das, womit ich auf die Leute zukommen möchte. In meinem Freundeskreis hat man mir gesagt, dass das schon in Ordnung ist. So heißt du halt einmal, Johannes, haben sie gesagt, mit dem Namen bist du auf die Welt gekommen. Damit hat dein Lebensweg begonnen.

Und damit beginnt der Weg eines jeden. Jeder kommt auf die Welt und damit zum ersten Mal an.

Gleich nach der Geburt ist man also dort, wo man sein Lebtag wieder hin will. Vielleicht nicht unbedingt schon am richtigen Platz, aber ganz bei sich. Nur weiß man das noch nicht. Und noch viel weniger kann man was dafür. Man hat nichts dazu getan, um auf die Welt zu kommen. Umso mehr kann man dafür tun, seinen Weg zu finden. Das Leben ist ungerecht, fad ist es nicht.

Deshalb strudelt man sich von dem Tag der Geburt an dafür ab, auf sein Ziel zuzusteuern. Auf einer Geraden ist man dabei nicht unterwegs, das brauche ich niemandem zu erzählen, der auf eigenen Beinen stehen kann. Bei manchen ist das früher, bei anderen später. Meistens ist man einigermaßen selbstständig, wenn man nicht mehr fragt, wo man herkommt, und nicht mehr sagt, wo man hingeht. An dieser Weggabelung geht es dann in alle Richtungen zum Erwachsensein.

Egal, welche man nimmt, man schleicht sich auf Umwegen ans Ziel an. Was vorwiegend daran liegt, dass man es noch gar nicht kennt, dieses Ziel. Das ist mitunter ärgerlich, aber nicht schlecht eingerichtet vom Leben. Man muss schon einmal falsch abbiegen, um den richtigen Weg zu finden. Man muss schon hie und da in die verkehrte Richtung rennen, um den rechten Weg zu erkennen. Man muss schon ab und zu Abkürzungen nehmen, um Zeit zu gewinnen. Man muss schon da und dort in Sackgassen landen, um sich neu zu orientieren. Man muss sich schon dann und wann auf dem Weg anderer verirren, um auf den eigenen einzuschwenken. Man muss schon immer wieder stehen bleiben, um weiterzukommen. Die Methode ist mühsam, unsinnig ist sie nicht.

Wenn man genug Erfahrung gesammelt hat, ist man alt genug, um sie auszunutzen. Das hab nicht ich mir ausgedacht, das ist von William Somerset Maugham. Ich hab's nur weitergedacht und bin draufgekommen, dass man seine Erfahrungen in jedem Alter anders ausnutzt.

Bis zwanzig kommt es einem nicht so sehr drauf an, dass man ankommt, sondern wie man bei anderen ankommt.

Man ist Kind, in der Pubertät, ein Jugendlicher. Alles Lebensphasen, in denen man sich überhaupt nicht auskennt. Und je mehr man über sich erfährt, desto weniger weiß man etwas mit sich anzufangen. Was das eine Stadium vom anderen unterscheidet, sind Vorsilben. Man will geliebt, beliebt, verliebt sein. Ankommen, das hätte ich mir als Tattoo auf die Stirn ritzen lassen, ist in dem Alter noch kein Thema. Man wär schon froh, wenn man wüsste, wo man hin soll mit sich.

Und doch sind diese Jahre der Prägestempel auf dem Leben. Und wenn die Erfahrungen die Summe aller Irrtümer sind, dann werden sie während dieser Zeit vorwiegend von anderen begangen. Wo man hineingeboren wird, wie man erzogen ist, womit man aufwachsen musste, bestimmt, wem man vertraut, was man sich zutraut, ob man sich überhaupt was traut. Den Rucksack, den man später auf dem Buckel hat, schleppt man seit damals mit. Wie schwer man daran zu tragen hat, entscheidet man nicht selber. Wie lange man ihn trägt, schon.

Ich bin so einiges von dem, was mich bedrückt hat, erst sehr spät losgeworden. Wie ein Lastenesel konnte ich lange nicht unterscheiden, ob man mir Klumpert oder was von Wert aufgeladen hat. Bis ich endlich den Mut aufbrachte, den Rucksack aufzumachen, den Inhalt anzuschauen und das Schwerwiegendste auszumisten. Mir war erheblich leichter nachher. Und mit jedem Plunder, den ich abwerfe, haben es die anderen leichter mit mir.

Bis dreißig ist man dem Ankommen noch immer nicht viel näher. Man kommt ziemlich dran, auf vieles drauf und an manchem nicht vorbei.

Man ist ein Twen. Und damit in der Lebensphase der großen Entscheidungen. Was könnte ich werden? Mit wem möchte ich mich zusammentun? Wie oft will ich mich vermehren? Ich bin Hautarzt geworden. Ich habe meine erste Frau geheiratet. Ich habe zwei Kinder bekommen. Und eine Ahnung, wieso etliches schiefläuft im Leben.

Die ersten Erfahrungen, auf denen meine Idee zum Johannesweg fußt, machte ich in der Praxis. An der Haut sieht man, ob sich jemand wohl fühlt in ihr oder ob ihn was krank macht. Ich sammelte die Fakten, konnte sie aber noch nicht zusammensetzen. Die Botschaft, dass etwas nicht stimmt an, mit und um uns, war bei mir angekommen. Aber ich war selber einer, an dem etwas nicht stimmte. Zu beschäftigt, um mich mit dem Wesentlichen zu beschäftigen. Zu geschafft, um mehr zu tun, als mir die Reputation des Tüchtigen und meiner Familie die Existenz des guten Mittelstandes zu erschaffen. In der Sturm-und-Drang-Zeit besteht der Sinn des Lebens darin, voranzukommen.

Ab vierzig kommt man langsam dazu, sich Gedanken übers Ankommen zu machen, und darüber, was da auf einen zukommen könnte.

Man ist in den besten Jahren. Man hat sich im Leben eingelebt. Bei den einen wachsen die Sorgen mit den Kindern mit, die anderen haben ihre eigenen Probleme. Das, was man sich aufgebaut hat, ist fast fertig. Man feiert Dachgleiche. Und hegt doch schon die leise Befürchtung, die Decke könnte einem auf den Kopf fallen.

Mit zunehmender medizinischer Kompetenz gelang es mir nach und nach, die Mitteilungen der Haut immer schneller zu lesen und immer besser zu verstehen. Midlifecrisis stand auf meiner. Aber Ärzte sind miese Patienten, insbesondere in der eigenen Praxis. Bei den anderen wusste ich genau, was nicht in Ordnung war. Ich hatte gelernt, ihnen unter die Haut zu schauen. Bei mir schummelte ich mich um die Diagnose herum, dass es so nicht weitergehen konnte.

Schließlich sagte ich es mir. So kann es nicht weitergehen. Wenn es so weitergeht, bist du tot, lange bevor du stirbst. Die Therapie, die du brauchst, heißt Veränderung, verschreib sie dir endlich. Und ich verschrieb sie mir. Ich heiratete meine zweite Frau. Sie schenkte mir zwei Kinder. Und eine neue Lebensaufgabe. Wir bauten den Johanneshof um. Den Platz, an dem ich ankommen sollte.

Ab sechzig kommt man nicht drum herum, dass einen das überkommt, was man die Gunst des Alters nennt.

Man ist im Spätsommer des Lebens. Man ist ein bisschen bequemer, ein bisschen gesetzter, ein bisschen nachdenklicher geworden. Man ist noch gut zu Fuß, aber man überlegt sich seine Schritte genauer. Die Siebenmeilenstiefel, die man so lange getragen hat, zieht man nur noch in Gedanken an. Wenn jemand die Beine in die Hand nimmt, dann ist es die Fantasie, die den Wunschvorstellungen, den nicht erfüllten Träumen auf den Fersen bleiben will.

Bei mir begann sie zu galoppieren, als ich mir vorstellte, was ich mit dem Herbst meines Lebens anstellen sollte. Am Ball zu bleiben, indem ich ihn mit einem Schläger über neun Löcher treibe, erschien mir etwas wenig. Und die Lösung war kein Golfplatz mit achtzehn Löchern. Die Lösung war der Johannesweg.

Hintergrund des Ganzen ist ein globales Gefühl der Unruhe und der

Unsicherheit. In ökonomisch holprigen Zeiten sehnen sich die Menschen wieder nach Substanz, nach wahren Werten wie Freundschaft, Familie, Glaube, Zuversicht. Was man sucht, findet man in keinem Sparbuch, keiner Aktie und keinem Wertpapier. Man sucht das Vertrauen in sich und in die Zukunft, man sucht das Glück. Der Johannesweg soll den Menschen den Mut machen, den sie brauchen, um nach vorne zu schauen. Er soll ihnen dabei helfen, sich wieder auf sich selbst zu besinnen. Und er soll ihre geistige und körperliche Gesundheit fördern.

Um zu sehen, wie nötig wir das haben, braucht man kein Arzt zu sein. Aber es hilft. Man lügt sich leichter in die Tasche eines Nadelstreifsakkos als in die auf einem weißen Kittel. Der Anstieg der Burnout-Erkrankungen ist kein Geheimnis. Der Stress nimmt überhand. Gemeinsam mit dem Rest der unerträglichen Schwere des Seins fügt sich alles in eine gewisse Endzeitstimmung. Die latente Panik macht langsam, aber sicher krank. Das möchte ich ändern.

Und irgendwann, dort auf meinem Johanneshof, angekommen in der Gewissheit, dass ich mehr als Golfspielen will, hatte ich die Idee, wie das funktionieren könnte. Es sind bloß zwölf Stationen, über die man zum Ziel kommt. Und das ist für jeden Einzelnen: gesund und zufrieden bis ins hohe Alter im Einklang mit den Gesetzen der Natur und in Harmonie mit seinen Mitmenschen zu leben.

Diese zwölf Stationen sind Gegenstand meiner Vision und Inhalt dieses Buches. Sie sind einleuchtend, leicht zu praktizieren sind sie nicht. Sonst wären wir alle schon dort angekommen, wo wir hin wollen. Sonst wäre die Gesellschaft schon die, in der wir leben wollen.

Ich möchte jeden bewegen mit meiner Idee. Sie soll ans Herz gehen und einem in die Glieder fahren. Einen seelisch aufrichten und körperlich antreiben. Um die Stationen geistig durchzugehen, habe ich sie hier aufgeschrieben. Um sie physisch zu durchwandern, gibt es den Johannesweg auch in natura. In Oberösterreich, ausgehend von der Gemeinde Pierbach im Mühlviertel.

Der Johannesweg ist die österreichische Antwort auf den Jakobsweg. Es ist kein Ausstieg, es ist ein Einlenken. Vierundachtzig Kilometer lang schlängelt sich der Weg durch ein paar der sehenswertesten Gegenden des Landes und führt ans Licht. Das Symbol des Lichts in der Pflanzenwelt ist die weiße Lilie. Deshalb wurde die Strecke nach der Form ihrer Blüte abgesteckt. Würde jemand den Johannesweg vom Himmel aus betrachten, läge eine riesige Lilie unter ihm.

Der Tag, an dem der Johannesweg erstmals begangen wurde, ist der Tag von Johannes dem Täufer. Er war der Cousin von Jesus und der erste Rufer in der Wüste. Seine Worte haben viel mit den Werten zu tun, die heute, zweitausend Jahre später, wieder von Bedeutung sind. Dass auch der Täufer ein Johannes war, fügt sich wie ein kostbarer, alter Stein ins Mosaik meiner Vision von einer neuen Zukunft.

Wobei es so gar nicht meine Intention ist, mich hier mit einer Art Religion hervorzutun. Die Werte, um die es mir geht, kommen in jeder Religion vor. Die zwölf Stationen des Johanneswegs sind weder Gebote noch Dogmen, weder Glaubenssätze noch Vorschriften, weder Befehle noch Aufträge. Sie haben nichts mit Müssen zu tun, sie mögen das Können fördern. Sie sind eine Einladung, sich der Pflichten aller zu besinnen, um die Rechte jedes Einzelnen zu stärken. Das ist der Sinn dieser Bewegung.

Um miteinander etwas zu bewirken, habe ich einen Verein zum Johannesweg gegründet. Wer ihm beitreten will, hilft nicht nur sich selbst auf seinem Weg in ein gesundes Morgen, sondern auch anderen. Mit dem Mitgliedsbeitrag werden bedürftige und behinderte Menschen unterstützt. Das ist der Zweck dieser Gemeinschaft.

Wer im Unterholz des Johanneswegs nach esoterischem Kleinod suchen will, wird mit Sicherheit enttäuscht sein. Mit Esoterik kann und will ich nicht aufwarten. Meine Absicht ist es nicht, andere von dem zu überzeugen, wovon ich überzeugt bin. Schlimmer, ich habe gar keine Absicht. Ich hatte nur eine Idee. Und leiste mir den Luxus einer Vision. Mit erhobenem Zeigefinger kann man mit niemandem Hand in Hand gehen. Schon gar nicht auf dem Johannesweg.

Ich lade jeden ein, mich zu begleiten. Ich freue mich über alle, die mitkommen. Ich wünsche jedem, dass er ankommt. Am Ziel seines Johanneswegs.

Am Weg

Die zwölf Stationen des Johanneswegs

1 Humor soll dein Leben begleiten,
denn er beflügelt deinen Geist und erfreut die Gesellschaft.

2 Bewahre die Geduld,
dann kannst du den Tag ohne Hast erleben.

3 Bleibe mutig, es befreit dich von lähmender Angst,
der Basis vieler Krankheiten.

4 Werde großzügig und strebe nicht gierig
nach noch mehr.

5 Sei tolerant gegenüber deinem Gesprächspartner
und akzeptiere auch seine Vorstellungen.

6 Erhöhe dich nicht selbst und sprich nicht abfällig über die
anderen – früher oder später fällt es auf dich zurück.

7 Sei hilfsbereit und ein guter Gastgeber –
es lohnt sich für beide Seiten.

8 Halte Maß in allen Dingen,
besonders auch beim Essen und Trinken.

9 Egal, wie alt du bist, jammere nicht und
sei zufrieden mit deinem Los.

10 Pflege deinen Körper, aber identifiziere dich nicht mit ihm,
sondern halte ihn in Balance mit deinem Inneren.

11 Der Ernst des Lebens braucht Freude als Treibstoff
der Lebendigkeit.

12 Der Schlüssel zum gesunden Altern
liegt in deinem Alltag.

1 Humor soll dein Leben begleiten, denn er beflügelt deinen Geist und erfreut die Gesellschaft.

»Schau, da kommen wieder zwei.« Der Spatz fetzt über die Köpfe der Wanderer hinweg, schießt mit Karacho auf die Lerche zu und schubst sie beim Landen fast vom Ast. »Tschuldigung.«
»Macht nichts«, gluckst die Lerche, »hast du Angst, dass ich runterflieg?«
»Sehr witzig«, brummt es von unten herauf. Eine Bulldogge sitzt vor dem Baum und kaut an einem Rindenstück herum.
»Du bist immer so verbissen«, tschilpt die Lerche hinunter.
Der Spatz nickt. »Genau wie die zwei Wanderer dort; schauen aus, als hätten sie noch nie was zum Lachen gehabt.«
»Muss ja nicht jeder so ein heiteres Gemüt haben wie du«, schnauzt die Bulldogge.
»Müssen nicht.« Der Spatz flattert auf und versucht, sich auf der Schnauze der Bulldogge niederzulassen. »Man muss sich auch nicht von allen auf der Nase herumtanzen lassen, oder?«
Die Bulldogge schnappt nach dem geflügelten Frechdachs, beißt ins Leere, verliert ein bisschen das Gleichgewicht und taumelt gegen die Sonnenblume, die lächelnd neben dem Baum wächst. »Irgendwas steht einem immer im Weg«, knurrt er.
»Ich bin ganz geknickt«, sagt die Sonnenblume.
»Jetzt sind die zwei fast am Hof vom Irxenmayr und haben immer noch kein Wort miteinander geredet«, meldet der Spatz.
»Wenn sie so weiter rennen, knallen sie noch frontal gegen die Kapelle«, sagt die Lerche. »Seit sie den Waldweg heraufgekommen sind, haben sie noch kein einziges Mal vom Boden aufgeschaut.«
»Vielleicht suchen sie was«, sagt die Bulldogge.
»Vielleicht den Humor, den sie verloren haben«, sagt die Lerche.
»Vielleicht finden sie ihn wieder«, sagt die Sonnenblume, »wär ja nicht das erste Mal auf dem Johannesweg«.

»Jetzt biegen sie zum Brunnen ab«, sagt der Spatz.
»Vielleicht haben sie Durst«, sagt die Bulldogge.
»Vielleicht haben sie bloß einen trockenen Humor«, sagt die Lerche.
»Ich zwitscher mir jetzt einen Schluck vom Irxenmayr seiner Quelle des Lebens hinein«, sagt der Spatz, »und dann mach ich mir eine Gaudi mit den Menschen«.

»Jede Freude ohne Alkohol ist gespielt.«
Altes oberösterreichisches Sprichwort

Wer schmunzelt, ist kein Abstinenzler. Und bevor jetzt gleich wer »aber Herr Doktor«, sagt, möchte ich etwas klarstellen. Mit Abstinenz meine ich nicht unbedingt das Pipperln. Mir geht's nicht darum, ob man am Alkohol nippen soll. Mir geht's darum, ob man am Leben nippen kann. Für mich ist Abstinenz nichts Flüssiges.

Für mich ist Abstinenz etwas Überflüssiges. Sich etwas zu verzwicken, das einem hilft, die Dinge leichter zu nehmen, kann ich als Arzt nicht gutheißen. Wenn ich könnte, würde ich das Lachen in Familienpackungen verschreiben.

Ich habe das Rezept an mir ausprobiert. Über Jahre. Und in jeder seiner fröhlichen Formen. Als Saft zum Kudern. Tropfenweise, damit es sich leichter grinst. Als Tablette fürs leise Lächeln. Als Brause, da perlt das Lachen nur so. In Kapseln, die sind gut fürs stetige Kichern. Und mit der Spritze, für einen anständigen Lachkrampf. Immer, wenn ich regelmäßig gelacht habe, hat mich das vor Maladien aller Art bewahrt. Egal, in welcher Überdosis ich mir die Lachsalven auch hineingepfiffen habe, sie sind mir immer nur noch besser bekommen.

Das Einzige, was ich am Lachen auszusetzen habe, ist: Es macht nicht abhängig. Daran arbeite ich noch. Dazu bin ich in die Forschung gegangen. Über den Johannesweg. Der Humor war meine erste Etappe.

Jetzt musst du wissen, ich bin Arzt von Beruf und Wanderer aus Überzeugung. Ein Pilger auf der Reise. Wer immer sich mir anschließen will, ist mir willkommen. Je mehr Füße eine Idee bekommt, desto sicherer steht sie da. Und es ist ganz gleich, wem sie gehören, diese Füße. Einzelgänger laufen mir vielleicht an einer Kreuzung über den Johannesweg, begleiten mich ein Stück und suchen sich dann ihre Route wieder abseits der Pfade, auf denen alle gehen. Mitläufer mögen die zarte Hoffnung hegen, dass ich schon die eine oder andere Abkürzung kenne, und folgen mir, um sich Umwege zu ersparen. Gruppen halten wahrscheinlich mit mir Schritt, weil sie gern etwas Gemeinsames auf die Beine stellen. Wie auch immer.

Der Johannesweg ist für alle ausgelegt, die im Leben weiterkommen wollen. Jeder kann sich mitnehmen, was er will. Ich habe Gedanken, Worte und Taten in meinem Bauchladen. Langt hinein und bedient euch. Ich erzähle euch währenddessen, wie ich vorgegangen bin. Was ich mir überlegt habe. Warum es mir heute besser geht als früher. Und warum es morgen uns allen besser gehen könnte als jetzt.

Die Zeichen der Zeit sind beunruhigend. Fünfzig Prozent der Menschen sterben an Herzinfarkt und Schlaganfall. Neunhunderttausend Menschen stopfen sich allein in Österreich mit Psychopharmaka voll. Depressionen drücken bleiern auf die Gemüter, Geisteskrankheiten steigen an wie verrückt. Burnout brennt das Seelenheil weg, den Flammenwerfer bedient dabei fidel die Furcht. Immer mehr Leute sind krank, weil so vieles aus den Fugen geraten ist. Die Welt zittert vor sich selbst, vor dem, was ist, und dem, was kommen mag. Entschließt es sich, nicht zu kommen, macht das die Sache allerdings auch nicht besser. Die Angst sucht sich dann nur einen anderen Grund, um unter die Haut zu gehen.

Aber Panik ist ein schlechter Ratgeber. Sie lähmt die Denke. Hemmt den Fortschritt. Stoppt den Fluss. Als Dermatologe weiß ich, wovon ich spreche. Die Haut, das hat schon Sigmund Freud so gesehen, ist der Spiegel der Seele. Ich schau jeden Tag hinein in Dutzende dieser Spiegel, und sie zeigen mir mannigfaltige Bilder. Trübe Stellen, Flecken, Verfärbungen. Da blättert was ab, dort reißt was auf, hier wird was porös. Was immer unter die Haut geht, auf der Haut lässt es seine Spuren.

Als Arzt überlege ich mir, welches Pflaster ich auflegen soll. Als Johannes lege ich ein Lächeln drauf. Und hoffe auf eine gesunde Epidemie, weil nichts so ansteckend ist wie gute Laune. Allein mit dieser Eigenschaft hat es der Humor an den Anfang des Johanneswegs geschafft. Einen solchen Begleiter brauchte man auch im Leben von Beginn an. Hat man ihn verpasst, muss das Schicksal schon recht gut aufgelegt sein, um den Hofnarren zu spielen. Eigentlich kenne ich nur wenige, denen es gelungen ist, dem Humor-Los zu entkommen.

Einen davon sehe ich noch vor mir, den Herrn Professor, wie er mit marmorner Miene gesundheitspolitisch bedeutsame Worte ins Auditorium spuckt, ohne irgendeine Regung, an der man die Idee eines Gefühls hätte erkennen können. Er dozierte wie ein Roboter, er war ein medizinischer Automat, genau richtig für einen Ärztekongress. In meiner Zunft ziemt es sich nicht, bei wichtigen Anlässen locker zu sein. Man wahrt Distanz, um keinen Zweifel zu lassen: Hier steht eine Autorität. Nicht in Weiß, sondern in Tweed, aber wurscht. Autorität bleibt Autorität. Ich bin der Adler, und du bist der Wurm.

Als wichtiger Funktionär hielt sich der Herr Professor an protokollarische Exaktheit. Sein Alltag bestand aus einer Reihe unverrückbarer Regeln. Sein Habitus trug die Waffen zackiger Strenge. Trotzdem konnte ich ihn gar nicht so schlecht leiden, ich weiß ehrlich gesagt nicht, warum. Vermutlich hatte es damit zu tun, dass er stets bemüht war, das Beste für alles und jeden zu erreichen und im Streitfall einen fairen Kompromiss zu suchen.

Der erste Kraftplatz und offizieller Ausgangspunkt des Johannesweges, der Johannesbrunnen mit der Engelskapelle beim Hof der Familie Irxenmayr

Er entstammte einer angesehenen bürgerlichen Familie und war mit einer Dame ähnlicher Provenienz verheiratet. Sehr attraktiv und unbescholten bis ins limbische System, etwas anderes hätte auch nicht zum Herrn Professor gepasst. Ebenso wenig wie ein Witz. Seine diesbezüglichen Andeutungen hatten nicht einmal den Placeboeffekt eines Schmähs. Er sagte Dinge wie: »Der Norbert schaut neuerdings aus wie ein Chirurg.«

Was immer er damit andeuten wollte. Sind etwa Chirurgen schlechtere Dermatologen? Und wer war überhaupt der Norbert? Ich weiß es nicht, und ich hütete mich, ihn danach zu fragen. Überhaupt gab ich mir stets Mühe, mich nicht in seine endlosen Fachsimpeleien verstricken zu lassen. Außer bei offiziellen Anlässen und beruflichen Gelegenheiten, wo man ohne ihn einfach nicht auskam, war ich über die Distanz zu ihm nicht unglücklich.

Mit seiner Kombination aus Bedeutsamkeit und Beharrlichkeit gab er der Marke Ich ein standesgemäßes Etikett und machte sich zum Wärter seines unbestreitbaren Vermögens und zum Gefangenen seines unantastbar starren Verhaltens. Schöner Kontrast, gell? Menschen sind aber so, das wird man nicht beschönigen, das braucht man nicht verdammen. Sie sind unterschiedlich in der Ausrichtung. Wie Vektoren einer kniffligen mathematischen Gleichung, die schon gar nicht von mir gelöst werden kann und als Paradoxon auf der Tafel steht, bis sie bloß noch zerdrückte Kreide ist, die unter dem Löschschwamm zerbröckelt. Aber jetzt bin ich da etwas abgedriftet, verzeih.

Jedenfalls traf ich diese Eminenz anlässlich eines Sommerfestes Jahre später wieder und erkannte ihn kaum. Der Herr Professor war locker. Der Herr Professor hatte Scherze auf den Lippen. Der Herr Professor sprach genauso intelligent wie zuvor, aber richtig spaßig. Der Herr Professor war nicht mehr wiederzuerkennen. Genau wie seine Witze. Es machte auf einmal Freude, mit ihm zu reden, sei es privat oder beruflich. Seine Vorträge waren von luftiger, geradezu flockiger Beschaffenheit. Er nahm die Dinge immer noch ernst und doch auf die leichte Schulter.

Mir ist er vorgekommen wie dieser Gregor Samsa in Franz Kafkas *Verwandlung*, jener Mann, der in der Früh aufwacht und erkennt, dass er ein Käfer ist. Mein Freund, der Professor, hatte eher eine umgekehrte Verwandlung durchgemacht. Dieser Gregor Samsa krabbelte nicht mehr, er stand da als liebenswerter Mensch.

Ich fragte ihn: »Sag einmal, hast du neue Tabletten?«

»Nein«, sagte er, »aber eine neue Krawatte«.

Was immer es war, es hatte geholfen. Der Herr Professor war auf einmal lustig. Und gut drauf.

»Ich habe mich analysiert«, sagte er, »kein Schmäh«.

Und dann erzählte er mir, wie das hergegangen ist.

Irgendwann, meinte er, habe er sich selber nicht mehr leiden können. Er habe so viel Distanz zur Umwelt aufgebaut, dass er sich selbst abhanden gekommen war. Und er habe erkannt, wie man die meisten Probleme lösen konnte. Sah man sie als den Funken an, den sie im Spiel des Lebens darstellten, ging einem ein Licht auf. Und näherte man sich ihnen humorvoll, wurden sie auf einmal leicht und ließen sich ohne jedes Kräftemessen beheben.

Was der Herr Professor gefunden hatte, war nichts anderes als eine positive Lebenseinstellung. Er sah keinen Grund mehr, graugesichtig und hochkorrekt durch den Tag zu stelzen, um seine Würde zur Schau zu stellen, primär als Primar und dann noch vor seiner Frau. Auf einmal hatte er nicht mehr den Ausdruck im Gesicht, den man mit Kardinälen aus dem Mittelalter oder Generälen vom sowjetischen Militär verbindet. Auf einmal war er nur mehr mein Freund.

Es muss nicht immer etwas Großes passieren, das dein Leben ändert. Charles Dickens hat einmal gesagt: »Der Humor nimmt die Welt hin, wie sie ist, sucht sie nicht zu verbessern und zu belehren, sondern mit Weisheit zu ertragen.« Es muss kein Komet neben einem einschlagen, bis das Traummännlein munter wird und sagt: Guten Morrrrgen, schau, so geht's auch, so einfach ist es zu leben.

Manchmal braucht man nur kleine Rädchen drehen, einen Kippschalter umlegen oder jemanden anlächeln, und schon können die Dinge anders laufen. Ich sage bewusst können, weil Humor etwas Ätherisches ist. Man kann ihn nicht angreifen, nicht umarmen. Und schon gar nicht für immer festhalten. Wenn der Humor weg ist, werden die Dinge unlustig. Dieses Naturgesetz ist unerbittlich.

Ein Mangel an Humor verkrampft. Einen selber und, das Kunststück gelingt auch nur ihm, die anderen. Auf Dauer machen die Entzugserscheinungen sogar krank. Als Arzt wird einem das vielleicht schneller bewusst. Der ökonomische und soziale Druck von heute braucht ein Ventil, damit der Kessel nicht explodiert. Damit uns kein Cocktail aus Stresshormonen um die Ohren fliegt, das Immunsystem nicht durchknallt oder der Stoffwechsel gesprengt wird. Die Haut als Repräsentationsorgan der menschlichen Ganzheit spiegelt oft die Not in verschiedensten, ursächlich nicht erfassbaren Krankheitsbildern wider, meistens verbunden mit unerträglichem Jucken. Die Haut will uns sagen: Amigo, bleib locker, nimm's leicht, dann funktioniert alles besser.

Hört man der Haut nicht zu, verschafft sie sich anderweitig Aufmerksamkeit. Bläschen an Händen und Füßen, Entzündungsherde und Schwellungen, als ob man in einen Brennnesselhaufen gefallen wäre. Allesamt Symptome, die ich tagtäglich in der Praxis behandeln muss. Und immer öfter sind sie auf die Abwesenheit von Humor und Lebensfreude zurückzuführen. Sind die beiden Mangelware, begünstigt das den Ausbruch ernsthafter Krankheiten.

Allen voran in meinem Fach Neurodermitis. Von der hat vor dreißig Jahren, als ich noch ein dermatologischer Backfisch war, kein Mensch geredet, sie war eine Rarität. Die einen glaubten, Neuro-Termiten wären besondere Schaben, die sich neuerdings über die Menschen hermachten nach Art eines Dermatozoenwahns. Andere waren auf eine bizarre Weise stolz, so eine eigentümliche Krankheit zu haben, und gingen davon aus, dass ihr außergewöhnliches Leiden auch eine außergewöhnliche Aufmerksamkeit in der Behandlung nach sich ziehen müsse. Neurodermitis holte sich irgendwie Anspruch auf eine klinische Sonderstellung, führte auf einmal ein Popstar-Dasein, quasi der Jimi Hendrix unter den Hautkranken. Heute ist Neurodermitis ein Massenproblem, und zwar nicht, weil die Welt so schlecht oder die Luft so verpestet oder der Mensch so degeneriert ist. Sondern weil die Haut Hilfe schreit.

Zum ersten Mal erlebte ich es in meiner Zeit an der Innsbrucker Klinik. Ein Schulmädchen führte mir deutlich vor Augen, wie sehr ein Krankheitsverlauf davon abhängt, ob man etwas zu lachen hat oder

Die Kleine Naarn (oder das Ottenbacherl) begleitet den Wandernden

nicht. Der Gesundheitszustand des Kindes passte sich dem Auf und Ab der elterlichen Ehe fast aufs Datum genau an. In den friedlichen Phasen war das Mädel über Monate beschwerdefrei, wurde an der Beziehungsfront gekämpft, war die Tochter das erste Opfer. Als die Eltern ihren Rosenkrieg schließlich mit rostigen Klingen und vor Gericht fochten, hatte das Kind im Nu schwerste Entzündungen am ganzen Körper, wir mussten sie stationär aufnehmen. Jetzt frag ich dich: Was tust du als Arzt? Wie bekämpfst du die Symptome bei einer Patientin, wenn die Krankheit gar nicht ihr innewohnt, sondern wem andern? In Wahrheit musst du das Cortison einpacken und das hervorzaubern, was ihr am meisten fehlt: ein Lächeln.

Und ich rede da nicht von einer Geste der Anteilnahme, von einem Trostpflaster der Menschlichkeit. Ich rede vom Lachen als Medizin. Als körpereigenes Wundermittel. Lachen hat eine Rückkoppelung direkt ins limbische System, das Wohlfühlzentrum im Organismus, und verbreitet dort die beste aller Botschaften, nämlich: Alles ist, wie es sein soll. Lachen hat eine starke Heilkraft gegen den Krankheitserreger Trübsinn, der die Basis für Depression und viele psychosomatische Erkrankungen ist. Die Chinesen absolvieren Lachseminare gescheiterweise schon als Prävention. Das ist insofern nötig, weil gekünsteltes Gelächter als Arznei so viel taugt wie Karottensaft als Verhütungsmittel.

Das Lächeln muss echt sein, sonst wirkt es nicht. Man muss es in den Augen sehen, sonst zählt es nicht. Es ist wie synthetischer Süßstoff gegen süße Natürlichkeit. Humor ist der Zucker, Witzeln nur das Saccharin.

Frohsinn aktiviert Selbstheilungskräfte. Ich hab das einer Patientin tatsächlich einmal verordnet, kein Scherz. Sie, die Hofratsgattin, war wie eine Schaufensterpuppe in einem sehr teuren Geschäft. Keine Locke in ihrem getrimmten Haar war je falsch platziert, ihre Kleidung der Stoff, aus dem die Perfektion ist. Nur eins funktionierte nicht nach ihren strengen Regeln: ihre Haut. Der Juckreiz war nicht in den Griff zu bekommen, sie war schon bei allen Kapazitäten, und alle Untersuchungen waren o. B., ohne Befund, wie wir das so schön sagen, wenn scheinbar alles passt.

»Stellen Sie sich einmal hierher, vor den Spiegel, und lachen Sie herzhaft«, sagte ich dieser Dame, »auch zu Hause und regelmäßig, jede Stunde einmal«.

Mit der deutlichen Besserung durch die Verordnung, die sie anfangs für lächerlich hielt, hatte sie nie gerechnet. »Sie sind ein komischer Arzt«, sagte sie. Für mich war das ein wunderbares Kompliment.

Als dein Weggefährte, aber auch als Arzt des Vertrauens kann ich dir nur dasselbe raten wie der Frau Hofrat. Lach! Ha. Hahahaha. Auch ohne Juckreiz. Stell dir ein paar Neuro-Termiten vor, die die Welt nicht mehr verstehen, weil du so fröhlich bist, und lach sie so aus, dass sie dich auf ewig für Sperrgebiet erklären.

Humor ist wie ein noch nicht entdecktes Hormonsystem, das jede Zelle des Körpers betrifft. Hier warten Rezeptoren, die Zellen jucherzen lassen, wenn das Hormon andockt. Es bringt Freude in die Biologie und lässt den Körper erblühen, ähnlich wie wir es vom Östrogen bei den Damen kennen. Wenn es anschwillt, wird aus dem kleinen, unscheinbaren Mädchen eine attraktive, junge Dame mit üppigem Haar und wunderbar kurviger Silhouette. Erotische Anziehung auf zwei langen Beinen. Nur, Humor kennt keine Meno- oder Andropause. Er arbeitet lebenslang. Ohne Leistungsabfall und ohne sich zu beschweren. Humor verwertet alles, was ihm unterkommt. Selbst aus den kleinsten Freuden macht er großes Wohlbefinden, indem er den Feinstoffwechsel stimuliert und die Abwehrkräfte fördert. Damit vertreibt er die Dämonen der Ängstlichkeit, Hypochondrie und Melancholie. Er lockt die Brüderlichkeit aus ihren Verstecken und bietet dem Neid und der Schadenfreude die Stirn. Er verbreitet atmosphärische Gelassenheit, wo Zwist und Hader einst ihren Kampfplatz hatten. Humor wirkt wie eine Wunderdroge aus dem ätherischen Arzneischrank.

Das Wort Humor kommt aus dem Lateinischen und bedeutet Saft oder Feuchtigkeit. In der Antike bezeichnete es die richtige Mischung der Körpersäfte, eine Kreszenz, die die Stimmung hebt. Gewissermaßen den körpereigenen Gute-Laune-Tee braut. Oder die Cuvée der Komik in winzigen Bouteillen abfüllt. Wer sie trinkt, wird auf Wikipedia so beschrieben: »Als humorvoll werden oft Personen bezeichnet, die andere zum Lachen bringen oder selbst auffällig häufig die lustigen Dinge einer Situation zum Ausdruck bringen.« Da wird er noch einmal zulangen müssen in seiner Hausbar, der Verfasser.

Na ja, Humor ist halt nicht gleich Humor. Wenn ich mich selber kurz lächerlich machen darf: Mein früheres Ich, also der alte Johannes, war nicht wirklich recht humorvoll. Zynisch vielleicht, sarkastisch mitunter oder bloß bedacht auf den schnellen Untergriff. Irgendwas Abfälliges über Blondinen und hahaha, fertig war der Schenkelklopfer. Man widmete sich wieder dem Ernst des Lebens oder dem Bier. Zu meiner Entschuldigung sei mit den Worten eines gewissen Herrn Wells gesagt: »Zynismus ist Humor in schlechtem Gesundheitszustand.« Und damit wie geschaffen für einen jungen, überarbeiteten Arzt, der Karriere machen will.

Aber Spott und Häme waren keine Motoren, die mich irgendwie weitergebracht hätten. Ironie, die elegante Schwester des Witzes, schon eher. Es sei unmöglich, witzig zu sein ohne ein bisschen Bosheit, sagen die Engländer. Sie meinen, erst die Bosheit sei der Widerhaken, der einen Witz haften lässt. Und sie müssten es wissen, so schwarz ihr Humor auch ist, er gehört zu denen, die den Regenbogen über den grauen Alltag spannen.

Die eigentlichen Spezialisten im Land des Lachens aber sind die Gelotologen, die Lach-Experten, man glaubt nicht, was es alles gibt. Achtzehn verschiedene Lach-Arten unterscheiden die Verhaltensforscher. Man lacht aus Freude oder Schadenfreude, aus Erleichterung oder Erregung, aus Nervosität oder Angst oder einfach nur, um jemanden

Immer wieder trifft man am Johannesweg auf schöne Steinbloßhöfe – typisch für das Mühlviertel

zu grüßen. Macht man sich über wen lustig, ist es sogar ein Ausdruck von Aggression. Ein echtes, spontanes Lachen ist aber immer ein Reflex, bei dem viele körperliche Funktionen zusammenspielen. Es ist eine Art Witz-Orchester.

Als Kinder haben wir das lustigste Leben. Vierhundertfünfzig Mal haben wir damals am Tag gelacht. Damit hatten wir dreißig Mal öfter was zu lachen als später als Erwachsene, da kommt uns höchstens fünf-

zehn Mal pro Tag ein Schmunzeln aus. Männer lachen mit zweihundertachtzig Schwingungen pro Sekunde, Frauen sogar mit fünfhundert. Dass sich deshalb mehr Krähenfüßchen rund um die zusammengekniffenen Augen bilden, kann ich als Hautarzt wissenschaftlich nicht bestätigen.

Lachen ist ein heftiges Vergnügen. Mit hundert Kilometern pro Stunde schießt einem der Humor die Luft aus dem Mund. Das Herz klopft sich die Seele aus dem Leib. Die Stimmbänder schwingen sich zur Höchstleistung auf. Das Zwerchfell hüpft bis zum Hals. Siebenundneunzig Muskeln sind an dem Spektakel beteiligt. Siebzehn davon im Gesicht. Kennt man sich ein bisschen aus, kommt man einem falschen Grinser leicht auf die Schliche, er beginnt immer leicht asymmetrisch. Der Jochbeinmuskel dagegen zieht beide Mundwinkel gleichzeitig nach oben und lässt erkennen: Hier lacht jemand aus vollem Herzen.

Produziert wird so ein ehrliches Lachen in einer Gegend im Gehirn, gegen die das Sprachzentrum ein junger Tuter ist. Diese Herkunft lässt Gelotologen darauf schließen, dass man sich, bevor man reden konnte, lachend verständigt hat. Wobei, so wirklich lustig hatte man es gar nicht damals, und damit spiele ich nicht auf die Reißzähne, Stirnhörner oder Riesenpratzen an, die einem das Leben schwer, mitunter sogar unmöglich machten. Ich beziehe mich auf die Vermutung, dass das Lachen aus dem Fletschen der Zähne entstanden sein soll. Von Angesicht zu Angesicht war der Ausbund der Fröhlichkeit also eine Drohgebärde. Ein gesundes Gebiss, mit dem man auch morgen noch kraftvoll zubeißen konnte, bedeutete Kraft. Hatte man eher löchrige Kauleisten, nahm man vor Gewalt, die einen da anlachte, besser Reißaus. Innerhalb einer Gruppe zu fletschen, wurde dagegen immer schon als Sympathiekundgebung gewertet. Freundliche Mundwinkel machen aus einer Gesellschaft eine Gemeinschaft. Schon das Geräusch lachender Menschen verbindet, und sofort wird im Gehirn ein Grinsen bestellt.

Komplette Lachmuffel sind die Stresshormone Adrenalin und Kortisol. Wenn in ihrer Nähe nur irgendwer leise gluckst, haben sie schon genug, schwirren beleidigt ab und machen den Endorphinen Platz. Die stehen schon beim leisesten Lächeln auf der Matte und reißen alle anderen mit ihrer guten Laune mit. Plötzlich springen Verdauung und Stoffwechsel an, die Verbrennung von Cholesterin geht in die heiße Phase. Puls und Blutdruck schnalzen nach oben. Das Herz-Kreislauf-System, das Zwerchfell, die Stimmbänder, die Gesichts- und Bauchmuskeln strotzen vor Bewegungsdrang. Die Lunge schafft drei- bis viermal so viel Sauerstoff herbei. Herz und Immunsystem lassen die Muskeln spielen. Der ganze Körper befördert mehr Abwehrstoffe ins Blut. Killerzellen stürzen sich mit Gebrüll auf Viren, Tumor- und Krebszellen. Der Schmerz spürt sich selber kaum mehr. Samt und sonders sind das Effekte, mit denen auch CliniClowns oder die Roten Nasen arbeiten und den Kindern Freude bringen, die sie am meisten brauchen.

Eine Langzeitstudie an fünfzigtausend Norwegern ergab, dass Humor nicht nur Kranken hilft, sondern auch Gesunde schützt. Humorvolle Menschen, fanden die Norweger heraus, werden seltener krank und leben bis zu zwanzig Prozent länger. Ein Fünftel Lebenszeit, das muss man sich einmal ausrechnen, sind bei jemandem, der hundert ist, zwanzig Jahre. Alles nur eine Frage der Einstellung im Oberstübchen.

Gelotologen konnten außerdem nachweisen, dass ein Lachanfall dieselben Gehirnregionen stimuliert und damit zumindest kurzzeitig ähnliche Empfindungen auslöst wie Kokain, ohne Spätschäden wohlgemerkt. Was für eine gesunde Art von Rausch. Sportlich betrachtet, erledigt man in zwanzig Minuten Lachen dieselbe Muskelarbeit wie bei drei Minuten intensivem Rudern. Was für ein vergnügliches Training. Bei jemandem, der kaum sportelt, kann das zwar ein bisschen wehtun. Aber nach fünf bis acht Minuten entspannt sich der Körper wieder. Die Herzfrequenz nimmt ab, der Blutdruck sinkt anhaltend. Und die Bilanz kann sich sehen lassen: Eine Minute Lachen ist so erfrischend wie fünfundvierzig Minuten Entspannungstraining. Nach einem ausführlichen Lachkrampf ist man nicht nur zufriedener, sondern auch noch topfit. Als Mann darf man ein ganz besonderes Danke hinaushauchen, Lachen soll nämlich sogar der Potenz auf die Sprünge helfen. Halleluja.

Frauen und Männer haben überhaupt einen unterschiedlichen Humor. An der Stelle, das trau ich mich wetten, nicken jetzt alle, aus beiden Lagern. Der Psychologe Allan Reiss von der Universität Stanford aber hat eine wissenschaftliche Erklärung. Er hat die Gehirnwellen von zehn Frauen und zehn Männern gemessen, während sie sich siebzig

Cartoons zu Gemüte führten, und stellte fest, dass bei den Frauen der Nucleus accumbens stärker aktiviert wurde. Reiss folgerte daraus: Frauen verarbeiten Informationen analytischer als Männer. Weil Frauen keine hohen Erwartungen an eine Belohnung haben, reagierte jene weibliche Hirnregion bei der Pointe umso stärker.

Auf diese weibliche Fähigkeit hoffe ich bei der Mitteilung, dass Männer lustiger sind als Frauen. Aber vermutlich wird mir das nichts nützen. Die Herren werden denken, genau, Johannes, du bist ein klasser Bursch. Und die Damen werden die Augen verdrehen, mein Gott, was für ein Depp, wozu haben wir den Neuhofer studieren lassen. Ich kann zu meiner Verteidigung nur sagen, auch diese Sache ist wissenschaftlich nachgewiesen. Für die komödiantische Ader der Männer ist das Sexualhormon Testosteron verantwortlich. Aber, meine Damen, die Forschungsergebnisse legen auch nahe, dass Männer den Humor eher aggressiv einsetzen. Simma wieder gut?

Männer pfeifen sich nichts, wenn ihre Witze auf Kosten anderer gehen. Das hört man in jedem Wirtshaus. Sagt einer: »Wenn der Rudi so schnell wär, wie er deppert is, müsst er beim Radeln am Großglockner bergauf bremsen.«

Alle lachen, chea-chea-chea, nur der Rudi nicht. So was ist kein Ritzer mit der feinen Klinge. Die hätte Rudi nur selber ansetzen können. Indem er über sich herzieht. Selbstironie ist das Understatement des eleganten Jokers.

Würde der Humor eine Gage für seine Dienste bekommen, wäre er Schwerverdiener. Für die Jobs, die er im Alleingang erledigt, braucht man ein paar Universitätsabschlüsse. Er ist Arzt und Apotheker, Sportcoach und Psychotherapeut, Entertainer und letztlich auch noch Anti-Aging-Spezialist. Humorvolle Menschen wirken nämlich jünger auf ihre Umwelt.

So zwischendurch betätigt sich der Humor auch als Kuppler. Einem Gebiet übrigens, auf dem er erfolgreicher ist als seine potentesten Mitbewerber: Geld und Macht. Er macht einfach sexy. Bei einer Studie der McMaster Universität in Ontario mussten Studenten vierzig Fotos des anderen Geschlechts beurteilen. Manche Bilder, auf denen Männer zu sehen waren, hatten die Forscher vorher mit launigen Unterschriften versehen, so was wie: Meine Schule war so was von hart, wir hatten sogar unseren eigenen Bestatter. Und siehe da: Diese Männer wurden von den Frauen nicht nur als freundlicher und lustiger bewertet, sie sahen in ihnen sogar die besseren Partner.

Ich bin ja schon verheiratet. Meine Frau weiß nach zwanzig Jahren immer, was gut ist für mich und was getan werden muss. Und dann sind da noch meine Kinder. Meine beiden Großen, Katharina und Stefan, haben beide, was den Vater sehr freut, die medizinische Richtung eingeschlagen und sind sehr erfolgreich. Für meine zwei Jüngeren, Magdalena und Johannes junior, ist die Zukunft noch offen, sie werden sich, da bin ich ganz sicher, für das entscheiden, was sie glücklich machen wird. Die Kinder sind Urgrund eines glücklichen Lächelns von mir.

Geht es um Witze, zeigt sich der Humor weniger gefühlvoll. Da werden die grauen Zellen an die Werkbank gebeten. Genauer gesagt, die grauen Zellen einer Region im vorderen Stirnhirn. Bei einem Experiment lasen Wissenschaftler der kanadischen York-Universität vierzehn Leuten Witze vor, während sie deren Hirnströme aufzeichneten. Ergebnis: Wortwitze aktivieren das Zentrum zur Sprachverarbeitung, phonetische Wortspiele dagegen verstehen wir im Bereich der Sprachbildung. Eines kam bei den Späßen aber deutlich zum Vorschein: Alle Pointen regten den präfrontalen Kortex im vorderen Stirnhirn an. Eine Stelle, die auch bei Wohlbefinden aktiv wird.

Hirn hin, Herz her, für mich ist Humor eine Geisteshaltung. Und ein Ausdruck von Intelligenz. Wer grundsätzlich schlecht drauf ist und den IQ eines Frettchens hat, wird genau hier aussteigen und sagen danke, pfeif drauf, Johannesweg brauch ich nicht, ich troll mich davon. Ich bin ihm nicht böse. Ich bin für die Freiheit. In diesem Buch gibt es kein Müssen. Sondern: Schau dir das einmal an, wenn's dich interessiert. Vielleicht taugt es dir ja. Vielleicht hast du eine Gaudi damit. Die erste Station hast du jedenfalls erreicht.

Wenn du willst, gehen wir weiter, dort vorne wartet die Geduld.

2 Bewahre die Geduld, dann kannst du den Tag ohne Hast erleben.

»Tua weiter!« Das Wiesel stupst die Schnecke mit seiner spitzen Schnauze, dass ihr Haus fast umkippt.

»He!«, beschwert sich die Schnecke und rückt ihre Wohnung wieder zurecht, »das hab ich schon gern, keine Ahnung vom Hochbau, diese Souterrain-Geister«.

»Oben. Unten. Mit dem hat's doch nichts zu tun«, hechelt das hektische Wiesel. »Ist eine Frage von vor und zurück. Ich bin ein Vorankommer. Du bist ein Zurückbleiber. So wie die zwei da vorn. Er ein Vorankommer. Sie eine Zurückbleiberin. Und komm mir jetzt nicht mit ihrem schweren Rucksack.«

»Fällt mir doch gar nicht ein«, sagt die Schnecke, »das wäre dann, das ist mir schon bewusst, eine ganz andere Geschichte, die ich hier nicht erwähnen würde, weil sie nur am Rande angebracht ist, siehst du, ich meine, er könnte so viel Kavalier sein, dass er …«

»Du redest so langatmig, wie du dich bewegst. So kommen wir nie auf den Herrgottsitz. Was hat mich nur geritten, mit dir auf den Johannesweg zu gehen?« Das Wiesel dreht unermüdlich seine Kreise um die Schnecke. »Gib! Jetzt! Gas!«

»Renn halt du nicht so«, sagt die Schnecke, »schau dich lieber ein bissel um, da rund um uns die Mühlviertler Alm, mein Gott, ist diese Hügellandschaft erhebend. Das hab ich jetzt aber schön gesagt«. Die Schnecke hält inne, um sich der Freude über sich selber hinzugeben.

Das Wiesel geht den nächsten Baum hoch.

»Ich seh schon«, sagt die Schnecke und setzt sich wieder in Bewegung, »du hast keine Ader für das Schauspiel der Natur. Für die Pantomime der Schöpfung.« Die Schnecke seufzt und wischt sich mit dem Fühler eine Träne der Rührung weg. »Aber vielleicht interessiert dich mehr, dass dir da gerade eine fette Feldmaus vom Speiseplan gehupft ist.«

Das Wiesel fährt herum und sieht gerade noch, wie der Schwanz der Maus in einem Erdloch verschwindet. Das Wiesel stürzt sich auf seine Reisegefährtin, als wär sie schuld dran, dass sich die Beute vom Acker gemacht hat, und brüllt: »Ich mach dich zur Schnecke!«

»Wozu?«, meldet sich ein Stimmchen mitten heraus aus dem Meer blauer Blumen am Wegrand. Es gehört dem zarten Gewächs, dem immer noch die Blätter zittern, es redet sonst nämlich selten. Und mehr als diese Frage kommt auch nicht von ihm.

Die Schnecke assistiert dem scheuen Pflänzchen und übersetzt fürs Wiesel: »Wozu, wozu. Wenn du mich zur Schnecke machen willst, liegt es nahe, dass du ihm ein Veilchen verpassen könntest.«

Das Wiesel schaut sie verständnislos an.

»Tja«, sagt die Schnecke, »jetzt müsste man halt schneller schalten können. Ich bin vielleicht körperlich nicht so flink wie du, aber du bist geistig langsamer als ich.« Die Schnecke ruht sich etwas aus auf ihrem Sieg und setzt noch eins nach: »Macht mich total nervös, dass du jetzt so lange brauchst.«

»Lass dir nur Zeit«, beschwichtigt das Veilchen das Wiesel, »meine Bitte ist dir schon erfüllt worden«.

Das Wiesel dreht sich zur Schnecke um. »Welche Bitte? Wovon redet die?«

»Von ihrer Bestimmung«, erklärt die Schnecke, »Veilchen stehen in ihrer Symbolik für die Bitte um Geduld«. Die Schnecke wendet sich vom Wiesel ab und der Blaublütigen zu. »Kannst du die Menschen da vorn auch in deine Gebete einschließen?«

Das Veilchen senkt bescheiden den Kopf. »Längst erledigt.«

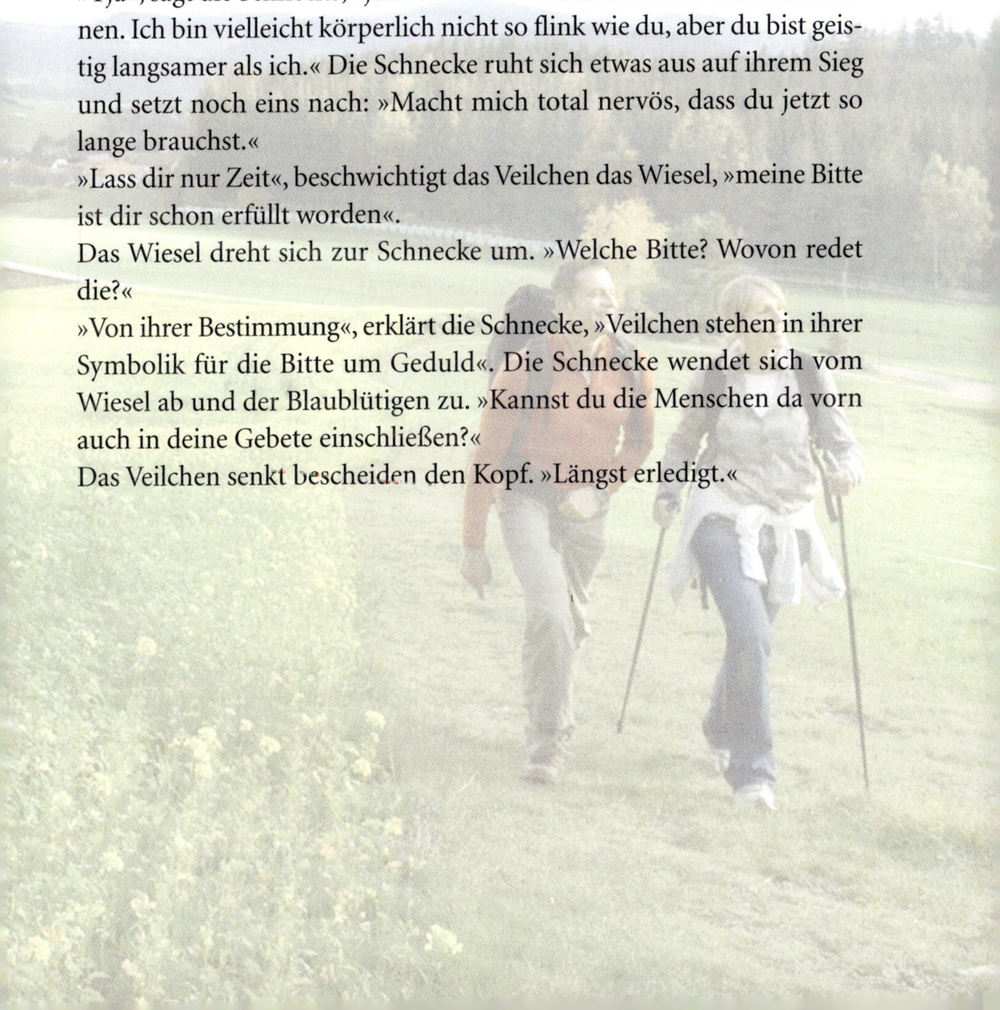

»Die Männer haben keine Geduld.
Deswegen haben sie ja den Reißverschluss erfunden.«

Senta Berger

»Herrgott, gib mir Geduld – aber rasch.«

Wolfgang Clement

Neulich in der Praxis.

Hautarzt zur Patientin: Sie müssen jetzt endlich ein bissel kürzertreten, meine Liebe, ich sage Ihnen das seit Monaten. Wenn Sie in dem Tempo weitermachen, sind Sie ruckzuck im Sanatorium.

Hautarzt zur Sprechstundenhilfe: Was ist denn mit dem Rezept für die Dame, kommt das noch aus dem Drucker, bevor wir alle in Pension gehen?

Hautarzt ins Telefon: Nein, Schatzl, jetzt geht's beim besten Willen nicht. Wenn's so wichtig ist, wirst du's dir schon bis zum Abend merken.

Hautarzt ins zweite Telefon: Mein lieber Freund, du störst überhaupt nicht, kann ich dich zurückrufen?

Hautarzt ins dritte Telefon: Na und wie das Buch fertig wird, ich bin sozusagen schon im Druck.

Die Patientin zum Hautarzt: Wer Erster im Sanatorium ist, gewinnt eine Flasche Champagner.

Ja, so war das, neulich in der Praxis. Das Blöde war nur: Der Hautarzt war ich. Und dann wurde es doch noch ein denkwürdiger Tag für mich. Die Patientin war die letzte im Wartezimmer, ich half ihr in den Mantel, gab ihr die Hand und – verabschiedete die Ungeduld. Ich schlenderte zu meinem Schreibtisch, schaltete mit Bedacht mein Diktiergerät ein und sagte: Warum bitte hat das jetzt so lang dauern müssen.

Es gibt Momente im Leben, da begreift man etwas, über das man nicht mehr nachgedacht hat, weil man es längst verstanden glaubte. Da springt man über den Marianengraben zwischen Ahnung und Gewissheit. Ich lehnte mich in meinen Sessel zurück direkt in die Arme der

Gelassenheit, lauschte dem Metronom des Lebens und fragte mich, wie man überhaupt auf die Idee kommen kann, gegen diesen Rhythmus anzurennen. Mit seinem Herzschlag findet man sich ja auch ab.

Den in die Ewigkeit amtierenden Großmeister der Ungeduld habe ich schon vor Jahren kennen gelernt. Er war die gelebte Unrast. Der Fleisch gewordene Stress. Ein sprechender Stromschlag. Auf seiner Stirn schien in Silberschrift zu stehen: Ich-muss-schneller-ans-Ziel-kommen-Herrgottnocheinmal. Sein Gehabe drückte aus: Es wäre besser, du würdest die Sachen flotter erledigen und endlich weitermachen, mich aber auf keinen Fall behindern in meinem Tun, weil die Termine drängen, und die Zeit ist Geld, und der Tag hat vierundzwanzig Stunden zu wenig, um Himmels willen, mach endlich weiter, Schneckendoktor. Der 59-jährige Mann hatte Hautkrebs.

Wie eine gereizte Raubkatze hastete er in meinem kleinen OP auf und ab, sofort wollte er die Nähte am frisch operierten Unterarm entfernt haben. Geht das vielleicht ein bisschen schneller, Herr Doktor, es tut mir sehr leid, aber meine Zeit ist begrenzt und kostbar, und die Nähte müssen raus, weil ich raus muss, jetzt. Und so weiter und so fort. Dass wir den Hautkrebs gerade noch rechtzeitig entfernen konnten, stimmte den Mann nur kurzfristig positiv, viel wichtiger als der Verlust seiner Gesundheit, war der Verlust seiner Zeit. Konkret hielt er es nicht aus, dass er schon zehn Minuten hier warten musste, Hautkrebs hin oder her. Seine Frau, sagte er immer wieder, seine Frau erwarte ihn vor der Praxis, und man hörte dem Gehetzten an, dass der Umstand nichts Gutes verhieß. Die Gattin war sein schwarzer Zerberus, in seinen Augen so schlimm wie in denen des Arztes der schwarze Hautkrebs, das Melanom, das rasch Metastasen setzt. Im Gegensatz übrigens zum weißen Hautkrebs, der, wenn man ihn rechtzeitig erkennt, meistens recht einfach zu behandeln ist. Sofern man das will. Monsieur Dalli-Dalli wollte, aber nur sofern sich das zeitlich nicht mit seinem ehelichen Stundenplan spießte. Keine Zeit, es tut mir wirklich leid, Herr Doktor, aber ich muss jetzt gehen, ich hab's ihnen doch erklärt, meine Frau. Er riss sich die Fäden selber aus dem Arm und rannte treppab der Herrin entgegen. Zu seinem ebenso großen Glück wie Verwundern war sie noch gar nicht da. Aus dem einfachen Grund, weil heute im Designer-Outlet Ausverkauf war, jede Menge Handtaschen zum Schnäppchenpreis, und da musste sie schnell zuschlagen, bevor die anderen kamen und noch schneller zuschlugen. Die Gemahlin hatte sich bei all dem schnellen Zuschlagen also verspätet, der Patient rannte vor dem Haus auf und ab, voller Angst, er könnte seine Frau übersehen oder, schlimmer noch, verärgert haben, und sie könnte ohne ihn davongebraust sein. Seine herausgerissenen Nähte sahen nicht besonders hübsch aus, die Wunde blutete, der Mann stand da wie ein Statist im Horrorfilm. Running Dead oder so was Ähnliches. Untot, und trotzdem zu spät. Der Mann hatte wirklich ein Zeitproblem. Ein kleiner Eingriff hat ihm Zeit geschenkt, Zeit gewonnen hat er nicht. Wer keine Zeit hat, hat auch keine mehr, sagt ein Sprichwort.

Der Schriftsteller Truman Capote hat einmal bei einem Empfang geseufzt und eine Runde pseudointellektueller Selbstherrlichkeit mit der Mitteilung aufgelockert: »Der Jammer mit der Menschheit ist, dass die Klugen feige, die Tapferen dumm und die Fähigen ungeduldig sind. Das Ideal wäre der tapfere Kluge mit der nötigen Geduld.« Kluger Mann, dieser Capote, tapfer mitunter, wenn auch nicht immer geduldig, aber mein Gott. Ich glaube: Es geht nicht darum, den Lauf des Lebens in Bestzeit zu absolvieren, sondern das Beste aus der Lebenszeit herauszuholen.

Ungeduld mündet in Eile, Hudeln in Stress. So macht man Fehler und rennt am Wesentlichen vorbei. Ungeduld macht also nicht nur schlampig und unglücklich, sondern auch blind. Und die Eile, auch das sagt ein Sprichwort, ist außerdem noch die Feindin der Würde. Nur Knechte haben es eilig.

Schneller, höher, weiter. Man hat ein Leben lang Zeit, um sich Träume zu erfüllen, oder wenigstens zu versuchen, so zu leben, wie man möchte. Allerdings weiß man erst, wie man leben möchte, wenn man schon eine Zeitlang gelebt hat. Wozu dann also die Ungeduld, wozu die Eile? Entweder kommt man damit wo an, wo man überhaupt nicht hin will. Oder man kommt zu früh dort an, wo man hin wollte. In beiden Fällen stellt sich die Frage: Was macht man nachher?

Der Hergottsitz – angeblich eine frühchristliche Kult- und Opferstätte – bietet an klaren Tagen einen herrlichen Panoramablick bis in die Alpen

Die Frage hat sich im vorigen Jahrhundert schon jemand namens Heinrich Spoerl überlegt. Er war ein deutscher Schriftsteller und hat sich ein Märchen als Gleichnis zurechtgelegt. Es geht so:

Es war einmal ein junger Bauer, der wollte seine Liebste treffen. Er war ein ungeduldiger Geselle und viel zu früh zum Rendezvous gekommen. Und er verstand sich schlecht aufs Warten. Er sah nicht den Sonnenschein, nicht den Frühling und die Pracht der Blumen. Ungeduldig warf er sich unter einen Baum und haderte mit sich und der Welt. Da stand plötzlich ein graues Männlein vor ihm und sagte: Ich weiß, wo dich der Schuh drückt. Nimm diesen Knopf und nähe ihn an dein Wams. Und wenn du auf etwas wartest und dir die Zeit zu langsam geht, dann brauchst du nur den Knopf nach rechts zu drehen, und du springst über die Zeit hinweg bis dahin, wo du willst. Er nahm den Zauberknopf und drehte: Und schon stand die Liebste vor ihm und lachte ihn an. Er drehte abermals: Und saß mit ihr beim Hochzeitsschmaus. Da sah er seiner jungen Frau in die Augen: Wenn wir doch schon allein wären … Wenn unser neues Haus fertig wäre … Und er drehte immer wieder. Jetzt fehlen uns noch die Kinder, und er drehte schnell an dem Knopf. Dann kam ihm Neues in den Sinn und er konnte es nicht erwarten. Und drehte, drehte, dass das Leben an ihm vorbeisprang, und ehe er sich's versah, war er ein alter Mann und lag auf dem Sterbebett. Und merkte, dass er schlecht gewirtschaftet hatte. Nun, da sein Leben verrauscht war, erkannte er, dass auch das Warten des Lebens wert ist. Und er wünschte sich die Zeit zurück.

Schön, gell? Das Wort Geduld bezeichnet die Fähigkeit, warten zu können. Was für eine Tugend. Somerset Maugham hat sie über die Maßen geschätzt: »Der Mensch hat das Warten verlernt, darin liegt das Grundübel unserer Zeit.« Jetzt kannst du sagen: Wo ist das Problem, dann müssen wir es eben wieder lernen, das Warten. Ich sage dir, wo das Problem ist: Gar nix müssen wir. Und diesen Satz muss man sich manchmal laut vorsagen: Gar nix muss ich.

Geduldig ist, wer harmonisch mit seinen Sehnsüchten zusammenlebt und gelernt hat, sein Will-haben-Gen zu beherrschen. Was nicht bedeutet, dass man das Wunschdenken dabei komplett verliert, das Gefühl der Hoffnung. Ich finde: Wünsche sind das Brautkleid der Sehnsucht.

Allerdings ist nichts schlimmer als Wünsche, die sich erfüllen. Zu dieser Erkenntnis braucht man ein paar erfüllte Wünsche, dann ist sie komplett logisch. Aus dem einfachen Grund, weil man sofort wieder die nächsten braucht. Man erinnert sich so gern an die Zeit, in der man nichts hatte, mit jemandem etwas aufbaute, das Ziel vor Augen, als schaue man verkehrt durch ein Fernglas. Winzig war es, irgendwo da vorn in der Zukunft lag es. Man konnte es erreichen, wenn man nicht aufgab. Die Hartnäckigkeit ist der Handlanger der Geduld.

Ist man dann am Ziel angekommen, hat man etwas erreicht. Und gleichzeitig etwas verloren. Was immer es ist, was man geschafft hat, wie stolz man auch sein kann auf das, was man sich erarbeitet hat, es ist erledigt. Das Ziel ist kein Ziel mehr, man braucht sie nicht mehr, die Geduld. Zumindest nicht in dieser Sache.

Das Leben ist ein einziges Geduldsspiel. Aber die härtesten Übungen auf dem Gebiet gibt es denen auf, die leiden. Woran auch immer. Wer Schwierigkeiten und Krankheit mit Gelassenheit und Standhaftigkeit erträgt, ist ein Held. Tipp unter uns Freunden: Verkrieche dich nicht im Dickicht deiner einsamen Nöte, schenke ihnen gerade einmal so

Schalensteine findet man auf der Mühlviertler Alm sehr oft. Durch besondere Witterungsverhältnisse wurden diese Schalen auf den großen Granitblöcken über Jahrhunderte gebildet

viel Aufmerksamkeit wie notwendig und kümmere dich um ein Umfeld, in dem sich jeder um dich herum wohl fühlt. Geht man diese geistige Brücke weiter, landet man am Ausläufer der Geduld bei der Demut.

Kommen irgendwie aus demselben Stall, die zwei, dürften sich oft miteinander unterhalten und eine gute Meinung voneinander haben. Laufen sich übrigens auch gern über den Johannesweg, lassen sich kurz nieder auf dem Herrgottsitz, kurz nach Schönau, und führen Dialoge wie diesen:

Geduld: »Also Sie, Frau Demut, das wollte ich Ihnen schon oft sagen, aber ich habe immer auf den richtigen Zeitpunkt gewartet, Sie sind mir eine beneidenswerte Person mit Ihrem ausgeprägten Sinn für Weisheit, so zurückhaltend, so nobel, so feinsinnig.«

Demut: »Ich bitte Sie, meine Liebe, wen wollen Sie denn beneiden. Sie, die Geduld, haben alle Zeit dieser Welt. Wer kann das von sich behaupten? Ich möchte Ihnen ja nicht zu nahe treten, aber wollen wir zwei auf einen Prosecco gehen?«

Geduld: »Vielleicht morgen.«

Und die Demut nickt.

Es hat für mich überhaupt den Anschein, als ob die edlen Dinge ohne Geduld höchstens halbseiden wären. Ohne Reifeprozess keine Vollendung. Der Olivenbaum braucht zwanzig Jahre, bis er Früchte trägt. Der Wein, der in Maßen genossen das Leben nachweislich verlängern kann, bewirkt dieses Geschenk an Jahren durch eine Substanz namens Resveratrol, die eben erst entdeckt wurde. Sie bringt Geduld in die Zellen, versetzt sie in eine Art Winterschlaf, während die zellulären Strukturen in Ruhe repariert werden können. Resveratrol ist so was wie ein biochemischer Geduldsfaden.

Hast erhöht die Wahrscheinlichkeit, über irgendwas zu stolpern. Hetze zieht Probleme und Widerstände an. Getriebenheit verhindert langfristig Erfolge. Ungeduld schaukelt sich leicht zu Ärger und Wut hoch und macht, wenn das oft passiert, körperlich krank. Ruhelosigkeit ist der Nährboden für Zwist. Was für eine ekelhafte Bilanz. Auszugleichen mit einer Messerspitze Geduld täglich. Und auf einmal ist der Kopf frei von unnötiger Betriebsamkeit.

Im Zustand der Unrast ist das Hirn auf einen bestimmten Auslöser fixiert. Die Leistungsfähigkeit vermindert sich zusehends. Als ob Scheuklappen das Blickfeld einschränkten. Lösungen, die einem sonst sofort ins Auge fallen, sind dann unsichtbar. Ich merke das immer wieder an mir, je freier und ungehinderter der Gedankengang vor mir liegt, desto leichter und im Übrigen auch schneller komme ich auf eine Lösung.

Jetzt zum Beispiel muss ich mich kurz hinsetzen und dem Hirn seine Zwanzig-Minuten-Pause gönnen. Gibt man den grauen Zellen da oben diese Zeit, rappeln sie sich zu neuen Kräften auf und holen die vermeintliche Verzögerung danach locker wieder herein. Der alte Johannes hätte das nie und nimmer getan, er wäre weitergehechelt, bis ihm die Bronchien wie Kastagnetten geklappert hätten. Der neue Johannes sieht das Leben mit der Gnade der Gelassenheit. Was nicht heißen soll, dass Warten immer und überall gut sei. Bitte mich hier nicht falsch zu verstehen, ich empfehle auf keinen Fall die Taktik des Aussitzens: Wenn was schiefrennt, warte einfach, warte, bis sich das Problem von selbst erledigt hat, warte bis ans Ende aller Tage, warte, bis die Welt untergeht. Weil es eh wurscht ist, was du tust.

Es ist nicht wurscht, was du tust. Passivität ist schlecht. Müßiggang ist fad. Nichtstun ist letztklassig. Das meine nicht nur ich, das hat die Natur so beschlossen. Wer nichts tut, wird lasch, das spürt man in jedem Knochen. Wer alles schleifen lässt, schleppt sich selber nach. Geduld wird nicht in Menge gemessen. Wer so viel davon hat, dass es bis zur Reglosigkeit reicht, bewegt auch sonst nichts mehr. Es gilt, wie letztlich bei allem, die Mitte zu finden.

Manche Menschen, das muss man schon sagen, funktionieren unter Zeitdruck besser. Weil Druck auch ein Motor ist, die Dinge endlich auf die Reihe zu kriegen. Etwas bar und sofort zu wollen, zwingt zum Handeln und macht entschlossene Zauderer zu Checkern. Es ist also ein feiner Unterschied zwischen dem Drang, Zeit gut zu nützen, und dem Sturm, sie mit Ungeduld zu verschusseln.

Überhaupt ist Geduld nicht gleich Geduld. Was für den einen in Zeitlupe abläuft, nimmt einem anderen fast den Atem. Jeder hat sein Tempo, und das trägt kein Gütesiegel. Die Sprinter der Leistungsgesellschaft sind nicht besser als die Jünger der Besonnenheit, sie starten nicht einmal im selben Bewerb. Und sie halten sich nicht ewig in derselben Liga. Das persönliche Tempo hängt nämlich auch vom Alter ab.

Als Junger leuchtet einem die buddhistische Art der Geduld so ein wie einem Chirurgen eine Zwanzig-Watt-Birne über einem Furunkel. Und heller muss die Flamme der Erkenntnis auch nicht brennen, weil das Eilige das Vorrecht der Jugend ist. Wären die Jungen so geduldig wie die Alten, würden wir der Welt keinen Gefallen tun. Geduld und Abgeklärtheit sind ein Bündnis, das die Unvernunft geschlossen hat. Man muss schon etwas vom Leben gelernt haben, um sich zum Stillstand aus Resignation oder zum Steinchen der Weisheit zu entwickeln. Gewinnt man den Lauf der Dinge schon als Junger, rennt man nur noch leere Kilometer. Ist man mit dem Kopf längst durch die Wand, woran soll man sich die Hörner abstoßen?

Der deutsche Schriftsteller Karl Julius Weber hat dazu was Intelligentes fallenlassen: »Die gemeine Geduld ist meist Gefühllosigkeit, Trägheit und Feigheit. Nur diejenige Geduld, die dem Druck der Umstände klug entgegenwirkt und die Zeit

Die Burgruine Prandegg zählt zu den größten Burgen des Landes, sie ist im Besitz der Herzöge von Sachsen-Coburg und Gotha

abwartet, wenn Mut und Stärke jetzt nicht zum Ziele führen, ist allein Tugend.«

Wenn man sich als Junger dauernd denkt, ui, gleich ist es aus, dann fängt man womöglich gar nichts mehr an. Das Ende schert einen als Heißsporn nicht, und das ist auch gut so. Noch besser wär's, wenn die

Im Brotbackhaus an der Taverne zu Prandegg bäckt der Wirt an manchen Tagen das Brot für seine Gäste

Jungen da und dort mehr Geduld, und die Alten hie und da mehr Ungeduld in sich hätten. Aber so hat es sich nicht ergeben in der Evolution, und da hätte man ja wirklich Zeit genug zum Austarieren gehabt. Wird also schon alles seine Richtigkeit haben. Vielleicht liegt der Knackpunkt auch in der Balance der Einschätzung. Ungeduld ist per se nicht schlecht, man muss nur wissen, wo und wann man wie viel davon braucht.

Umwelt ist zum Beispiel ein Thema, das keine Geduld mehr verträgt. Sich noch mehr Zeit zu lassen, heißt, im Arsch daheim zu sein. Geduld einfach im Sinn von Schauen-wir-einmal-damit-wir-sehen-was-passiert ist eine brüchige Strategie. Nur: Was braucht die Geduld, um in ihrem Wesen gut zu sein? Irgendeinen Komplizen muss sie haben, der sie am Vertrödeln hindert. Vielleicht ist es die Zivilcourage. Oder dasselbe Bewusstsein, das uns sagt, wie man ein Auto richtig steuert, flott, das ja, aber nicht mit Vollgas gegen die Wand.

Franz Kafka hat einmal gemeint, bevor er so richtig lungenkrank wurde: »Alle menschlichen Fehler sind Ungeduld.« Wenn der Kafka das sagt, kann man schon ein bisschen an der Ungeduld arbeiten, damit da auch was weitergeht. Der Volksmund nennt das sich in Geduld üben. Hört sich ziemlich einfach an, wirst du jetzt denken. Etwa so, als würde man einem Choleriker raten: Du, Hans, ich weiß da eine super Lösung, wie du den Blutdruck senkst: Reg dich einfach nicht so viel auf.

Der Alltag liefert uns Übungsaufgaben ohne Ende. Meistens sind es die kleinen Ärgernisse, die einen groß aufregen. Zum Beispiel gleich in aller Herrgottsfrüh, wenn der Tag damit beginnt, dass man aufstehen muss. In dem Moment beginnt auch die Erziehungsarbeit in Sachen Geduld. Alles, was einem von da an passiert, kann man so oder so sehen. Negativ oder positiv. Ein Vorschlag, wie man vom gestressten Messie zum geduldigen Lebenskünstler wird:

Man kriecht aus dem Bett, verfängt sich mit einem Fuß in der Tuchent und bringt den anderen gerade noch rechtzeitig auf den Boden. Bingo, einmal nicht mit dem falschen Fuß aufgestanden, denkt man, und schon fliegt man über die Tasche, die man sich gestern mitten ins Zimmer gestellt hat, damit man sie nicht vergisst. Klass, eine Taktik aufgegangen, denkt man, geht ins Badezimmer und verschluckt sich am Mundwasser. Yupp, brauch ich mir keinen Kaffee mehr machen, denkt man, geht in die Küche und macht sich einen Kaffee. Ups, an der Ausführung im Detail hapert's noch, denkt man, aber es wird ja noch ein paar Alltagssituationen geben, mit denen ich Geduld üben kann, hat ja grad erst angefangen, der Alltag.

Man macht die Wohnungstür auf, um sich die Morgenzeitung hereinzuholen, aber der Nachbar hat sie stibitzt. Fein, stehen eh nur schlechte Nachrichten drinnen, denkt man, schaltet das Radio ein und hört, dass man wegen des Frühverkehrs mit einer Stunde Verzögerung zu rechnen habe. Wunderbar, ich kann mich ohnehin nicht erinnern, wo das Auto steht, denkt man, entschließt sich, mit dem Bus zu fahren, und versäumt ihn um zwei Sekunden. Naja, hab ich Zeit für mich, denkt man, setzt sich auf die Bank im Wartehäuschen und mitten hinein in eine Pfütze Limonade, die wer dort ausgeschüttet hat. Hey, ich geh zu Fuß ins Büro, da mach ich Bewegung und die Limo trocknet auch bis zum Meeting, denkt man, kommt völlig verschwitzt im Konferenzsaal an und merkt, dass man sich im Tag geirrt hat, das Meeting ist erst morgen. Yupp, einen Tag gewonnen, denkt man, geht an die Arbeit und erledigt alles im Zeitraffer, bis man abends die Nerven wegschmeißt. Fort mit Schaden, werden eh total überschätzt, diese Nerven, denkt man, übersieht, dass die unterste Schreibtischschublade noch offen ist, und haut sich das Schienbein an. Auwehauweh, dazu fällt mir jetzt aber wirklich nichts mehr Positives ein, denkt man und fährt mit Vollgas aus der Haut.

Stress beginnt im Kopf. Und dort kann man ihn auch abtäuschen. Zum Beispiel mit einem Perspektivenwechsel. Nehmen wir an, ein Auto fährt einen fast über den Haufen. Während die Reifen noch quietschen, ist der Blutdruck an der Decke, das Herz trommelt Hilfe, das Adrenalin gebärdet sich wie bei einem Wasserrohrbruch, der Atem stockt. Hat man sich von dem Schrecken erholt, kann man dem Autofahrer ordentlich die Meinung geigen und sich damit selber den Tag verderben. Oder man atmet ein paar Mal tief durch und denkt sich in ihn hinein. Absichtlich wird er einen schon nicht übersehen haben. Irgendwas wird ihn abgelenkt haben, man kennt das doch selber. Sind nur ein paar Meter vom Tagtraum zum Albtraum, nur ein paar Sekunden von der Unaufmerksamkeit zur Unwiderruflichkeit. Wenn er gut war, der Schutzengel, ist nichts passiert. Man sitzt im Auto, hat zwanzig Kilo weniger vor Erleichterung, möchte demjenigen, den man geschockt hat, ein Reihenhaus schenken oder wenigstens ein Lächeln. Und so geht's dem armen Hund, der einen fast über den Haufen gefahren hat, vermutlich auch gerade. Man schlüpft wieder in die eigene Haut. Man fragt sich: Ist wer verletzt? Ist wer tot? Man geht zur Tagesordnung über. Und hat ein fettes Plus auf dem Geduldskonto.

Die Geduld möge mir verzeihen, aber jetzt tut er mir langsam leid, der Stress. Alle hacken auf ihm herum, jeder macht ihn nieder, keiner will ihn haben. Aber wie alles im Leben hat auch er eine gute Seite, man muss nur ein paar Tausend Jahre zurückschauen. Ist man da einem Irgendwas mit langen Zähnen gegenüber gestanden, hätte man sich ohne den Stress in sein Essen verwandelt und noch Mahlzeit gesagt. Er hat dafür gesorgt, dass man vor so einem Monster Reißaus nimmt, oder ihm die Keule über den Ziguri zieht. Er hat im vegetativen Nervensystem, das viele wichtige Körperfunktionen steuert, zum Angriff geblasen, und das tut er heute noch.

Einen herrlichen Blick über die hügelige Landschaft der Mühlviertler Alm genießt man am Turm der Ruine

Sein erster Offizier ist dabei der Sympathikus. Er macht dem Adrenalin und dem Cortisol Beine und stampert Blutdruck, Puls, Cholesterinspiegel und Atemfrequenz nach oben. Die Muskeln spannen sich schon einmal in vorauseilendem Gehorsam an, und die Zucker- und Fettreserven öffnen ihre Lagerhallen. Die Arbeitsweise hat sich nicht geändert, nur die Monster schauen jetzt anders aus, manchmal ein bissel wie dein Chef, des Öfteren wie deine Schwiegermutter, möglicherweise wie dein Nachbar. Auf sie mit denselben Waffen, die der Stress im Arsenal hat, zu feuern wie einst auf den Feind mit den Säbelzähnen, ist nicht nur übertrieben, es schadet einem auch selber. Und zwar schon rein gesundheitlich.

Wütet der Stress über längere Zeit im Organismus, arbeitet nichts mehr so, wie es sollte. Die Verdauung macht weniger als Dienst nach Vorschrift. Die körpereigene Abwehr winselt um Gnade. Organe und Blutgefäße pumpen halbherzig. Der Rücken krümmt sich. Der Kopf zerspringt. Die Muskeln krampfen sich ein. Die Gelenke knacksen. Der Magen-Darm- oder Herz-Kreislauf windet sich. Der Schlaf bringt kein

Auge mehr zu. Die Konzentration schaltet sich ab, die Vergesslichkeit blüht auf, und die Antriebskraft geht zum Teufel. Und auf einmal stehen Depression oder Burnout mit ihren Koffern vor der Tür. Und die zwei sind ziemlich hartnäckig, wenn sie wo einziehen wollen. Da, sag ich dir, kannst du dich schon einmal drauf einstellen, brutal geduldig zu sein. Du nimmst dir, was du am wenigsten hast. Zeit. Und gönnst dir, was du am dringendsten brauchst. Entspannung. Das ist ein Grundbedürfnis. Das ist dein Recht.

In Artikel 24 der Allgemeinen Erklärung der Menschenrechte steht, dass das »Recht auf Erholung und Freizeit und insbesondere auf eine vernünftige Begrenzung der Arbeitszeit und regelmäßigen bezahlten Urlaub« ein elementares Recht jedes Menschen ist. Wie viel man arbeiten sollte, damit es unter vernünftig fällt, ist allerdings Auslegungssache. Wenn du wissen willst, was wirklich viel Arbeit macht, dann schreib einfach ein Buch.

Der Begriff Erholung stammt jedenfalls aus der Medizin und bedeutet: wieder gesund werden. Gemeint ist damit, dass ein biologischer Organismus nach einer Anstrengung, nach körperlicher und geistiger Erschöpfung eine Ruhephase braucht, um sich zu regenerieren. Dabei übernimmt ein anderer Teil des vegetativen Nervensystems das Kommando. Der so genannte Parasympathikus, ein ziemlich entspannter Zeitgenosse.

Als Gegenspieler zum Drillsergeant Sympathikus drosselt er den Sauerstoffverbrauch und verweist die Atmung von der Brust in den Bauch. Puls und Blutdruck gehen vor ihm auf die Knie, die Gefäße lassen mehr Blut durch, der Körper erwärmt sich für diese Entspannungsmethoden und lässt es bis in die Spitzen der Finger und Zehen geruhsam fließen. Die Muskeln sind extrem locker, Magen und Darm bequemen sich wieder zum Dienst, und das Stresshormon Cortisol kommt ins Winkerl. Alles in allem macht einen der Parasympathikus zu einem ruhigen Menschen.

Die Grundlagen der Stressforschung hat ein gewisser Hans Selye, ein österreichisch-kanadischer Mediziner ungarischer Herkunft, in den Dreißigern des vergangenen Jahrhunderts gelegt. Stress entsteht, wenn ein Gleichgewicht die Balance verliert. Das allein wäre noch nicht so schlimm, wenn der Mensch nicht ständig alles werten müsste. Je nach Erfahrung sieht er die Situation, in die er gerät, als Fluch oder Segen. Und je nach Fluch oder Segen kommt dabei negativer oder positiver Stress heraus. Der eine bringt einen zur Verzweiflung, der andere zu Höchstleistungen.

Wie man sich entspannt, ist dem Körper allerdings gehupft wie gehatscht, weil alle Entspannungsverfahren darauf abzielen, den Sympathikus zu schwächen und den Parasympathikus zu aktivieren. Die einen entspannen ihren Körper, was sich dann auf die Psyche auswirkt. Die anderen entspannen sich in Gedanken, was dann auch den Körper beruhigt. Je öfter man so ein Entspannungsverfahren übt, desto schneller setzt die Wirkung ein, weil nach ein paar Wochen eine Konditionierung eintritt. Dann kann man eine Entspannungsreaktion überall und jederzeit ganz bewusst auslösen. Man polt sich sozusagen um und schaltet in den Modus des Gleichmuts. Der amerikanische Religionsphilosoph Lyman Abbott hat sich dazu etwas für seine Verhältnisse geradezu Wollüstiges gedacht: »Geduld ist gezähmte Leidenschaft.«

Als Medizinstudent, das ist jetzt auch schon eine hübsche Weile her, habe ich einmal eine Geschichte gehört, die die unsägliche Hetzerei der westlichen Welt anhand eines Gleichnisses erklärt: Ein alter Indianer wollte mit Politikern über die Erweiterung seines Reservats verhandeln. Es geht darum, dass der Häuptling mit einer Delegation nach Washington fliegen sollte, um alles genau zu besprechen, und er ist ihnen nicht und nicht in ein Flugzeug eingestiegen, weil ihm das unheimlich war. Deshalb sind sie mit dem Indianer im Auto durch halb Amerika gefahren, aber das war auch ziemlich mühsam, weil der Häuptling alle paar Kilometer gebeten hat, dass sie rechts zufahren. Am Anfang haben die Regierungstypen geglaubt, er muss mal, aber er hat sich zehn Meter vor dem Auto auf die Straße gesetzt und sich nicht mehr bewegt. Beim fünften Stopp haben sie ihn gefragt, was das soll, und er hat gesagt: Ich habe mich noch nie so schnell von einem Ort zum anderen bewegt. Ich muss warten, bis meine Seele nachkommt.

Sag mir, wenn's bei dir so weit ist, dann gehen wir weiter. Nach der nächsten Biegung treffen wir uns mit dem Mut.

3 Bleibe mutig, es befreit dich von lähmender Angst, der Basis vieler Krankheiten.

»Was für ein Mut«, sagt der Stier.
»Wer? Wo?«, fragt der Hase.
»Na, der dort«, der Stier deutet mit seinem schweren Kopf zum Herzogreitherfelsen. »Ein Pfosten von einem Mann. Wenn der über die Felsen klettert, schaut es aus, als hätte er Kiesel unter sich.«
»Und deswegen ist er schon ein Held, oder was?«, sagt der Hase.
»Na, hör mal. War Samson eine Memme, ha?«
»Woher kennst du denn Samson?«, fragt der Hase.
»Vom Pfarrer«, sagt der Stier. »Immer, wenn der nachdenken will, geht er am Johannesweg spazieren und redet laut vor sich hin. Unlängst hat er sich die Geschichte vom Samson erzählt. Dass der nur mit den Händen einen Löwen zerrissen hat, dass er einen Haufen Männer erschlagen und irgendwelche tausend fiese Biester …«
»… tausend Philister …«, half der Hase.
»… sag ich ja«, sagt der Stier. »Jedenfalls hat er die mit einem Kinnbacken von einem Esel erledigt, muss man auch einmal zusammenbringen.«
»Samson war ein Kraftlackel, und das auch nur, bis sie ihm die Haare abgeschnitten haben. Das war ja der Schmäh an ihm: Als Auserwählter Gottes lag das Geheimnis seiner Stärke in seinen Haaren. Wenn du mich fragst, war das einfach ein Zornbinkel.«
»Na schlecht? Wenn einer ein Zornbinkel ist, kann er kein Weichei sein«, sagt der Stier, der langsam ein bissel trotzig wird. »Schau mich an, ich bin auch mutig.«
»Du bist nicht mutig, du bist nur groß«, sagt der Hase.
»Und du bist kein Angsthase, sondern nur klein«, sagt der Stier.
»Jetzt verstehen wir uns«, sagt der Hase. Aber so, wie der Stier glotzt, dürfte er sich geirrt haben.

»Entschuldigt, dass ich mich einmische«, meldet sich eine Stimme etwas abseits des Wegs, »aber ich kann euch vielleicht behilflich sein, ich kenn mich aus bei dem Thema«.
»Die Iris«, sagt der Stier, »na sicher, kennt sich aus beim Mut«.
»Allerdings«, sagt die Iris, »sonst würden mich die Menschen wohl kaum als Symbol dafür genommen haben«.
»Ups«, sagt der Stier.
»Was der Hase meint«, sagt die Iris, »ist ganz einfach: Es ist nicht unbedingt Mut, wenn sich ein Brocken wie du, der alles niederrennen kann, vor nichts fürchtet«.
»Aber es ist Mut, wenn ein Karnickel wie er vor allem davonrennt, weil er sich ins Hemd macht«, höhnt der Stier.
»Du hast deine Kraft, er braucht sein Raffinement. Du brauchst nur einmal brüllen, er muss wissen, wie er seine Haken schlägt«, sagt die Iris.
»Jetzt reicht's mir aber«, brüllt der Stier. »Pass auf, was du sagst. Ich der Blöde mit den Muskeln, er das helle Köpfchen. Das brauch ich mir doch nicht bieten lassen. Ich kann dich mit einem Huf zertrampeln, ich kann dich mit einem Horn aufspießen, ich kann …«. Mitten im Satz verstummt er.
Der Hase kräuselt seine Schnauze. »Ganz schön mutig von ihr, dir die Wahrheit zu sagen.«

»Schnallen Sie ihn fest,
und schließen Sie ihn an die Elektroden an.«

Anweisung während des Milgram-Experiments in Wien, 1999

Schreie drangen aus dem Lautsprecher, furchtbare Schreie. Der Mann klang, als hätte er Schmerzen jenseits des Vorstellbaren. Als würde ihn jemand langsam und nach allen Regeln der Kunst foltern. Neiiin, aufhören, wimmerte er, bitte. Er japste, rang nach Luft. Kann … nicht … mehr. Ein Summen, offenbar von einer Stromquelle, bssss. Wieder brüllte der Mann, flehte um Gnade, schrie, lauter, lauter, schrie, dann Stille. So stirbt man also. Und so tötet man allem Anschein nach einen Menschen.

Das Milgram-Experiment, falls du es nicht kennen solltest, ist ein Test auf blinden Gehorsam. Die Studie wurde erstmals von dem jüdischen Wissenschaftler Stanley Milgram im Amerika der Sechzigerjahre an der Eliteuniversität Yale durchgeführt und versetzte die heile Welt in hellen Aufruhr. Milgram bewies, dass sich Menschen im Konflikt zwischen Autorität und Gewissen in auffallend vielen Fällen der Autorität beugen. Sie zeigen keine Zivilcourage und tun, was ihnen befohlen wird. Ohne nachzudenken. Was man in ihnen weckt, ist die Banalität des Bösen. Der Drache, der Feuer spuckt. Oder im konkreten Fall: der Teufel, der einen fremden jungen Mann mit Elektroschocks foltert.

Beim Milgram-Experiment haben drei Personen miteinander zu tun. Die erste ist der so genannte Versuchsleiter, die wissenschaftliche Autorität im weißen Arztkittel – ein Schauspieler. Die zweite ist der so genannte Schüler, das schreiende Opfer, das in einem anderen Raum sitzt – ebenfalls ein Schauspieler. Die dritte ist der eigentliche Proband, genannt der Lehrer – und kein Schauspieler. Er ist ein ganz normaler Mensch von der Straße und nicht eingeweiht. Er wird im Rahmen einer sehr authentischen Inszenierung zu einer Entscheidung gezwungen. Entweder er gehorcht dem Versuchsleiter, indem er den Schüler foltert, und zwar immer dann, wenn der Schüler eine falsche Antwort gibt. Oder er weigert sich, bei dem Wahnsinn mitzumachen – und zeigt Mut.

Das ist der Test. Ein Versuch, der die Schattenseiten der menschlichen Seele beleuchtet und mehr über unsere Spezies aussagt als jedes schlaue Buch.

Man hat das Milgram-Experiment im Jahr 1999 für ein Magazin wiederholt. Und sich gefragt: Wie weit gehen Österreicher, wenn ihnen eine Respektsperson Befehle erteilt? Harmlose Männer und Frauen, die sich auf ein Lockinserat für eine klinische Studie gemeldet hatten, wurden von einem falschen Wissenschaftler aufgefordert, einen Fremden mit Stromstößen zu bestrafen. Machen Sie weiter!, reichte schon als Befehl, um die Anzahl der Volt zu erhöhen, die eine Testperson nach der anderen dem Schüler durch den Leib jagte. Das Experiment dauerte zwanzig Stunden, das Erschreckendste war das Ergebnis: Neun von zehn gehorchten und quälten grundlos einen Menschen. Jeder Zweite hätte das angebliche Opfer schwer verletzt. Oder umgebracht.

Und das mit einer Nonchalance, die Gänsehaut verursacht. Man könnte meinen, die Freizeit-Folterknechte stammten eher aus sozialen Schichten, die ihr Fallbeil unterirdisch wetzten, aber nein, einer der Probanden des Versuchs war ein 52-jähriger Herr Magister. In der Reportage stand das so:

Es stört ihn nicht wirklich, dass der Schüler ab 350 Volt kein Lebenszeichen mehr von sich gibt. Der Akademiker ist akribisch darauf bedacht, beim Austeilen immer stärkerer Schocks keinen Fehler zu machen. Die Aussage des Versuchsleiters (»Wir übernehmen die Verantwortung«) reicht ihm völlig, um die Sache zu finalisieren. Auf die Frage, warum er jetzt ohne Skrupel ein Leben ausgelöscht hätte, das eines Menschen, der ihm nicht das Geringste getan hat, findet der Rechtswissenschaftler seine ganz eigene Erklärung. »Ad eins, weil es Vorschrift ist. Ich war in der Rolle des Lehrers, und deswegen habe ich den Mann bestraft. Schon in der Schule wird ein Schüler bestraft, wenn er eine falsche Antwort gibt.« Unter ad zwei definiert er »das Spiel innerhalb der Gesellschaft – unser Leben wird von Gesetzen reguliert«. Seine Regulierung sei vielleicht hart, aber gerechtfertigt. Nebenbei weist der Herr Magister darauf hin, dass er schon in jungen Jahren seine Aufgabe als Aufseher in einer Pharmafabrik in Mexiko »sehr ordentlich« erledigt hat. Sozialphilosophischer Nachsatz: »Jeder Mensch braucht einen Vorgesetzten.«

Von zwanzig Teilnehmern an dem Experiment weigerte sich nur ein Einziger aus Prinzip, einem Menschen mit Elektroschocks zu Leibe zu rücken. Er war der eigentliche Held. Der Mann mit dem Mut.

Mit dem Mut verhält es sich ein bisschen wie mit dem Schreiben. Man muss zuerst nachdenken, bevor man die Finger in die Tasten haut oder sich ins Geschehen wirft. Ich finde, es gilt, die Situation einzuschätzen und dann zu handeln. Außer man muss in der Sekunde reagieren, weil zum Beispiel ein Kind in einen Fluss stürzt. Das ist eine Art mutiger Reflex, den wir nicht verlernt haben.

Die Form von Mut, die uns am meisten abhanden gekommen ist, ist die Zivilcourage. Heldenmut oder Harakiri, frag ich dich? Experten sprechen von einem neuen Ausmaß der Gewalt, vor allem bei Jugendlichen, deren Hemmschwelle deutlich gesunken ist. Heute geht es erst richtig los, wenn das Opfer um Gnade bettelt. In aller Öffentlichkeit wird geschlagen und getreten, bis jemand regungslos im eigenen Blut liegt. Die Täter flüchten und lassen die Betroffenen zurück. Auslöser für derlei Gewalttaten sind oft Nichtigkeiten. Ein schiefer Blick, ein falsches Wort. Passanten stehen daneben, schauen zu und greifen nicht ein, aus Angst, selbst verletzt zu werden. Und die ist auch nicht völlig unberechtigt.

»Mut steht am Anfang des Handelns, Glück am Ende«, hat schon Demokrit gesagt. Als Zeuge einer Gewalttat muss man sich nicht unbedingt in die Schlacht werfen, man kann auch die Polizei rufen. In Österreich gilt eine allgemeine Hilfeleistungspflicht bei Unfällen und Notfällen, aber es gibt immer weniger Helfer und immer mehr Gaffer.

»Schau, Fredl, da drüben hat sich wer ein'baut mit sein' Golf GTI.«

»Die is nimmer bequem, die Knautschzone.«

»Ja, schad um das Auto.«

Die einen haben kein Interesse, die anderen Angst, etwas falsch zu machen, und das ist nur die charmanteste Ausrede. Warum greift man nicht ein, wenn Hilfe benötigt wird? Warum schaut man weg, wenn man die Rettung rufen kann? Der Schriftsteller Gabriel Laub erahnte eine Antwort: »Heldenhaftigkeit ist eine Todesart, keine Lebensart.«

Mut ist, das finde ich, ein guter Motor, wenn er nicht der Fantasielosigkeit entspringt. Er lässt dich Hindernisse überwinden. Mutlose Menschen fangen Vieles vielleicht gar nicht an. Sie scheitern im Vorfeld an der Herausforderung, weil ihnen die Angst ins Ohr flüstert: Pass auf, ich sag dir eines – das geht sicher schief. Lucius Annaeus Seneca, Roms großer Philosoph bis zum Jahre 65, meinte: »Wer Großes versucht, ist bewundernswert, auch wenn er fällt.«

Wer Mut hat, kann auch mit Niederlagen besser umgehen. Er traut sich mehr, scheitert deshalb öfter, rappelt sich aber wieder auf. Außer er ist ein Glückspilz, und das Schicksal stellt ihm einen zweiten Schutzengel zur Seite, quasi Stereo-Glück. Überlebensmut, also den Willen zu überleben, hat jeder, sonst wäre die Menschheit längst Geschichte. Lebensmut wiederum hat nicht jeder. Schließlich stirbt man nicht an dem Mangel, man schleppt sich bloß so dahin. Nur Mut zum Selbstmord ist Feigheit. Schau dir den Hemingway an: Flinte in den Mund, und Ernest sagt auf Wiederschauen. Was soll daran, bitte schön, heroisch sein?

Ich erinnere mich an Burghart, einen Bekannten. Er war stets darauf bedacht, beruflich aufzusteigen, und dazu war ihm jedes Mittel recht. Sein Erfolgsrezept: nach oben buckeln, nach unten treten, und zwar dorthin, wo's wirklich weh tut. Seine geschäftliche Brutalität hinterließ so manche Wirtschaftsleiche und damit einen neuen Erzfeind. Mit achtundvierzig war der Mann zwei Mal geschieden, verbreitete zweifelhafte Schauergeschichten über die Exfrauen, mit Ehefrau Nummer drei, fünfundzwanzig Jahre jünger als er, hatte er noch eine kleine Tochter. Gern ließ er sich hochheben, strich stets selber seine Verdienste hervor, weil er als Direktor eines der ganz großen Weltkonzerne auf Kosten des Unternehmens als Gönner auftrat und als selbst erklärter Mäzen dann aus den Gazetten strahlte. Die stark juckenden Hautleiden, die ihn von Zeit zu Zeit plagten, durfte ich, wenn nötig, auch sonntags behandeln, mit dem Hinweis, es sei für mich eine Ehre, einen so berühmten Mann zu meinen Patienten zählen zu dürfen. Die notwendigen Rezepte ließ Burghart vom Chauffeur abholen. Er hatte einen Hofstaat von Jasagern um sich, devote Günstlinge, immer in der Hoffnung, von diesem großzügigen Sponsor eine Festspielkarte zu ergattern. Freunde hatte er keine, nur eine Entourage berechnender Parasiten, die seine Pensionierung kaum erwarten konnten. Aber so weit kam's nie. Rascher als erwartet sickerten seine sinistren Machenschaften bis in die internationale Konzernspitze durch, und Burghart wurde gefeuert. Über Nacht. Wie irgendwas Ekliges mit sechs Beinen von der Platte gefegt, schwupp, als wär er nie da gewesen. Nicht einmal seinen Schreibtisch durfte er ausräumen, es war ihm verwehrt, seine Arbeitsstelle überhaupt noch zu betreten. Die Schmach, die die Zeitungen genüsslich ausbreiteten, konnte der Geschasste nicht verkraften. Kriegerisch, wie er grundsätzlich gegen alle war, die sich seinem Befehl nicht unterwarfen, gab es für ihn nur einen einzigen Ausweg. Perfekt geplant, jagte er sich eine Kugel

Viele Naturwege wie hier im Tal der Waldaist werden beschritten

in den Kopf, traf aber nicht richtig. Erst nach ein paar Wochen Neuro-Intensivstation, erste Klasse, versteht sich, sagte Burghart auf Wiederschauen.

Hätte er die Ernte seiner sadistischen Saat eingeholt, wäre er vom hohen Ross heruntergestiegen und hätte den Rest seines Lebens dazu genutzt, den Karren vielleicht doch noch aus seinem Dreck zu ziehen, das wäre Mut gewesen. Und wenn es noch so aussichtslos aussieht, ist es nie zu spät, vom Saulus zum Paulus zu werden.

»Angst klopft an die Tür, Mut macht auf, aber niemand war draußen«, motiviert ein altes Sprichwort den Angsthasen. Beim eingeschüchterten Menschen braucht die Angst gar nicht zu klopfen, sie hat längst den Wohnungsschlüssel. Er lässt sie nicht los, er wird lieber Patient. Ich weiß leider wirklich, wovon ich da rede, glaub mir. Weil die sanfte Stimme der Seele übertönt wird vom Krach der Oberflächlichkeit, sind wir taub geworden für das, was wir uns selber sagen wollen. Es entsteht eine Spannung zwischen dem, was wir tun, und dem, was wir tun wollten. Das füllt Praxen und bringt Notbetten in unsere überfüllten psychiatrischen Anstalten.

Dabei ist die Angst so eine clevere Einrichtung, eine Art Frühwarnsystem im Körper, das uns auf Gefahren aufmerksam macht und Kräfte in uns mobilisiert, als hätten wir eine Truppe Bodyguards eingebaut. Angst macht stark, Angst macht kreativ. Außer, es stimmt was mit der Alarmanlage nicht. Mitunter geht sie nämlich auch los, ohne dass einer Obacht gerufen hat. Jeder vierte Mensch hat im Laufe seines Lebens mit einer gröberen Angststörung zu tun. Und da reden wir nicht von Todesangst. Wir reden von zu viel Angst vor dem Leben. Von der Angst, die lähmt, die den Körper auszehrt und die Seele auffrisst.

Wer diese Angst kennt, wird in der Früh nicht einfach munter, man schreckt auf. Meistens aus einer grauenhaften Nacht, die man tagsüber herbeisehnt, weil sie den Mantel des Schweigens der anderen über einen breitet. Kaum ist sie aber da, die dunkle Freundin, feiert sie Partys mit lichtscheuen Gesellen, vor denen man sich so fürchtet, dass man das Unfassbare tut und den nächsten Tag herbeisehnt. Ist er da, hängt schon wieder die Angst an seinem Arm, dass er eine kleine Katastrophe im Schlepptau hat. Man fürchtet um seine Leistung. Die Beförderung. Die

Pension. Man ängstigt sich ums Bankkonto. Um die Kinder. Die Zukunft. Man zuckt zusammen, wenn das Telefon läutet, fährt zusammen, wenn ein Blatt Papier zu Boden fällt, und bricht zusammen, wenn jemand nach der Uhrzeit fragt.

Das Leben ist bedrohlich, die Angst einfallsreich. Und sie zwickt, wo sie nur kann. Die Zähne knirschen, die Stimme klingt rostig. Im Mund ist Wüste, man wechselt die Farbe von Hochrot auf Leichenblass, man schwitzt und schwindelt. Der Tinnitus saust im Ohr, vor den Augen verschwimmt alles, es wird einem heiß, es wird einem kalt, es kribbelt. Muskeln zucken, das Herz macht alles, nur nicht regelmäßig schlagen, auf der Brust sitzt Obelix' Bruder und quetscht mit seinem Gewicht die letzte Luft aus der Lunge, bis man glaubt, man erstickt. Was noch alles sein kann, steht im Handbuch der Medizin: Blähungen, Bauchweh, Sodbrennen, Völlegefühl, Durchfall, Verstopfung, Gewichtsverlust. Dafür kann es sein, dass man auf Menstruation, Libido und Potenz verzichten muss.

Dass nur elf Prozent der Menschen, denen Angst das Leben schwer macht, die richtige Behandlung bekommen, ist deprimierend, aber nicht genau unser Problem. Wir gehen hier jener Angst an den Kragen, die weder Arzt noch Medikament braucht. Jener Angst, mit der die Besten unter uns leben. Gerade Sportler lernen von ihren Mental-Coaches, wie man sich die Angst wegdenkt. Eine Kunst, die man besser begreift, wenn man erst einmal weiß, wie die Angst überhaupt ins Hirn kommt.

Die Angst entsteht in der Amygdala, dem Mandelkern des Gehirns, einem Teil des limbischen Systems, mit dem wir am schnellsten, quasi noch gedankenlos, auf die Umwelt reagieren. Der Mandelkern entscheidet zwischen Freund und Feind und schickt dann den Hippokampus, seinen Kollegen aus dem limbischen System, ins Hirnarchiv, um Erinnerungen auszugraben. Da Angst oft etwas in der Kindheit Gelerntes ist, wird er bei furchtsamen Menschen leicht fündig.

Und hier beginnt der interessante Teil: das Netzwerk der Angst. Um die abstrakten Gefühle, die sich da gerade vom Angst-Hirn her ausbreiten, zu erfassen, ist ein Link zum Zentrum des frontalen Denk-Hirns unumgänglich. Dort bekommen die Emotionen ihre Namen. Dort kriegt man sie in den Griff. Denn: Je aktiver dieser schlaue Teil des

Gehirns, desto weniger Aktivität im Mandelkern. Wenn wir uns also die Angst eingestehen und sie beim Namen nennen, dämmen wir sie ein.

Sich die Angst vorzustellen, ist gut, sich ihr zu stellen, ist besser. Katastrophenszenarien durchzugrübeln ist eine Art Beschwörungsritual, die die Katastrophe erst so richtig anzieht. Wer's nicht lassen kann, male sich den schlimmsten Fall wenigstens als Weggabelung in eine andere womöglich sogar bessere Zukunft aus. Ansonsten heißt die Zauberformel: Augen zu und durch. Das ist auch die beste Waffe gegen einen bekannten Kollaborateur der Angst: die Hilflosigkeit. Je öfter man die Angst bezwingt, desto mehr Macht nimmt man ihr. Was man einmal geschafft hat, gelingt immer wieder. Und irgendwann, sagen alle, die ihre Angst erfolgreich im Schwitzkasten haben, freut man sich sogar darauf, sich zu fürchten.

Verdrängung ist ein heimtückischer, langsam an Aggression zunehmender Virus, der sich auf den Magen schlägt, einem an die Nieren geht, sich auf das Herz schlägt, im Hals stecken bleibt und einem die Sprache verschlägt, sich aber auch im größten Organ, auf der Haut abzeich-

Der Herzogreitherfelsen ist eine der größten Granitformationen in der Region, und wer ihn erklimmt, wird mit einem herrlichen Ausblick belohnt

net mit vielerlei Ausschlagsbildern. Mobbing ist da oft zu lesen, samt seiner Gefolgschaft Schlaflosigkeit, Burnout, Depression und psychosomatische Folgekrankheiten, schön in Zweierreihen. Je länger man sich scheut, die Probleme auszusprechen, desto stummer wird die Angst und desto mehr Kraft kostet es, sie zu überwinden. Kraft, die man für Besseres nützen kann.

Goethe wusste um den Hintergrund Bescheid: »Nur wer immer strebend sich bemüht, den können wir erlösen.« Jetzt ist es natürlich schon so, dass du aus einem Zitterrochen keinen Brülllöwen machen kannst. Einmal schnippen, und der Mut fließt einem durch die Adern wie Sternenblut, das spielt's leider auch nicht. Aber man kann an sich arbeiten. Und sein Ich härten wie ein Schwert.

Der Begriff Selbstbewusstsein wurde, bevor er in der Psychologie und Soziologie aufgetaucht ist, in der Philosophie geprägt. Schon am antiken Apollontempel im griechischen Delphi war eine Weisheit eingemeißelt, die direkt zum gesunden Ego führt. Gnothi seauton. Erkenne dich selbst. Immanuel Kant war derselben Ansicht. Er sagte, dass Selbstbewusstsein durch Beobachtung und Reflexion der eigenen Persönlichkeit entstehe. Georg Wilhelm Friedrich Hegel meinte, dass es das Ergebnis der Anerkennung anderer Menschen sei. Im Grunde haben beide Recht. Heute weiß man aber, dass Selbstbewusstsein auch erblich ist. Fünfzig Prozent schlummern in den Genen, die anderen fünfzig entspringen der Erfahrung. Die Eckpfeiler des Selbstbewusstseins sind: zu wissen, wer man ist, seine Wünsche und Bedürfnisse zu kennen und sich mit allen Stärken und Schwächen zu akzeptieren. Im Tierreich findet sich diese Eigenschaft nur bei Schimpansen und Delphinen. Unter den Menschen ist sie ungerecht verteilt.

Die Egomanen halten sich für den Mittelpunkt von allem. Kritik kennen sie nicht, Feedback brauchen sie nicht. Ihre Eitelkeit hat eine Nobeladresse, ihr Äußeres wird zur Perfektion vergewaltigt, ihr Selbstbild ist beschädigt. Mit so einem Seelenkorsett erreicht man sein Ziel nie. Was da auf dem Fuß folgt, sind Depression, Schlaflosigkeit, Essstörungen. Der menschliche Mammutbaum ist gefällt. Sein Gegenstück ist das Mauerblümchen. Es hält sich für das Letzte von allen. Kritik hat es erfunden, Feedback nicht verdient. Seine Schüchternheit wohnt in einer Mini-Garconniere, sein Äußeres ist nach innen gekehrt, sein Selbstbild kaum mit der Lupe auszunehmen. Mit so einem Seelenkorsett erreicht man sein Ziel auch nie. Was einem da auf den Fersen ist, sind Furcht vorm Versagen, Angst vorm Verlust, Panik vor der Herausforderung. Nur in einem ist man sicher: Man ist ein Niemand, und keiner kann das anders sehen.

Das Glück liegt irgendwo in der Mitte. Auch in der eigenen. Niederländische Wissenschaftler gestehen selbstbewussten Menschen ein um siebenundsiebzig Prozent niedrigeres Sterberisiko durch Herz-Kreislauf-Erkrankungen zu als Menschen mit schwachem Ego. Selbstbewusstsein ist also ein Hammer von einer Medizin und wirkt unter anderem gegen Unruhe, Lustlosigkeit, Niedergeschlagenheit, Schlaf- und Essstörungen, gegen Stoffwechselleiden und Depressionen. Hat man eine gesund gute Meinung von sich, ist man sozial vernetzter, offener, zuversichtlicher, Stressverträglicher und unbekümmerter. Weil man weniger Gespenster sieht, hat man weniger Sorgen, einen niedrigeren Blutdruck und einen wachen Geist. Gäbe es Selbstbewusstsein auf Rezept, stünde im Beipacktext: Man werfe einen Blick in die Kindheit, vergesse Sätze wie: Lass das, das schaffst du sowieso nicht, oder: Was soll nur aus dir werden? und versuche, nicht so zu sein, wie andere einen haben wollen, sondern der zu sein, der man ist. Man wird sich in der eigenen Haut mehr daheim fühlen, und das sieht dann nicht nur ein Dermatologe.

Der siebente Präsident der USA, Andrew Jackson, hat dazu etwas

An vielen Orten am Johannesweg findet man diese Pechölsteine in der Natur. So wie in früheren Zeiten wird auch in St. Leonhard bei Freistadt noch Pechöl gebrannt

Großartiges fallenlassen: »Ein einziger Mann mit Mut ist die Mehrheit.« Und schon bist du viele. Kühnheit kann aber auch bedeuten, den Fall des Lemmings zu erleben. Ich renne, also bin ich. Tot. Der Psychotherapeut Arnold Retzer erklärte das so: »Häufig wird Mut mit Furchtlosigkeit gleichgesetzt. Das heißt, mutig zu sein bedeutet, keine Angst zu haben. Das ist völlig falsch. Mut hat die Angst zur Voraussetzung. Mut heißt, trotz Angst kühn zu denken und zu handeln. Der Ängstliche ist der Mutige. Vor den Furchtlosen kann einem dagegen angst werden.« Und der zwanzigste Präsident der USA, James A. Garfield, gab dem Mut noch mehr Gewicht: »Ein Pfund Mut ist mehr wert als eine Tonne Glück.«

Mut gibt es in dreierlei Ausführung: physisch, wenn Leib und Leben bedroht sind. Moralisch oder sozial, wenn man ausgegrenzt werden könnte. Und psychologisch oder existenziell, wenn die Persönlichkeit Schaden nehmen könnte. Eine falsche Art von Mut kommt im Superheldenkostüm des Irrsinns dahergeprescht. Wenn jemand ständig die Gefahr als Kitzel sucht, ist er nie altruistisch, er ist ein schwerer Egoist. Dieser Mut zapft nicht das Herzblut an, es pumpt nur Adrenalin hoch. Mut kann demnach sogar ein Zeichen von Eitelkeit sein: Ey, schauts, wie super ich bin. Ich trau mich was. Mut ist aber auch nicht zwingend das Gegenteil von Schüchternheit, selbst Scheue können mutig sein, man sieht's nur nicht gleich, weil so ein Rehlein halt leiser ist als ein Hirsch.

Es ist schon gut, sich zeitweise zu fürchten. Der italienische Filmregisseur Sergio Leone sagte: »Mut ist nichts anderes als Angst, die man nicht zeigt.« Das muss ihm bei der Schlussszene von *Spiel mir das Lied vom Tod* eingefallen sein. Wie auch immer. Die Verhaltenstherapeutin Doris Wolf klärt auf, wann Angst sinnvoll ist und wann nicht. Man muss sich nur ein paar Fragen beantworten: Kann das, was ich als gefährlich ansehe, tatsächlich eintreffen? Wenn ja, ist es lebensgefährlich? Wenn ja, gibt es Beweise dafür? Wenn ja, gibt es Möglichkeiten, das Ereignis zu verhindern? Wenn nein, was verliere ich? Wenn ja, was gewinne ich, und ist es mir das Risiko wert? Es schränkt die Lebensfreude schon ein, wenn man bei jedem Essen daran denkt, dass das Schnitzerl möglicherweise atomar verstrahlt sein könnte.

Manchmal sind es kleine Probleme, manchmal tief verwurzelte Ängste, die einem den Alltag schwer machen. Aber es gibt eine Methode, mit der man das Leben gelassener nehmen kann: den Blick nach innen. Sieh mir ins Auge, sagt die Angst, ich will nur dein Bestes. Wenn du mich überwindest, leg ich mich freiwillig in ein Mausoleum. Introvision heißt die Methode, und sie stammt von einer gewissen Angelika C. Wagner, Professorin für pädagogische Psychologie an der Universität Hamburg. Erfunden hat sie die Art, in sich hineinzuschauen, nicht. Die griechischen Philosophen waren weit früher dran, Sigmund Freud kam so auf seinen Ödipus-Komplex drauf. Und der Psychologe Franz Brentano hatte das damals noch Introspektion genannte Prinzip 1874 genau aus dem Grund verworfen, den Wagner dabei so schätzt: Ein Gefühl wie Wut löst sich in Luft auf, sobald man es intensiv von innen betrachtet.

Setzt man sich nur lange genug mit seinen Ängsten und Sorgen auseinander, verlieren sie ihren Schrecken, das ist die Theorie. Die Praxis zeigt, dass auch Burnout, Depressionen, Migräne, Stress, Ärger und sogar Schwerhörigkeit damit verschwinden können. Wissenschaftler aus Zürich haben das Phänomen untersucht und herausgefunden, dass der Erregungspegel im Angstzentrum des Gehirns, du erinnerst dich an die Amygdala, schon nach elf Sekunden intensiver Beobachtung der eigenen Gefühle sinkt. Und Burnout-Forscher sind überrascht, dass etwas, das so einfach ist, gleichzeitig auch so wirkungsvoll sein kann.

Sich über etwas aufzuregen, das man nicht ändern kann, ist, wie einen Fluss leer schöpfen zu wollen. Hat man einmal verstanden, dass dabei nichts Gescheites herauskommt, hängt man nicht mehr wehmütig an der Vergangenheit, sorgt sich nicht mehr ängstlich um die Zukunft und lebt auf einmal friedvoller in der Gegenwart. Nicht, dass man dort überhaupt keine Probleme mehr hat, aber zumindest die selbst gestrickten kann man weniger ernst nehmen. Wie die Russen es tun: »Schau der Furcht in die Augen, und sie wird zwinkern.«

So, keine Angst, ich hör schon auf. Schau, dort hinter den Bäumen winkt die Großzügigkeit.

4 Werde großzügig und strebe nicht gierig nach noch mehr.

»Ich glaub's nicht, jetzt trinkt er die ganze Flasche allein aus«, sagt die Taube.
»Na und?«, sagt der Wolf. »Hat halt Durst.«
»Sein Freund vielleicht nicht?«, ereifert sich die Taube. »Schau ihn dir an, den armen Tropf, wie er schwitzt. Außerdem hat er die Flasche die ganze Zeit geschleppt und dem anderen noch zuerst einen Schluck angeboten, wie man's halt tut, wenn man ein bisschen Anstand im Leib hat. Zum Dank dafür klebt ihm die Zunge jetzt bis zum Augenbründel bei der Marienkapelle am Gaumen.« Die Taube schüttelt sich. »Menschen.«
»Eben. Menschen«, wiederholt der Wolf, »was pflaumst du mich dann so an?«
»Weil das auch für euch so typisch ist«, sagt die Taube. »Immer zuerst an sich denken, in der Gier kennt der Wolf kein Teilen.«
»Jetzt tu nicht so heilig«, sagt der Wolf, »ihr seid auch nicht immer so friedlich wie euer Ruf.«
»Also, ich muss schon sagen«, sagt die Ameise. »Ich bin da ganz bei der Taube. Wenn wir bei der Arbeit nicht so zusammenhelfen würden …«
»Zusammenhelfen, zusammenhelfen«, sagt der Wolf. »Wir sind auch Rudeltiere und helfen zusammen.«
»Ha!«, sagt die Ameise, »aber auch nur, bis einer hungrig wird; dann wird einmal zuerst gefressen, bis der Bauch voll ist«.
»Hat schon einiges angerichtet, dieses Rotkäppchen«, knurrt der Wolf in sich hinein.
»Wie bitte?«, fragt die Taube.
Der Efeu, der sich bis jetzt stumm um seinen Baumstamm gerankt hat, ergreift das Wort. »Jetzt lasst's doch den Wolf einmal in Ruh. Da gibt's

viel Schlimmere, die Oktopusse zum Beispiel sind an raffgierigem Geiz nicht zu überbieten.«
»Hallooo!«, sagt die Taube, »siehst du hier irgendwo einen Oktopus? Da drüben sind die Alpen«. Sie reckt den Hals in die Richtung, die sie meint. »Und an deiner Stelle würde ich überhaupt nichts reden.«
»Wieso?«, stellt sich der Efeu blöd.
»Du bist ein Wucherer«, assistiert die Ameise.
»Herrje, das schon wieder«, seufzt der Efeu, »ich bin halt ewig im Wachstum«.
»Bravo«, nickt der Wolf dem Efeu zu, »gut pariert«.
»Und außerdem«, sagt der Efeu, von diesem Kompliment ermutigt, »wenn wir solche ausgewachsenen Ungustln wären, würden unsere Zweige nie als Zeichen der Freundschaft gelten – aaauuuutsch«.
Der Wanderer hat dem Efeu ein Zeichen der Freundschaft abgerissen. Etwas nachdenklich, als hätte er die Unterhaltung mitangehört, betrachtet er den Trieb in seiner Hand, dann überreicht er ihn seinem Weggefährten.
»Hätte er sich nicht einfach für sein durstiges Ego entschuldigen können?«, murrt der Efeu und reibt sich die schmerzende Bruchstelle.
»Sagt der Pate der Freundschaft«, meint der Wolf. »Freu dich lieber: Sind ja doch nicht so übel, die Menschen.«

»Schatz, schenk mir doch etwas,
das wirklich von Herzen kommt.«
»Arterien?«
DIALOG UNTER KARDIOLOGEN

Die Meldung in der Zeitung stand da wie eine Feststellung, an der man seine Gefühle besser vorbeischlendern lässt: Dreihundertsechzigtausend Menschen leben in Österreich an oder unter der Armutsgrenze. Die Zahl sagte genau gar nichts. Wie viele Menschen sind dreihundertsechzigtausend? Was bedeutet es, an oder unter der Armutsgrenze zu leben? Und was ist Armut eigentlich?

Eine Antwort bekam ich, kurz nachdem diese Zahl vor gut fünfzehn Jahren als kleine Meldung in den Tageszeitungen veröffentlicht worden war; mittlerweile ist das Elend im Übrigen auf eine Million Menschen angewachsen, und die Zahl steigt stetig. Nachdem dieser Einspalter also seinen Weg durch die Druckerschwärze der Tageszeitungen gefunden hatte, kommentarlos, trostlos, bedeutungslos, las ich eine Reportage, die dem Thema mehr Platz einräumte und einem unter die Haut ging, ja, auch Dermatologen kann's so gehen. Die Geschichte zeigte das Wesen der Armut. Die Reporter suchten eine Familie aus, die stellvertretend für alle Armen stand, als pars pro toto sozusagen, und anhand dieser Familie erklärten sie das große Ganze. Die Familie bestand aus einer jungen Mutter und drei kleinen Kindern, der Vater war bei einem Autounfall ums Leben gekommen. Die Journalisten verbrachten drei Tage bei der Familie und erfuhren hautnah, was es bedeutet, am Hungertuch zu nagen. Mit nicht einmal zwei Euro am Tag mussten sie auskommen. Das Essen bezahlen, die Miete, die Heizung, die Zahnpasta, alles. Die Leute lebten in einer kleinen Wohnung in Wien, alles war schlicht, alles war sehr sauber. Es war kurz vor Weihnachten, und die Reporter fragten den jüngsten Buben, was er sich denn vom Christkind wünsche. Der Bub überlegte lang. Dann sagte er: »Eine Pizza.«

Und da verstand ich es, das Prinzip, die Armut.

Nachdem die Geschichte in dem Magazin erschienen war, formierte sich unter der Leserschaft in unglaublichem Tempo eine Gruppe von Helfern. Menschen riefen in der Redaktion an und sagten: Ich möchte der Mutter mit den drei Kindern etwas spenden. Geschäftsführer von Restaurants meldeten sich und stellten der Familie einen Gutschein aus, mit dem die Frau und die Buben ein Leben lang gratis essen konnten. Dutzende Christbäume landeten bei der armen Familie, Geschenkkörbe, Delikatessen und allerlei Geldspenden. Die Mutter nahm das Nötigste davon für ihre Kinder und gab alles, was sie nicht dringend brauchte, weiter. »Es gibt viele Menschen, die nicht so viel Glück hatten, in der Zeitung zu stehen«, sagte sie, als sie in die Redaktion kam, um allen schöne Weihnachten zu wünschen. Selbst in ihrer Armut zeigte die Mutter, dass ihr Herz größer war als jede Statistik, und ihr Wesenszug hatte das, was gute Menschen so besonders macht: Barmherzigkeit.

Solche Dinge lösen schon etwas aus, tief im Inneren. Mir geht's nicht darum, im Advent einen Betrag X auf das Konto einer karitativen Einrichtung zu überweisen und zu sagen: So, super, jetzt ist mein Gewissen rein. Nein, mir geht's darum, ein bisschen nachzudenken und draufzukommen, was es überhaupt bedeutet, jemandem etwas zu geben, mit dem er vielleicht nicht gerechnet hat, und es muss nicht einmal etwas Materielles sein.

»Großzügig ist nicht der, der freigiebig mit fremdem Gut umgeht, sondern der von sich selber nimmt, was er anderen gibt«, schrieb Seneca. Großzügigkeit ist eine Tugend. Sie besteht darin, anderen Menschen Gaben, Leistungen oder Ideelles zukommen zu lassen. In einem Ausmaß, das die herkömmliche Erwartungshaltung übertrifft. Und ohne dazu gezwungen oder verpflichtet zu sein. Es ist Freigiebigkeit, kein Kalkül, keine Taktik, es ist edel von der Ausrichtung und frei von Hintergedanken.

Schon Aristoteles machte sich Gedanken über die Großzügigkeit und kam nach langen Ausführungen, die ich jetzt einmal abkürze, zu dem Schluss, dass sie in der Mitte zwischen Verschwendungssucht und Knauserigkeit liege. Aristoteles war der Meinung, »der großzügige Mensch setzt sein Geld trefflich ein«. Und der Gönner zeige seinen Edelmut mehr durch das Schenken an der richtigen Stelle als durch ein Nehmen im falschen Moment.

Der Großzügige genießt höchstes Ansehen unter den Menschen. Auch die Dankbarkeit gilt dem, der gibt, nicht dem, der sich darauf beschränkt, nichts zu nehmen. Und selbst Lob wird lieber einem Mäzen gespendet. Aristoteles ist der Meinung, und da bin ich ganz bei ihm, dass nichts zu nehmen leichter ist, als etwas herzugeben. Den Menschen fällt es seit jeher schwerer, sich von Eigentum zu trennen, als fremdes Gut nicht anzunehmen. Deshalb gilt das Attribut großzügig nur für den, der gibt.

In der Natur des Menschen liegt es, in erster Linie großzügig zu sich selber zu sein. Zum Beispiel diverse Politiker, die jetzt reihenweise auffliegen. Manche dürften sich in den vergangenen Jahren die Bibel umgedichtet haben, sie lebten nach dem Grundsatz: Nehmen ist seliger denn Geben. Und selbst wenn sich die Rechnung für die Allgemeinheit nie ausgehen kann – wurscht, der geneigte Korrupteur genießt und schweigt. Sparen sollen wir, heißt es dann auf multimediales Geheiß. Auf die Schuldenbremse steigen und schauen, ob das ABS der Hochfinanz den Frontalzusammenstoß vielleicht doch noch verhindert. Geht sich's aus bis zur Wand da vorne? Lässt sich der Crash noch irgendwie vermeiden?

Ich weiß es nicht, und ehrlich gesagt, lebe ich ein Dasein mit dem Blick nach vorne. Was immer kommen mag, ich geh drauf zu und knick nicht ein wie ein Klappmesser. Sparen sollen wir also, den Kopf einziehen und warten, was die Zukunft bringt. Na, super. Das politische Zauberwort der vergangenen und wohl auch noch der nächsten Jahre soll das nahezu global aus den Fugen geratene Budgetdefizit wieder in tragbare Dimensionen bringen. Ein Unwort für viele Subventionsempfänger, die Streichungen befürchten. Das Budgetdefizit ist keinesfalls durch Großzügigkeit entstanden, sondern durch Verschwendung, um egozentrische Ziele zu erreichen. Aber bitte, so denk halt ich.

Sparen heißt nichts anderes, als mit beschränkten Ressourcen sorgsam hauszuhalten. Das ist kein Geizigsein, keine Verschwendungssucht, wie sie bei russischen Oligarchen, tyrannischen Potentaten oder übergeschnappten Milliardärswitwen vorkommt. Sparen ist der sinnvolle

Einsatz monetärer Energie zum Wohl der Menschen, eine vernünftige Vorsorge für schwierigere Zeiten, entsprechend dem Gleichnis von den sieben fetten Jahren, denen sieben magere Hungerjahre folgen. Und die fetten sind, wie's mir scheint, vorbei. Als Bub hab ich schon von meiner Großmutter gelernt: »Spare in der Zeit, dann hast du in der Not.« Meine Oma war immer großzügig, aber nie verschwenderisch. Erbsen zu zählen, sich selbst und den Freunden schon gar nichts zu gönnen, alles auf die hohe Kante zu legen, damit dereinst eine Zukunft ohne scheinbare Not winkt, führt zu einer inneren Beengtheit, die den Keim der Gier nur wachsen lässt. Wenn in der Stammtischrunde einer immer, wenn's ans Zahlen geht, sein Geldbörsel nicht findet, wird der Schnorrer irgendwann als solcher ausgewiesen und nicht mehr eingeladen werden. Er hat sich sozusagen ins Off gespart.

Echte Großzügigkeit gibt gern und schenkt mit Bedacht, schließlich macht sich der Geber auch selbst eine Freude, wenn nicht sogar die größere. Er weiß, dass dem, der gern gibt, auch selbst gern gegeben wird. Und im Endeffekt wird dem, der immer nur nimmt, alles genommen. Es ist bezeichnend, wie Finanzhaie an den Börsen Gewinnen nachjagen, als wären es blutige Fleischklumpen. Was sie antreibt, ist die Gier. Sie müssen fressen, fressen, fressen.

In Wahrheit, und das meine ich genau so, sind sie die Verlierer, denn sie können sich über einen kurzfristigen Gewinn, den sie in aller Hektik einfahren, nicht wirklich freuen, sondern werden nur immer gieriger, der Nachbar hat ja noch mehr gewonnen. Er hat vielleicht schon die größere Yacht und das teurere Auto. Also wird der Hai von heute immer gefräßiger, von Neid und Gier geplagt, sieht nur noch weiter hinauf, wo die ganz dicken Fische sind, und wenn dann der Absturz kommt, ist es für ihn nur schlimmer. Wenn Geld an Bedeutung verliert, sitzt der Hai am Trockenen. Und erstickt.

Die Gier ist auf ein unerträgliches Maß angewachsen, die Welt der Realität längst bis zur Irrationalität verformt. Dort, wo Glück und Freude nur mehr als Fata Morgana existieren, hausen in Wirklichkeit Drachen, die einem, wenn man sich ihnen auf ein paar Schritte nähert, das Feuer des Wahnsinns ins Gesicht spucken. Die Weltwirtschaft kracht an allen Ecken und Enden, nur wenige Bankinstitute haben das Augenmaß bewahrt und sind relativ gut über die Flutwellen hinweggekommen, während Rating-Agenturen die globale Ökonomie zum Zittern bringen. Bis vor kurzem war der Begriff überhaupt noch nicht allgemeingültig. Rating-Agentur? Ist das so was, wo sie Models einladen, die dann im Fernsehen bewertet werden? Ein Casting? Moody's, Standard & Poor's und Fitch würde man heute noch gern für Escort-Services halten.

Telefongespräch eines Freiers: »Äh, bin ich da bei Fitch?«

Dame in der Vermittlung: »Ich wünsche Ihnen einen schönen Tag, hier spricht Lucy Lovecheck, waskannichfürSie tuuuun?«

Freier: »Ja, also ich hätte gerne eine Lady zur gefälligen Abendgestaltung, eine fesche Fitch sozusagen, die gerade in der Moody ist.«

Die Dame in der Vermittlung: »Oh, das tut mir aber leid, in der gehobenen Klasse ist derzeit niemand verfügbaaaar.«

Freier: »Wenn das so ist, nehme ich das Standard-Programm, weil poor bin ich zum Glück noch nicht.«

Wie auch immer. Eine Rating-Agentur stelle ich mir als verhärmten Mann vor, einen Glatzkopf mit Nickelbrille, der im Anzug an seinem Eichenholzschreibtisch vor einem Bittsteller sitzt und seine Manschettenknöpfe aus Platin befingert. Es geht darum, ob der Bittsteller einen kleinen Kredit bekommt, und der Glatzkopf, nennen wir ihn Ray Ting, ein Amerikaner mit chinesischen Wurzeln, also dieser Ray Ting entscheidet, ob der Bittsteller sein Geld bekommt, mit dem er sein Haus renovieren kann, sonst stürzt es ein.

Ray Ting: »Sie schauen aber schlecht aus.«

Bittsteller: »Mister Ting, bitte lassen Sie sich von meiner Erscheinung nicht täuschen, der Anzug ist ein wenig zerknittert, ich bin ein wenig übernächtigt, und ja, ich gebe zu, ich hatte schon bessere Zeiten, aber ich tue alles, damit es wieder bergauf geht.«

Ray Ting: »Was Sie nicht sagen.«

Bittsteller: »Warum ich eigentlich hier bin. Ich wollte schauen, ob wir uns vielleicht näher kennen lernen können. Ich habe gehört, Sie haben sich von Weitem meine Finanzen angesehen und entschieden, dass meine Kreditwürdigkeit herabgestuft wird. Eigentlich ohne mich persönlich zu kennen, den Mann hinter den Zahlen.«

Ray Ting: »So ist es.«

Bittsteller: »Wie können Sie so etwas machen? In meinem Haus wohnen Menschen. Wenn wir das Haus verlieren, stehen diese Menschen auf der Straße, haben nichts mehr.«

Ray Ting: »Das ist bedauerlich.«

Bittsteller: »Mister Ting, auch andere Hausbesitzer wurden von Ihnen herabgestuft. Was passiert, wenn Sie alle auf Ramschniveau abqualifizieren? Ist die Welt dann pleite?«

Ray Ting: »Das liegt nicht in meiner Aufgabe zu entscheiden.«

Bittsteller: »Was entscheiden Sie dann?«

Ray Ting: »Dass Sie noch eine Stufe hinuntergesetzt werden.«

Manchmal frag ich mich, wie sich so ein Verantwortlicher tatsächlich fühlen muss. Was empfindet einer, der den Vereinigten Staaten von Amerika eines von drei As in der Bonität weggenommen hat? Vielleicht geht er in die Geschichte ein als der Mann, der eine Kette von Ereignissen in Gang gesetzt hat, die globale Auswirkungen nach sich zogen. Ist es wie bei Julius Robert Oppenheimer, der nach der ersten Zündung seines Babys, der Atombombe, sagte: »Jetzt bin ich der Tod geworden, der Zerstörer der Welten.« Mir scheint, manchen Leuten ist es vollkommen egal, ob Staaten bankrott, der Planet zugrunde und Menschen vor die Hunde gehen. Hauptsache, sie machen ihren Reibach, ihre Rendite, ihre Marge, ihren Schnitt. Leben auf Provision.

Natürlich kommen da jetzt ein paar Schwätzer auf die Bühne und zeigen mit dem Finger auf mich: Ah, der feine Herr Doktor entpuppt sich als Gutmensch, als Denker, als Weiser unter den Blinden. Sitzt auf seinem Gutshof und sondert seine Merksätze ab, weil mit vollen Hosen hat man ja leicht stinken, gell, Herr Doktor? Ich sag euch was, Freunde. So wird das nichts. So wird sich nichts ändern. Stimmt schon, arm bin ich nicht, aber ich hab mir mein Geld hart erarbeitet, jeden Cent davon. Ich hab Medizin studiert, weil ich einen Dienst an den Menschen leisten wollte, nicht mehr und nicht weniger. Und ich will mich auch nicht dafür entschuldigen müssen, dass ich Hautarzt bin. Da reagiere sogar ich leicht gereizt.

Was ich eigentlich sagen will: Eine Tragik unserer Zeit ist der Verlust fast sämtlicher Werte jenseits materieller Seichtigkeit. Das funktioniert nur, wenn man es schafft, mit allen Mitteln zu vergessen, dass dieses Leben für jeden ein Ende hat. Wirkliche Schätze kann man auf keinem Sparbuch eintragen. Das ewige Leben, wo immer man es vermuten mag, ist sicher nicht auf dieser Welt, zumindest nicht in deinem derzeitigen Körper. Länger und glücklicher leben wirst du allerdings, wenn du das, was du hast, aus weitem Herzen mit deinem Nächsten teilst.

Ich kann mich an eine Begegnung erinnern, als ich ein Knirps war, ich muss etwa fünf gewesen sein. Ich war kurz allein zu Hause, bei uns am Bauernhof, als ein Bettler zur Tür hereinkam und um Essen und Trinken bat. Wie damals durchaus üblich, ging ich zum Kühlschrank, sah einen Teller mit Schweinsbraten und Ripperl, stellte sie ihm auf den Tisch und holte aus dem Keller einen Krug Most. Der alte Mann genierte sich ein bisschen wegen seiner Lumpen, mir fiel das gar nicht auf. Er sah aus wie ein Schauspieler in einem Robin-Hood-Film. Er strahlte mich an, kaute jeden Bissen mit Genuss. Nachdem er fertig gegessen hatte, griff er in seinen Wams und zauberte ein Stollwerck-Stückchen, damals eine Köstlichkeit, für mich hervor. In dem Moment kam meine Großmutter bei der Tür herein und sah den Fremden. Nach ein paar Belehrungen (Bist du wahnsinnig, Bub, wie kannst du nur …) saßen wir zu dritt am Tisch. Ich kannte damals keinen Hunger, und die beiden, meine Oma und der Bettler, erzählten einem verwöhnten Einzelkind, was das eigentlich ist. Ich konnte mir gar nicht vorstellen, wie es sich anfühlt, ein paar Tage keinen vollen Teller vorgesetzt zu bekommen. Doch auf einmal verstand ich es. Der Bettler aß, lächelte, nickte dann und sagte zum Abschied: Vergelt's Gott tausend Mal. Das klingt mir noch heute wortgetreu im Ohr.

Wenn du es geschafft hast, ob durch Fleiß, Glück oder Erbschaft, schau nicht nur nach oben, sondern vor allem nach unten. Gib großzügig, aber gehe nicht über deine Möglichkeiten. Und achte darauf, wohin du gibst. Die Skrupellosigkeit verführt mitunter schon dazu, die Spendenfreudigkeit auszunutzen, man denke nur an indische Kinder, die zu Bettlern verkrüppelt werden, um den Leuten das Geld aus der Tasche zu ziehen. Wenn du das alles bedenkst und großzügig bist, werden dich bald die Superreichen von ihren Yachten aus um eines be-

Dem Wasser des Augenbründls, bei der Bründlkapelle in St. Leonhard bei Freistadt, sagt man besondere Heilkräfte nach

neiden: um dein Ansehen in der Gesellschaft, das sie ob ihrer grenzlegalen Raubzüge verspielt haben.

Offenbar ist selbstloses Handeln angeboren. Forscher fanden einen genetischen Hinweis auf die Großzügigkeit. Zweihundert Probanden eines Online-Tests der The Hebrew University of Jerusalem mussten sich entscheiden, ob sie Geld, das man ihnen gab, behalten oder weitergeben wollten. In anschließenden Gentests entdeckte man bei den Freigiebigen eine bestimmte Variante des Gens AVPR1a, das sie etwa um fünfzig Prozent großzügiger machte. Studien-Boss Ariel Knafo betonte, dass das Experiment seines Wissens nach den ersten direkten Beweis über einen Zusammenhang zwischen der Veränderlichkeit der DNS und wirklichem Altruismus lieferte. Übrigens kommt eine Version von AVPR1a auch bei Wühlmäusen vor und fördert dort die sozialen Verbindungen. Altruismus hat offenbar eine lange genetische Geschichte.

Für den Psychologen George Fieldman von der Buckinghamshire New University haben Gene, die Großzügigkeit und soziale Bindungen stärken, durchaus einen evolutionären Sinn. Der Erfolg des Altruismus als Strategie basiert immerhin auf der Idee, dass eine gute Tat wahrscheinlich auch erwidert wird. Microsoft-Gründer Bill Gates dürfte sich das längst zu Herzen genommen haben: Er will nach eigenen Aussagen bis zu seinem Tod neunzig bis fünfundneunzig Prozent seines Gesamtvermögens spenden, und nur 0,02 Prozent seines Gesamtvermögens wird er jedem seiner Kinder zukommen lassen. Bei sechsundfünfzig Milliarden Dollar sind das für jeden Spross auch noch genug, aber wir wollen den Willen der Veränderung nicht klein machen.

Man braucht auch nicht unbedingt ein Bill Gates zu sein. Egal, wer Generosität verinnerlicht, er wächst äußerlich. Genauer gesagt nach außen hin. Nur der Geiz, quasi der kleine Bruder der Gier, lässt einen direkt proportional zur Gier schrumpfen. Geiz ist geil!, tönt es in der Werbung über alle Käuferschichten hinweg und nährt den fruchtbaren Boden der Gier. Ein ehemaliger Rennfahrer und Airliner tritt mit seinem scharlachroten Kapperl auf und lässt die Menschheit wissen: Ich hab ja nix zu verschenken. Da lachen die Egoisten, ha! Ich hab ja. Und verschenkt wird sicher nix.

Die Reklame verheißt dem Menschen das offenkundige Glück des Besitzens. Es geht darum, auf nichts verzichten zu müssen, und sei es noch so sinnlos. Gekauft wird exklusiv zum Bestpreis, mit Geld-zurück-Garantie. Der Jäger von heute jagt Schnäppchen, und sein Revier ist die vollklimatisierte, musikberieselte Megashoppingmeile. Consumo ergo sum, ich verwende, also bin ich. Ich raffe zusammen, also bin ich.

Gespart wird fälschlicherweise bei der Ernährung, bei der Qualität des Essens. Als Arzt wird mir schlecht, wenn ich dran denke, was Leute so alles in sich hineinstopfen, weil sie am falschen Platz sparen. Die Diskontfetischisten bringen Billigstbeute von Pizzas mit Käse aus Sägespänen oder Gammelfleisch, durchzogen von grünen Schimmelfäden oder Bakterienkolonien, optimiert durch Glutamat, damit man die Geschmacksnerven betrügt. Die Freizeit-Gourmands haben dann irgendwann einmal kein Besteck mehr in der Hand, sondern einen Krankenschein.

Ich kann mich noch gut an den jungen Mann erinnern, der in meiner Praxis stand, an sich strotzend vor Gesundheit, wie ein griechischer Halbgott, nur mit seinem Gesicht stimmte etwas nicht. Schauen Sie, Herr Doktor, hat er gesagt, schön schaut das nicht aus. Der Feschak wurde am ganzen Körper von einem Ausschlag umarmt, der aussah, als hätte er gerade in Brennnesseln gebadet. Die Ursache war schnell gefunden. Am Abend zuvor gastierte der junge Mann in einem China-Billiglokal, das gerade von der Lebensmittelpolizei abgemahnt worden war. Und doch war das so genannte Restaurant voll mit Gästen, die es schätzten, wie unglaublich billig die Frühlingsrollen und vor allem die Acht Schätze waren, in denen alles drin war, nur kein Schatz. An körperliche Schonung, in seinem Fall Trainingspause, die er dringend nötig gehabt hätte, war nicht zu denken. Der Mann war am Sprung zu einer Fußballkarriere und musste am nächsten Tag zur Vertragsunterzeichnung. Da darf man keine Schwäche zeigen, sagte er. Er musste trotzdem absagen, weil ihm das Menü vier einen Strich durch die Rechnung gemacht hatte. Versteh mich bitte nicht falsch. Ich hab überhaupt nichts gegen Chinarestaurants, im Gegenteil, ich mag die asiatische Küche sehr. Was ich meine: Geiz ist nicht immer nur geil, er kann gefährlich für die Gesundheit werden und in diesem Fall sogar für die Karriere.

Geiz, besonders bei Lebensmitteln, zwingt Produzenten zur Billigstproduktion. Die oft tödlichen Folgen, seien es Listerien heute oder die EHEC-Keime morgen, bekommen wir dann in den Fernsehsendungen appetitlich ins Haus serviert. Lebendig verwesende Hühner, die dringend noch ihr letztes Ei herausquetschen müssen, oder Rinder, die mit Altöl gemästet und mit Antibiotika am Leben gehalten werden, egal, die Geizgesellschaft drückt beide Augen zu. Ihren Dienstautos würden Konzernchefs so einen Treibstoff freilich nie zumuten.

Der Existenzialist Albert Camus meinte: »Die wahre Großzügigkeit der Zukunft gegenüber besteht darin, in der Gegenwart alles zu geben.« Na, bitte. Von den Schriftstellern kannst du das Denken lernen. Und von den Reichen kannst du das Sparen lernen; das habe ich von meiner Großmutter gelernt. Wobei Sparen im richtigen Ausmaß auch von ihr als eine Tugend angesehen wurde. Raffgier macht die Seele eng und verscheucht die Freunde wie Knoblauch beim Küssen.

Prahlerei und Großzügigkeit werden oft miteinander verwechselt. Konkret dann, wenn man mit seinen milden Gaben angibt und an der Bar vollmundig Champagner für alle bestellt, dient es nur der eigenen Verherrlichung. Bei der Geburtstagsfeier eines alten Freundes kam ich neben einem klein gewachsenen Geschäftsmann zu sitzen, der mir den ganzen Abend von der Party erzählte, die er selber unlängst gegeben hatte, und wie schlimm er es finde, dass er vergessen habe, mich einzuladen, was sicher nicht mehr vorkommen würde. Noch viel schlimmer fand er es allerdings, dass die Lokalnachrichten ihn in der Berichterstattung danach nur als Gast auf seiner eigenen Fete und nicht als großzügigen Veranstalter würdigten. Das wird den Schmierfink seine Stelle kosten, drohte er, und aus seinen Augen blitzte die Wut. So kann man sich natürlich auch freuen über eine Geschichte in der Zeitung.

Sei's drum. Jede Form der Großzügigkeit sollte sich den individuellen ökonomischen Möglichkeiten anpassen. Eine Großbank kann mehr ausrichten als eine Privatperson, eine anonyme Großspende wiederum weniger als der Einsatz von Mutter Teresa und ihrem Orden der gelebten Selbstlosigkeit.

Jede menschliche Regung hat auch ihre eigene Geschwindigkeit. Die Großzügigkeit lebt nach dem Tempo der Gelassenheit, die Gier nach dem Speed der Hetzjagd. Her mit der Marie! Ich komme zuerst! Gemma, gemma! Diese Unterschiede in der Auffassung können ein Soziotop ins Wanken bringen. Ein bisschen Eigennutz tut allen gut, zu viel davon lässt das System kollabieren: In einer mobilen Gesellschaft sorgt ein gewisses Maß an Gier dafür, dass sich Menschen in Gruppen zusammenfinden. Mit dem Erfolg wächst die Gier des Einzelnen, bis das Gefüge schließlich zerbricht.

Forscher der ETH Zürich, Dirk Helbing und Carlos Roca heißen die beiden, zeigen anhand eines Computermodells, wie Gier eine Gesellschaft zerstört. Sie programmierten Individuen so, wie sich Menschen den Lehren der Sozialwissenschaften zufolge verhalten: Jedes Einzelwesen arbeitet gern mit anderen zusammen, wenn das seinen Nutzen erhöht; andernfalls lässt es sich dazu verführen, die Gemeinschaft auszubeuten; was natürlich die anderen eher uneben finden und dazu bewegt, auf der Suche nach einer besseren Welt zur nächsten Gruppe weiterzuziehen. Diesen Weg kann man am Computerschirm der Forscher gut verfolgen: Sie stellten die Individuen als Punkte dar. Und auf den Punkt bringen sie folgende Erkenntnis: Wann so ein Menschen-Punkt weiterzieht, hängt von seinen Erfahrungen ab. Erscheinen sie ihm unzureichend, erwartet er auch wenig vom Leben und ist bald einmal mit einer Gruppe zufrieden. Hat er großteils feine Erfahrungen, ist ihm kaum eine Gruppe gut genug, und er zieht flugs weiter. Die Erwartungen, die ihn da vorantreiben, haben die Forscher als Gier definiert. Das heißt: Je gieriger der Mensch ist, desto hektischer sucht er mehr Nutzen und behindert das Entstehen einer Gemeinschaft.

Allerdings machen sich Menschen ohne großartige Erwartungen gar nicht erst die Mühe, sich zu verbessern, was die Gemeinschaft auch nicht rasend weiterbringt. Das wiederum heißt: Ein bisschen Gier braucht die Gesellschaft, zu viel davon lässt sie auseinanderbrechen.

Am Computerschirm konnten die beiden Forscher das Verhalten ihrer Punktmenschen mit voyeuristischer Hingabe beobachten. Es bot sich ihnen folgendes Bild: Bei zu wenig Gier blieben die Punkte statisch; bei zu viel Gier irrten die Punkte rastlos weiter; bei mittlerer Erwartungshaltung rotteten sich die Punkte zu Trauben zusammen. Und dann der Anfang vom Ende: Mit laufendem Profit erhöhen sich die Erwartungen bis zur Unzufriedenheit des Einzelnen, und das war's mit der Gemeinschaft. Zack, bumm, aus die Maus. Die Punktmenschen sind ausradiert, im Computerspeicher gelöscht.

Manche Menschen haben eben Erwartungen, die ganz einfach nicht erfüllt werden können. Als Arzt sehe ich das jeden Tag. Große Bereiche der Medizin respektive von der Pharmakologie leben von der Lüge. In meiner Praxis höre ich tagtäglich aus der Luft gegriffene Heilungsversprechen durch sündteure Medikamente, die nur dem Verkäufer helfen und sein fettes Portemonnaie füllen. Harmloses Beispiel: Flüssiger Stickstoff in einem kleinen Behälter angeboten, hilft laut Werbung bei Warzen fast immer schon nach der ersten Anwendung. Die Wahrheit ist: Es hilft praktisch nie beim ersten Versuch.

Der ganze Anti-Aging-Wahn aus den USA macht uns das Leben schwer und das Altern in Würde unerträglich. Kurpfuscher und Heilsapostel verlangen höhere Preise als Ärzte und verrechnen ungeniert einen Wunderzuschlag, auch wenn das Wunder ausbleibt. Hände werden aufgelegt, Krankheiten ausgependelt und Elixiere verabreicht, die verdächtig nach Hustensaft schmecken. Bei Knochenkrebs hilft Trommeln und Summen leider nix. Ich kenne einen Fall aus meiner Heimatgemeinde, den man diesbezüglich verpfuscht hat. Der Patient starb langsam und grauenvoll. In Bezug auf Krankheiten kann ich dir nur raten: Solltest du wirklich einmal etwas haben, halte dir die Wunderheiler und Lifestyle-Therapeuten besser vom Leib. Ihr ultramodernes Therapiekonzept besteht für gewöhnlich darin, immer wieder neue Honorarnoten zu schreiben.

Und wenn wir schon großflächig von Gier sprechen, verrate ich dir ein Geheimnis: Studien in der Pharmabranche sind nicht immer das, was sie zu sein scheinen. Insbesondere wenn neue Medikamente auf den Markt kommen, bekommt der Begriff Großzügigkeit eine ganz neue Form der Auslegung. Gibt ein

Am Gipfel des Haiderberg – auf 907 Metern Seehöhe – kann man so richtig die Seele baumeln lassen

Konzern ein Vermögen für die Durchführung einer Studie aus, dann merken gewisse Studienbeobachter auch an, in welche Richtung sich die Studie entwickeln sollte. Manche Studienleiter müssen überhaupt Propheten sein. Sie wissen nämlich schon vorher, wie die Studie ausgeht.

Ein alter Freund in einer Wiener Hautklinik hat so eine Studie betreut: Das Mittel war sauteuer, ein modernes Biologikum gegen Schuppenflechte; es wirkte wunderbar. Bei der Nachkontrolle drei Monate nach dem Absetzen des Präparats waren fast alle Probanden beschwerdefrei. Sinngemäß und in aller Kürze die wissenschaftliche Auslobung meines Kollegen: sensationell, hilft bei sechsundneunzig Prozent aller Fälle, dreiundneunzig Prozent bei Nachkontrolle noch drei Monate nach Therapieende erscheinungsfrei; super! Es sah nach einem Wundermittel aus, allerdings nur für kurze Zeit. Die Schwachstelle machte sich nur schleichend bemerkbar. Nach vier Monaten bekamen fast alle Patienten schwerere Schübe als zuvor. Ihre Schuppenflechte hat sich dank des Medikaments massiv verschlimmert, was mein Kollege deshalb wusste, weil er sie auch nach dem Ende der Studie weiter betreut hat. Sein positives Urteil über das neue Mittel war also voreilig gewesen. Kein Wort von der ganzen Wahrheit, nämlich dem schweren Schub danach. Übelste Nebenwirkungen im Gehirn fegten das Präparat später vom Markt. Das Geld war längst eingespielt. Danke, Herr Doktor, für die wunderbare Zusammenarbeit. Mein Freund hatte praktisch nur die Rolle des Beobachters zu spielen gehabt. Nachdem er die Unwirksamkeit des Medikaments entdeckt hatte, informierte er seine Kollegen.

Lügen, sagt man, haben kurze Beine. Die Ehrlichen in der Branche haben längere, davon bin ich überzeugt. Wir Ärzte müssen das auch mit unlauteren Mitteln immer heißer umkämpfte Geschäft mit der Heilung ganz genau überwachen. Patienten erwarten sich Wunderdinge von Botox, Laser oder was gerade in der Zeitung proklamiert wird. Abnehmen nur mit einem Pulver, das wär was, hm? Bei der individuellen, ärztlichen Beratung klingt das oft ernüchternd, und die an wundersame Werbung gewohnten Patienten sind von wahrheitsgerechter Erläuterung, von Chancen und Risiken enttäuscht. Sie sind an unwahre Heilsversprechen gewöhnt. Menschen, scheint mir, wollen belogen werden. Lüge ist kein zeitgemäßes Kavaliersdelikt, sondern pures Gift, das der bevorstehenden Zeit existenziell im Wege steht. Die Wahrheit bringt schließlich alles ans Licht. Viele dieser Lügner, ob in der Politik, in der Kirche oder in der Medizin, wurden aus ihrer Dunkelkammer der Falschheit gezerrt und ins Licht der Öffentlichkeit geschubst. Hasta la vista, Minister. Pfiat Gott, Pfarrer. Und tschüss, Doktor.

An manchen Sonntagen komm ich überhaupt ins Grübeln. Dann denk ich mir: Je näher man dem Tabernakel steht, desto schwerer wiegt die Last der Lüge. Ich frage mich: Hat da irgendwer die Wahrheit verfälscht? Das Gerede von der ewigen Verdammnis in der Hölle führt zu Angst und Abhängigkeit, wie ein Bannstrahl. Sogar Zarathustra gewährte den übelsten Sündern nach drei Tagen Hölle eine neue Chance; er rügte gar die Gerechten, dass sie die Sünder nicht auf den rechten Weg bringen konnten.

Die Wiedergeburt, so munkelt man, wurde in der katholischen Kirche im Konzil von Konstanz übrigens mit nur einer Kardinalstimme mehr abgeschafft. Man muss sich das einmal vorstellen: Millionen Menschen folgen deinem Glauben, du berufst eine kleine Konferenz ein und sagst: So, Burschen, was machen wir jetzt mit dieser Wiedergeburt? Die einen sagen so, die anderen so. Am besten wir stimmen ab, hm? Wer für die Wiedergeburt ist, hebe die Hand … eins, zwo, drei, vier, fünf, du auch, Pepi?, okay … also sechs dafür und der Rest, also sieben dagegen. So, dann wissma alles, die Kirche ist somit gegen die Wiedergeburt. Danke, griaß euch, tschau, bis zum nächsten Mal.

Ich aber glaube an ein weiteres Leben. Ich glaube, dass der Mensch Zyklen durchläuft, wieder und immer wieder, dass er Chancen bekommt, sich zu bessern, und so aufs Neue die Möglichkeit hat, den rechten Weg einzuschlagen, bis er dort ist, wo ihn seine Bestimmung hinführen will. Ja, ich glaube an Gott, aber ich glaube nicht einfach so an Marias jungfräuliche Empfängnis. Sind alle übrigen Mütter sündhaft und somit automatisch von der Vergebung durch die Kirche abhängig? Macht ist geil! Oder, ein wenig mit meinem Pathos lackiert: Wenn die letzte Lüge aufgedeckt und der Sühne zugeführt ist, die Wahrheit dominiert, dann sind wir in einem neuen, dem bevorstehenden Zeitalter ohne Angst und Not angekommen. Dann sind wir am Ziel.

Aber bis dahin ist es noch ein weiter Weg. Hier der Johannesweg, dort der Lebensweg, das Private, der Beruf, überall Wege, Abzweigungen, Seitengänge, Sackgassen, Abgründe, Schluchten, da soll einmal einer vorankommen. »Wer Gutes tun will, muss es verschwenderisch tun«, sagte Martin Luther.

Im Berufsleben ist Großzügigkeit, die vierte Tugend am Johannesweg, nicht immer gefragt, oder sagen wir nur bedingt. Eine amerikanische Studie mit dem sperrigen Namen »Status Conferral in Intergroup Social Dilemmas: Behavioral Antecedents and Consequences of Prestige and Dominance« erklärt sinngemäß, dass dominante Egoisten für Führungspositionen besser geeignet sind als herzensgute Menschen. Wenn es hart auf hart geht, sind Alpha-Tiere gefragt. Sie seien als Chefs sogar attraktiver als altruistische Kollegen gleicher Qualifikation. In den Experimenten zeigte sich, dass Personen ihr Ansehen steigern, wenn sie selektiv großzügig sind – am besten nur innerhalb der eigenen Gruppe. Als dominant wahrgenommen wurden sie nicht. Waren Versuchspersonen zudem auch noch großzügig über die eigene Gruppe hinaus, verloren sie nicht nur den Respekt, sondern waren auch noch weitgehend unbeliebt. Die Wissenschaftler kamen zu dem Schluss: Je egoistischer und dominanter, desto größer der Aufstiegserfolg.

Nette Menschen schaffen es demnach nicht gleich an die Spitze, insbesondere, wenn es darum geht, das beste Krisenmanagement zu bewältigen. In Zeiten des Konflikts verlange eine Gruppe nach einem Leitwolf, der nicht nur den Mond anheult, sondern auch zubeißt, wenn Gefahr droht.

Und genau hier bin ich wieder bei der Ausgewogenheit. Ich sage nicht, halte auch die andere Wange hin, wenn dir wer voll auf die Nase haut. Nein. Ich denke, das Geheimnis liegt darin, es gar nicht so weit kommen zu lassen. Wer großzügig ist, hat längst diese buddhistische Gleichmut verinnerlicht, die sehr wohl einen Motor hat, der dich zum Erfolg bringt, und diese Antriebskraft ist der Wille. Der Wille ist das Herzstück des Erfolgs, es braucht aber Zutaten. Wissen, Verstand und Glaube sind Zutaten, aber nicht mehr. Willst du etwas erreichen, musst du dich deinem Ziel vollkommen hingeben, denn halbe Hingabe ist keine Hingabe, und du wirst vor den Trümmern deiner ursprünglichen Absicht stehen und trauern.

Gott ist kein alter, graubärtiger Mann, der dir ständig ein schlechtes Gewissen macht und dich mit tiefer Brummstimme maßregelt. Er ist dein engster Freund, der stets in dir wohnt und ganz leise, oft unhörbar zu dir spricht, dich tröstet und dir neuen Mut gibt. Er lacht gern, hilft dir auch deine Träume zu verwirklichen und warnt dich vor Gefahren und Fehlern, ohne dich zu tadeln, denn es ist ein Naturgesetz, dass du die Suppe, die du dir selbst eingebrockt hast, auch selbst auslöffeln musst. Wann immer du Zeit hast, sprich mit ihm, freue dich mit ihm und du wirst immer mehr in ihm geborgen sein, ohne eine Abhängigkeit durch Dritte zu schaffen. Voraussetzung ist, dein Gehör nicht durch den Weltenlärm zu betäuben. Schließlich wirst du dann, von ihm durchdrungen, dein Glück finden und so, wie es wahrscheinlich einst Jesus gemeint hat, selbst Eins mit ihm werden. Krankheit wird dann nur noch ein Wort aus einem veralteten Lexikon bedeuten. Habsucht und Gier, die heute regieren, werden nur mehr als graue Schatten mahnend erinnern und das goldene Zeitalter, von dem einst Ovid sehnsuchtsvoll berichtete, wird im Sonnenaufgang erblühen. Ich träume davon: Freundschaft unter den Menschen, Gemeinschaft mit dem Göttlichen. Du kannst sagen, jetzt ist er verrückt geworden, der Johannes, aber ich nehme mir kein Blatt vor den Mund. Ich lüge nicht. Ich bin so, wie ich bin.

Im Religionsunterricht der ersten Volksschulklasse umarmte mich die ungetrübte Liebe des katholischen Religionsunterrichtes und beschenkte mich mit lieblichen Bildchen vom Jesukindlein. Wenn ich brav war. Damals konnte ich mir gar nicht vorstellen, warum die Welt überhaupt schlecht sein kann, wenn man sich doch alles, was man an Üblem anrichtete, schließlich selbst antue. Gute Taten hingegen erfreuen nicht nur den Adressaten, man bereitet sich damit den eigenen Himmel. Also alles andere als gute Taten, zu dem Schluss kam ich in der Volksschule, sind schlichtweg dumm.

Als ich viele Jahre später meinen heruntergekommenen Bauernhof umbauen musste und vielerlei Erdenkram mich bedrückte, war das vergessen, und ich ruderte mit allen noch erlaubten Mitteln, um nicht unter die Räder zu kommen. Jetzt, wo der Großteil der Lebensernte eingefahren und unter Dach und Fach ist, denke ich wieder wie damals in der ersten Klasse im Religionsunterricht. Ja, alles andere als gute Taten sind schlichtweg dumm.

Vor mehr als tausend Jahren haben die Christen das Erbe der Kelten mit ihren Druiden und deren geheiligten Plätzen übernommen. Sie haben zwar vieles weggeräumt, aber vieles ist geblieben, so etwa die Orte der Kraft, die heute als Marksteine den Johannesweg bilden. Grundsätzliche Weisheiten bleiben lange bestehen, auch wenn sie sich verändern. Themen, die in den Äonen liegen, bewegen sich zwar auch, aber in unserer zeitlichen Vorstellung stehen sie wie Fixsterne, die tausend Lichtjahre von uns entfernt sind, am Himmel.

Wir Mediziner haben Diagnosen entwickelt und damit Schubladen gezimmert, in die gewissermaßen unter einem gemeinsamen Mascherl viele heterogene Krankheitsbilder hineingestopft werden. Gerade in meinem Fachgebiet der Dermatologie ist ein breites Feld seltener Erkrankungen, so genannter Orphan diseases, deren Bedeutung, Herkunft und Auslöser oft völlig unbekannt sind. Eine Behandlung kann sich nicht nach den angestrebten, verallgemeinernden Richtlinien halten, nur weil die politischen Kräfte sie gern zur Abrechnung heranziehen, weil sie alles über einen Kamm scheren, damit es auch die Naiven kontrollieren können, das scheint ja das Wichtigste. Der Patient muss von einem guten Arzt betreut werden. Es ist nicht nur die Diagnose, sondern die Bedeutung für den Einzelnen zu berücksichtigen. Da leidet ein Siebzehnjähriger, der seiner Angebeteten imponieren möchte, am Verlust einzelner Haare, und ein einzelner Pickel wird zur puren Katastrophe, während ein achtzigjähriger Opa seine Glatze zur Schau stellt wie einen geputzten Spiegel und froh ist, ihn nicht kämmen zu müssen. Die Schwere der Krankheit verhält sich nicht proportional zur Schwere des Leidens.

Neue Studien haben sogar gezeigt, dass Menschen mit dauerhafter, körperlicher Behinderung, sogar wenn sie an den Rollstuhl gefesselt sind, oft glücklicher sind als ganz Gesunde. Dessen Unzufriedenheit darüber, dass sein Schiff einen läppischen Meter kürzer ist als das des

Anlegenachbars im Yachthafen, kann für ihn schon Grund genug für eine Depression sein, weil es ihn in seinen Augen als Gescheiterten ausweist. Täglich jammern Patienten über ihr Hautleiden, das gar nicht existiert. Die Kraft des Geistes in seiner unangenehmsten Form zeigt sich bei mir in der Ordination tagtäglich. An der Haut und am Gebiss nagt der Zahn der Zeit. Es liegt an unserem Alltagsverhalten, ob wir ihn für einen Haifisch- oder einen Hasenzahn halten.

Und es liegt in unserem Alltagsverhalten, ob uns die unmittelbare Umgebung nachbarschaftlich oder daneben vorkommt. Die Nachbarschaft ist eine mehr oder minder unfreiwillige Koexistenz, die dir viel Freude, aber noch viel mehr Leid bringen kann. Sei also nicht nur ein guter Gastgeber für Fremde, die du selten siehst, sondern bringe dich ein in die Gemeinschaft deines Umfelds, dann wird auch dir dein Nachbar helfen, wenn du ihn brauchst. Bäuerliche Nachbarschaft ist oft gekennzeichnet von Streitereien, etwa, dass einer über die Grenze hinaus ackert, oder dass ein anderer einen Pfau hat, der die ländliche Idylle stört durch sein unangenehmes Stimmorgan. Ein Zwist über den Zaun hinweg kann über Feindschaft bis zur gegenseitigen Vernichtung führen.

Seit Generationen liegt unser Hof neben dem Nachbarsgehöft. Nie gab es intensive Freundschaft, aber Kleinigkeiten wurden immer einvernehmlich, verständnisvoll und im Interesse aller gelöst. Bis heute kann man sich auf die gegenseitige Unterstützung verlassen, und zwei bis drei Mal jährlich trinken wir zusammen einen Krug Most, um das Zusammengehörigkeitsgefühl zu stärken. Jedes Mal wenn ich den Most aus dem Keller hole, erinnere ich mich an das Gesicht des Bettlers, der mir das Stollwerck in die Hand gedrückt und erklärt hat, wie das so ist mit dem Hunger und dem Teilen. Dann fällt mir ein, was Oscar Wilde dazu gesagt hat: »Großzügigkeit ist das Wesen der Freundschaft.«

Und jetzt können wir, wenn du möchtest, eine Pause machen, uns ein bisschen ausruhen. Ich weiß nicht, wie du das siehst, aber wir sind gut unterwegs. Die Richtung ist klar, dort vorne geht es direkt zur Toleranz. Sag, wenn du weitergehen willst, aber lass dir Zeit, ich warte auf dich.

5 Sei tolerant gegenüber deinem Gesprächspartner und akzeptiere auch seine Vorstellungen.

»Gleich donnert's wieder … oy … ich kann gar nicht hinschauen …« Das Rehlein schließt die Augen und blinzelt doch gleich wieder unter den Lidern hervor. Und tatsächlich, der Wanderer, der mehr in sein Buch als auf den Weg schaut, rammt den nächsten Baumstamm. »Na, was sag ich! … Wamm … Aua!« Das Rehlein leidet mit.

Schon etwas benebelt bückt sich der Lädierte und hebt seinen Gedichtband auf. Es ist der vierte Baum, den er jetzt über seiner Lektüre übersehen hat. Langsam hat er keinen freien Platz mehr für eine Beule auf der Stirn.

»Hat er sich sehr weh getan?«, fragt das Rehlein.

»Ich kann's nicht erkennen«, flüstert das Mauerblümchen, das das Schauspiel ebenfalls in all seinen vier schmerzhaften Akten miterlebt hat. »Er greift sich aufs Hirn.«

»Aber nicht nur, weil's weh tut«, sagt die Margerite, »er wird sich langsam selber fragen, ob er noch ganz richtig im Kopf ist.«

Der Wanderer geht weiter und murmelt dabei in sich hinein.

»Pscht«, unterbricht das Rehlein die Margerite, »was sagt er?«

»Gehört alles abgeholzt hier«, wiederholt das Mauerblümchen des Wanderers Fluch.

»Recht hat er«, sagt der Wurm. »Steht nur im Weg, so ein Wald.«

Ein rehbraunes Augenpaar und viele weiße Blütenblätter schauen ihn so vernichtend an, dass der arme Wurm sich unter ihren Blicken windet.

»Na, ist doch wahr«, verteidigt er sich. »Von der Warte so einer Leseratte aus sind Bäume Feinde. Das würd ich genauso sehen, wenn mich schon der Vierte von ihnen fast k. o. geschlagen hat.«

»Bist du noch zu retten?«, ruft das Rehlein, »Leseratten wohnen nicht im Wald, wir schon. Und du willst unser Zuhause abholzen lassen, nur weil einer wo ang'rennt ist? Bist du ein Mensch oder ein Wurm?«

»Gib ihm, gib ihm, ich steh hinter dir«, haucht das Mauerblümchen, angesteckt vom energischen Rehlein.
»Schau, schau«, sagt der Wurm, »was die Intoleranz aus einem scheuen Rehlein machen kann: einen kleinen Prellbock«.
»Na, na«, mischt sich die Margerite ein. »Nur mit der Ruhe. Es ist schon gut, die Sichtweise eines Anderen zu respektieren, aber …«
»Das ist kein Respekt, das ist eine Schleimspur«, ereifert sich das Rehlein.
»Das ist keine Schleimspur«, setzt das Mauerblümchen noch eins drauf, »der kriecht dem sonstwo …«
»… aber«, lässt sich die Margerite nicht beirren, »Toleranz ist keine Gabe, die man nur einem entgegenbringt. Wenn man darüber das Wohl der Allgemeinheit vergisst, verwandelt sie sich schnell in Ignoranz«.
»Ist mir zu hoch«, sagt der Wurm.
»Kein Wunder, von deinem Standpunkt aus«, sagt das Rehlein, schaut auf ihn herab und kassiert einen strafenden Blick von der Margerite. Ruhig fährt sie fort, dem Wurm die Sache zu erklären: »Du hast einem Fremden gedankenlos Recht gegeben und bist damit nicht nur denen, die mit dir zusammenleben, in die Parade gefahren, du hast auch alle anderen Lebewesen außer Acht gelassen. Den Wald braucht jeder, er ist Heimat für viele und grüne Lunge für alle.«
Der Wurm krümmt sich, die Kritik ist beim besten Willen nicht widerlegbar. »Das hab ich nicht bedacht«, raunt er.
Die Margerite nickt. »Manchmal sieht man den Wald vor lauter Bäumen nicht mehr. Dann ist die Sicht wieder frei, und man erfasst das Schöne rundherum.« Sie neigt ihren Stängel ein bisschen und dreht den Blütenkopf Richtung Galgen, der vor lauter Bäumen, nur wenn man genau hinschaut, zu sehen ist. Der Wurm, das Rehlein und das Mauerblümchen folgen ihrem Blick. Eine ganze Weile sagt niemand ein Wort.
»Wieso hast du dich eigentlich nicht aufgeregt?«, will das Mauerblümchen, dem es jetzt fast leid tut, so über seinen Schatten gesprungen zu sein, dann wissen.
»Ich kann nicht anders«, sagt die Margerite. »Das liegt in meiner Natur. Sie hat mich, obwohl man mich oft nur für das Sinnbild der Träne hält, zum Hüter des unverfälschten Glücks gewählt, und dazu, die Menschen daran zu erinnern, dass man immer auch die Gefühle anderer hinterfragen soll. Heute hat's halt euch erwischt.«

»Toleranz ist die Nächstenliebe der Intelligenz.«
Jules Lemaître

Und dann wären da noch die fünf Gesetze
am Johannesweg:
§ 1: Ein Dermatologe hat immer Recht.
§ 2: Ein Dermatologe ist ein sehr weiser Mensch.
§ 3: Ein Dermatologe zeigt dir den Weg zum Glück.
§ 4: Ein Dermatologe redet nur Bedeutsames.
§ 5: Sollte sich ein Dermatologe einmal irren,
tritt automatisch § 1 in Kraft.

Es ist Samstagmittag, und die Dinge stehen schlecht.

Zeitlich betrachtet steckt das Wochenende in der Pubertät und ist entsprechend auf Action aus. Sie auch. Sie ist die Zappelige von beiden und würde gern was unternehmen.

Er, der Entspannte, rührt sich nicht. Unternehmen. Das ist einer der fünf Ausdrücke, die ihn auf die Palme bringen würden, wenn man sich dazu nicht bewegen müsste. Die anderen vier sind Guten Morgen, aufstehen, komm schon und schneller.

Welcher Handlanger des Schicksals dieses ungleiche Paar in den Hafen der Ehe getrieben hat, weiß niemand. Dass sie immer noch dort ankern, ist ihm zu danken, dem Fleisch gewordenen Phlegma, das sich auf das gelegentliche Flehen nach Scheidung einfach nie aufraffen konnte. Und auch jetzt hofft er auf ein Wunder, das ihm Beine macht. Oder darauf, dass seine zappelige Frau einen Anruf kriegt, weil sie eine Verabredung vergessen hat, am besten mit einer Basketballmannschaft zum Zirkeltraining. Er hofft vergeblich.

Die Vorstellungen von der erträglichen Leichtigkeit des Seins gehen ein wenig auseinander bei den beiden. Wenn er noch langsamer geht, bewegt er sich rückwärts, denkt sie des Öfteren, und allein die Diskussionen darüber schleppen sich dahin. Wenn sie noch einen Zahn zulegt, überholt sie sich selber, denkt er häufig, aber ihre Erklärungen dazu kommen so aus der Pistole geschossen, dass er sie nicht versteht. Nur Toleranz hat er herausgehört.

Der eine lebt sein Leben mit der Contenance eines Nilpferds, der andere mit der Flatterhaftigkeit eines Kolibris, die meisten bewegen sich irgendwo dazwischen. Schwierig wird's nur, wenn sich das Nilpferd in so einen Kolibri verliebt. Ohne das tiefere Wissen, dass sich die beiden ergänzen, wären sie aufgeschmissen. Ohne Toleranz läge er längst neben einem anderen Nilpferd und sie mit einem anderen Kolibri in den Federn.

Ohne Toleranz gebe es überhaupt nur das Ich. Nicht dich, nicht ihn, sie oder es. Der Egozentriker regiert die Welt und setzt sich durch. Um jeden Preis. Und jedes Mittel ist ihm recht. Niccolò Machiavelli lässt grüßen. Ich. Bin. Die Essenz.

Das Prinzip beherrscht heute die Politik: Nur ein mundtoter Gegner ist ein guter Gegner. Es beherrscht die Justiz: Man muss Recht haben, in welcher Causa ist Nebensache. Und es infiziert die Medizin: Stichwort Helicobacter pylori. Zwanzig Jahre mussten die Entdecker dieses Keims, der in der extrasauren Magenschleimhaut wohnen kann, warten, bevor er als Auslöser zahlloser Magengeschwüre akzeptiert wurde. Die Forscher mussten das Bakteriengebräu selber trinken, um in heroischem Selbstversuch der Wahrheit zum Durchbruch zu verhelfen. Eine ganze Chirurgengeneration hat noch von Magenoperationen gelebt, die eigentlich gar nicht notwendig gewesen wären. Ein Fuzerl Toleranz hätte vielen Patienten schwere Operationen erspart.

Ein toleranter Mensch gilt heute als Losertyp, als Schwächling, der sich übervorteilen lässt. Ein Weichei, das frühmorgens schon geköpft und verspeist wird. Du kannst mich einen Träumer nennen, aber wie schön wäre eine Gesellschaft, die sich nach alter Tugend mit den Dingen auseinandersetzt und in der Lösung das Beste für alle Seiten im Auge hat? Aber gut.

Wenn du deinem Gegenüber zuhörst und dich bemühst, ihn zu verstehen, gewinnst du einen Partner. Wenn du mit aller Macht gegen ihn vorgehst, hast du einen Feind mehr. Und ein Feind kann dir empfindlicher schaden, als dir zehn Freunde Gutes tun können. Eine Rechnung, die Bernd nie ganz auf die Reihe gekriegt hat.

Bernd ist ein ausgesprochen kluger und fachlich profunder Kollege, der es geschafft hat, ein wichtiges Primariat zu besetzen. Als Arzt war er ein Kapazunder, der seine Patienten bestens versorgte, als Ratgeber war er eine Koryphäe, die so gut wie jede Fachfrage beantworten konnte. Ich war ein Freund und kein Kontrahent für ihn, und so war er mir gegenüber immer freundlich und wohlgesinnt. Er war allerdings auch ehrgeizig und wollte Präsident einer großen Fachgesellschaft werden. Mit seiner weithin anerkannten Kompetenz hatte er alle Trümpfe

An vielen Wegabschnitten des Johanneswegs hat man immer wieder einen herrlichen Ausblick in die Hügellandschaft der Mühlviertler Alm

in der Hand. Nur, wie es in so einer großen Gesellschaft ist, gibt es mehrere Tüchtige, die das Amt des Präsidenten anstreben.

Kaum hatte er so einen potenziellen Aufstreber im Visier, sah Bernd rot. Verbal tief unter der Gürtellinie und noch weiter unter seiner Würde wurde er ausfällig, kritisierte die Ansicht des Gegners aufs Übelste und schreckte nicht einmal davor zurück, körperliche Gebrechen als Unfähigkeit hervorzuheben. Peinlich, das. Kurz vor der Abstimmung hatte er sich so viele Feinde gemacht, dass er erstens nicht zum Vorsitzenden gewählt wurde, zweitens ganz aus dem Vorstand gedrängt wurde und drittens drei Nachfolger bestellt wurden, damit er sich kein zweites

Mal bewerben konnte. Etwas Toleranz hätte aus einem guten Arzt einen guten Präsidenten gemacht.

Tipp unter Freunden: Mit der Toleranz angelst du dir das Vertrauen anderer. Und wenn du noch einen Köder brauchst, nimm die Sanftmut. Damit hat Mahatma Ghandi einer ganzen Nation die Freiheit gebracht. Sie ist der Regenbogen am Ende einer Gewitterwolke.

So wie er den Blutdruck ankurbelt und das Herz bewegt, ist es der Sympathicus, der für neunzig Prozent deiner Energie zuständig ist. Zehn Prozent trägt die Weisheit des Parasympathicus zu deinem Wohlbefinden bei. Ich kann dir nur raten: Pflege dieses Zehntel Friedfertigkeit, auf dass es dem Sympathicus Paroli bieten kann. Der Sympathicus klingt nämlich nur so nett, in Wahrheit ist er ein Scheißmirnichts erster Güte.

Die moderne Anti-Aging-Medizin empfiehlt als eine der wichtigsten Regeln, um gesund ein hohes Alter zu erreichen, das Laissez-faire. Also lass es laufen, aber nicht willenlos und unbeteiligt, sondern mit wachem Geist und Gottvertrauen. Gieße nicht Öl ins Feuer, denn die verzehrenden Flammen, die du damit entfachst, können Gebäude der Freundschaft, die du über Jahre sorgfältig aufgebaut hast, in kurzer Zeit zu einem elenden Haufen Asche versengen. Häufig wird man von diesem Feuer gleich selbst mit verbrannt. Man lodert im eigenen Hass.

Viele verbissene Manager, die sogar mit ihrem Innersten auf Kriegsfuß sind, wundern sich über ihr EKG und das Herzecho, das manchmal schon mit vierzig Jahren den plötzlichen Herztod ankündigt. Es sind heute fast immer ökonomische Gründe, die den Brennstoff für ein flammendes Inferno liefern. Wir wissen nicht, warum heute die so genannten Autoaggressionserkrankungen so stark im Steigen sind. Haben wir sie früher nur nicht erkannt, oder ist es tatsächlich so, dass wir unser eigenes Immunsystem gegen unsere eigenen Zellen, also gegen uns selbst aufbringen? Durch falsches Handeln, durch naturfernes, getriebenes, passives Annehmen von Aufgaben, die uns über diesen subtilen Umweg auf den richtigen Weg bringen wollen? Wer weiß.

Lass dir den Rat geben, der schon uralt ist, aber verschüttet: Stelle dich nur in den Dienst einer Sache, von der du selbst überzeugt bist, und versuche die Meinung anderer zu verstehen. Und sei geduldig mit denen, die anderes vertreten. Das ist die Toleranz. Oder in den Worten der Marie von Ebner-Eschenbach: »Nichts ist schwerer, als den gelten zu lassen, der uns nicht gelten lässt.« Ohne Verständnis ist ein friedliches Miteinander nicht möglich. Im Kleinen zwischen zwei Menschen, im Großen zwischen Völkern und Kulturen. Gesellschaften brauchen Toleranz, wenn sie das Zusammenleben in einer globalisierten Welt bewältigen wollen. »Toleranz ermöglicht Differenz, Differenz benötigt Toleranz«, sagt der amerikanische Philosoph Michael Walzer. Tanzen wir mit ihm.

Man hat sich ja schon viel früher den Kopf zerbrochen, wie der Begriff einzuordnen sei. Die klassische Begründung des Toleranz-Gedanken formulierte der englische Philosoph John Locke 1689, zu einer Zeit, da es in England flächendeckend religiöse Konflikte gab, in seinem *Brief über die Toleranz*. Für Locke bestand die entscheidende Aufgabe des Staates darin, Leben, Besitz und Freiheiten der Bürger zu schützen: »Weder das Recht noch die Kunst des Regierens zieht notwendig die gewisse Kenntnis anderer Dinge nach sich und am wenigsten der wahren Religion.« Als Inhaber des Gewaltmonopols dürfe der Staat religiöse Überzeugungen weder mit Gewalt durchsetzen noch bekämpfen, selbst wenn sich die Ansichten fundamental widersprächen. Voltaire setzte im 18. Jahrhundert nach: »Ich mag verdammen, was du sagst, aber ich werde mein Leben dafür einsetzen, dass du es sagen darfst.« Und Goethe schrieb: »Toleranz sollte eigentlich nur eine vorübergehende Gesinnung sein; sie muss zur Anerkennung führen. Dulden heißt beleidigen.« Obwohl das Wort tolerieren vom lateinischen tolerare kommt, was auf Deutsch erdulden heißt. Die kleine Vorsilbe macht einen großen Unterschied.

Noch eine Ecke weitergedacht, sind wir bei Theodor Fontane: »Bloßes Ignorieren ist noch keine Toleranz.« Im Bestfall ein Zwischenschritt. Geht es zum Beispiel um Religion, sind mir tausend Ignoranten lieber als ein Fanatiker. Jeder soll seinen Glauben für den richtigen halten, Andersgläubige braucht er das nicht spüren zu lassen, letztlich hat jede Religion ihren Ursprung in Gott. Die Chinesen haben da einen sehr schönen Spruch: »Solange du dem anderen sein Anderssein nicht verzeihen kannst, bist du noch weit ab vom Weg zur Weisheit.«

Auch Kant gibt einem in der Richtung zu denken: »Völker, als Staaten, können wie einzelne Menschen beurteilt werden, die sich in ihrem Naturzustande schon durch ihr Nebeneinandersein lädieren.« Die Vereinten Nationen verabschiedeten 1948 die Allgemeine Erklärung der Menschenrechte. Kern ist der Grundsatz: »Alle Menschen sind frei und gleich an Würde und Rechten geboren.« In dreißig Artikeln formuliert das Dokument ein universal gültiges Wertesystem für das Zusammenleben aller Menschen und Staaten. Die UNESCO-Mitgliedstaaten verbreiteten 1995 den Gedanken in ihrer *Erklärung von Prinzipien der Toleranz* weltweit. »Praktizierte Toleranz bedeutet weder das Tolerieren sozialen Unrechts noch die Aufgabe oder Schwächung der eigenen Überzeugungen. Sie bedeutet für jeden einzelnen Freiheit der Wahl seiner Überzeugungen, aber gleichzeitig auch Anerkennung der gleichen Wahlfreiheit für die anderen.« Es gibt sogar einen Internationalen Tag der Toleranz, der jedes Jahr am 16. November gefeiert wird. Vielleicht heben wir da kurz einmal das Glas.

Und immer, wenn du ein bisschen am Guten der Toleranz zweifelst; wenn du nicht diskutieren, sondern sagen willst: So ist es, und warum? Weil's wahr ist; wenn du ihrer müde bist, dieser Toleranz, die dir die Kräfte raubt und die Zeit stiehlt, dann denk kurz an Kurt Tucholsky, der gesagt hat: »Toleranz ist der Verdacht, der andere könnte Recht haben.«

Mitten im geistigen Wettstreit, wo man zu dicht an der Kampfesfront steht, fehlt einem oft der Überblick. Unbedachte Worte knallen dem Gegenüber ins Gesicht wie Peitschen. Oft sag ich's mir selber vor: Johannes, geh ein Stück zurück, beachte, aus welcher Entwicklung diese oder jene Meinung hervorgeht. Stammt sie von jemandem, der im Glasscherbenviertel aufgewachsen ist oder in betuchten Gefilden? Überlege dir, auf welchem Boden deine Meinungen gewachsen sind, was du vielleicht übersehen hast oder welcher Frage du zu wenig Gewicht beigemessen hast. Weiche zurück, überblicke die gesamte Situation, bevor du dich festlegst und polternd nur deine Meinung gelten lässt. Scharfe Worte sind wie Pfeile, die dauerhaft verletzen und vieles, was du in Geduld aufgebaut hast, wie ein Strohfeuer verbrennen können.

Der Galgen wurde zur Abschreckung 1570 von Ritter Christoph von Haim in Weitersfelden errichtet – und niemals benutzt

Ein guter Freund, ein hochgekommener Politiker, gefürchtet wegen seiner harschen Worte, seiner Intoleranz und seines gnadenlosen Umgangs mit seinen Gegnern, die er brauchte, um zu Höchstform aufzulaufen und Worte wie: Das ist eine echte Sau, oder: So eine Kröte, über die Lippen zu schieben, hatte einen schweren Unfall. Wie durch ein Wunder blieb er nicht dauerhaft gelähmt, sondern kam mit erträglichen Schmerzen davon, die ihn immer wieder daran erinnern, was für ein Glück er hatte. Als er mich neulich besuchte, erschien er mir anders, ruhiger als früher. Leicht provokant warf ich ihm den Namen eines politischen Widersachers zum Fraß vor. Und er ignorierte die Leckerei. Kein böses Wort, keine gehässige Tirade. Nur die nüchterne Darstellung seiner doch etwas anderen Meinung. Manchmal begnügt sich das Schicksal mit einem Fingerzeig, manchmal rempelt es einen ordentlich in die Rippen.

Man kann sie aber auch übertreiben, die Toleranz. Indem man zum Beispiel nicht gut genug überlegt und plötzlich aus zu viel Gutmütigkeit oder zu wenig Widerspruchsgeist mit der Meinung eines anderen dasteht. Man muss nicht alles schlucken, was einem wer vorsetzt, nur um des lieben Friedens willen und weil man seine Ruhe haben möchte. Und man muss schon gar nicht so tolerant sein, dass man sich mit Geld zu allem überreden lässt. Aus Gier etwas zu tun, was einem im Innersten widerstrebt, schadet nur einem: dir selber. Werden Werte, die einem wichtig sind, verletzt, hat man sogar die Pflicht, sie zu verteidigen. Sonst ist aus der Toleranz, schwupps, Feigheit, Schwäche, ein Wegschauen geworden.

Für die Toleranz heldenhaft in die Bresche zu springen, ist mitunter leichter, als sie tagtäglich aufzubringen. Der nach oben geklappte Klodeckel, die unverschraubte Zahnpasta, die losen Lockenwickler, das falsche Fernsehprogramm, das sind die Kleinigkeiten, die die Toleranz zum Duell fordern. Komisches Prinzip. Je näher man einander steht, desto mehr Toleranz wird einem abverlangt. Wie viele Allergieschübe und andere Hautleiden sehe ich täglich, die von partnerschaftlicher Intoleranz angefacht werden.

Apropos Geschlechter. Was meiner Toleranz so einiges abverlangt, ist die Gender-Diskussion. Die -innen. Alles weiblich mittlerweile. Unser Berufsstand besteht nur noch aus Ärztinnen, vermutlich werde ich morgen einer von den Neuhoferinnen sein. Sämtliche Häuser werden von Architektinnen gebaut, vor Gericht gibt's samt und sonders nur noch Juristinnen, und unsere Gesellschaft ist eine Ansammlung von Bürgerinnen. So gesehen ist die Änderung der Bundeshymne ein Segen für die Männer, immerhin haben sie ihren Platz als Söhne zwischen den Töchtern behalten dürfen.

Und man möge mich jetzt bitte nicht falsch verstehen. Mir sind alle Argumentinnen recht, um die Geschlechtinnen gleichzustellen. Solange nur fünf Prozentinnen der Frauen in den Chefsesselinnen sitzen und die Restinnen immer noch weniger Gehaltinnen kriegen als die männlichen Menschinnen, braucht man uns mit diesen Nachsilbinnen an den Wortinnen nicht die Gehirninnen verkleistern. Sind die wesentlichen Dinginnen einmal angeglichen, dann erst sind wir auf den richtigen Spurinnen.

Und damit sind wir auch dort, wo wir als nächstes hin müssen. Beim Respekt, der höchsten Form der Toleranz. Um andere Menschen und deren Meinungen zu schätzen, braucht man nicht nur Höflichkeit, sondern auch Einfühlungsvermögen, man nennt es Empathie. Hast du sie, tust du dir leichter, gedanklich in einen anderen Menschen hineinzukriechen und zu schauen, wie es um seine Gefühle, Einstellungen und Gedanken bestellt ist. Es geht darum, dass einen der Mensch gegenüber nicht kaltlässt, auch wenn man sich für seine Ansichten nicht so recht erwärmen kann.

Wie alles, worin man eine gewisse Sicherheit bekommen will, kann man auch die Toleranz üben. Ein paar Tipps aus dem Hause Neuhofer: Hör bei Gesprächen aufmerksam zu und versuche, nicht nur eigene Erlebnisse zu erzählen. Gib so viel von dir preis, dass der andere sich öffnet. Stelle Fragen, zeige Interesse, halte Augenkontakt und den Dialog am Laufen. Lass andere ausreden, achte nicht nur auf die Worte, sondern auch auf das, was in ihnen mitschwingt. Beobachte die Gestik und Mimik deines Gegenübers. Bist du anderer Ansicht, sage sie, aber schreie sie nicht. Streits ohne Toleranz sind Kämpfe. Zack, wumm, fertig. Man boxt nicht mit der Faust, man drischt mit Worten zu, aber auch das kann weh tun. Wie elegant und mitunter sogar vergnüglich ist es da, mit feiner Klinge zu fechten. Ein Schlagabtausch in geschliffener Streitkultur, was für ein Zeitvertreib. Es gibt fadere Abende zwischen Mann und Frau.

Nicht ganz einig sind sich die Spezialisten über die streitkulturelle Wortwahl. Manche Psychologen raten zu Ich-Sätzen. Also nicht fragen: Wie kann man nur so deppert sein, die Kamera zu vergessen? Sondern eine Ich-Botschaft senden: Schatzi, ich ärgere mich, weil ich im Urlaub gerne Fotos mache und das jetzt nicht möglich ist, weil die Kamera daheim liegt. Man fährt dem anderen praktisch mit der Kirche ums Kreuz in die Parade. Und er kann ebenso Kontra geben. Außerdem halten Experten Alkohol im Streitfall für überflüssig, insbesondere bei heikleren Themen. Wer enthemmt ist, kennt keinen Genierer und damit nicht die Grenzen des Anstands. Vorwürfe und Rechtfertigungen machen kein Gerede besser. Und: Ein guter Streit endet mit einer Einigung, nicht mit einem Sieg.

Die meisten Menschen fechten ihre Zwistigkeiten am liebsten auf vertrautem Terrain und mit Heimvorteil aus. Frauen streiten mit ihren Männern am liebsten in der Küche, Männer streiten mit ihren Frauen am öftesten im Auto. Männer diskutieren übrigens auch anders als Frauen. Sie streiten informativ, während Frauen versuchen, mit ihren Worten Harmonie herbeizureden. Geht der Herr darauf nicht ein, fühlt sich die Dame zurückgewiesen und wird ein bissel fuchtig. Außerdem haben Untersuchungen ergeben: Neun von zehn Auseinandersetzungen konzentrieren sich auf die Vergangenheit. Das ist selten konstruktiv, weil man sich dabei in Details verrennt, die unscharf und für die Zukunft irrelevant sind.

Noch schärfer kommen Beleidigungen, Unterstellungen und Unverschämtheiten. Ein Champion im Streitfall schafft es, sie zu überhören. Was keine schlechte Taktik ist: Ärgern kann man sich später, aber im Moment bringt es null. Zum sinnvollen Streiten gehört allerdings, dass man sich grundsätzlich etwas zu sagen hat. In vielen Partnerschaften, hat man statistisch erhoben, wird pro Tag nur noch zwanzig Minuten oder weniger miteinander gesprochen. Und je stummer man ist, desto unfreundlicher wird die Kommunikation.

Er: »Wann ist das Essen fertig?«

Sie: »Gusch.«

Er: »Gulasch?«

Der Psychologe Philipp Yorck Herzberg von der Helmut-Schmidt-Universität in Hamburg unterscheidet bei Paaren vier Konfliktlösungsstile. Drei sind so schädlich für die Beziehung, dass man sie sich abgewöhnen sollte: sehr kämpferisch streiten, sich schnell zurückziehen und zu nachgiebig sein. Das Beste für die Zweisamkeit sind Kompromisse, sagt Herzberg. Der übrigens privat auch bloß ein Mann ist: »Meine Frau sagt immer: ›Du beschäftigst dich doch den ganzen Tag mit Konfliktlösung – warum merke ich bloß nichts davon?‹«

Mich hat ein Freund wegen meiner Kompromissbereitschaft ziemlich frontal getroffen, indem er trocken feststellte: Ein guter Kerl und ein Depp sind Brüder. Die Gratwanderung zwischen Toleranz und Blödheit zu unterscheiden, kann man sich auf dem Johannesweg gut durch den Kopf gehen lassen. Wer auf Dauer nämlich zu freundlich ist und jeden

Ärger in sich hineinfrisst, riskiert krank zu werden. Ein Rollenspiel von Psychologen der Universität Frankfurt am Main beweist es: Eine Gruppe von Studenten musste als Mitarbeiter eines Kundencenters unverschämten Anrufern gegenüber immer höflich bleiben, die zweite durfte zurückpöbeln. Die Sanften hatten einen höheren Blutdruck als die, die stänkern durften. Was letztlich heißt: Gute Laune oder Mitgefühl vorzutäuschen, das man nicht empfindet, ist schädlich, langfristig bugsiert man sich damit ins Burnout. Überlegt man sich das, während man bergab auf Sankt Leonhard zugeht, geht es mit der Achtsamkeit, die man sich entgegenbringt, immer mehr bergauf.

Übrigens haben wir mit dieser Station die Spitze des Lilienblattes erreicht, du weißt ja, dass der Johannesweg die Form dieser Blüte hat. Und dort, hinter Sankt Leonhard wartet die Demut auf uns. Und sie wartet in Würde.

6 Erhöhe dich nicht selbst und sprich nicht abfällig über die anderen – früher oder später fällt es auf dich zurück.

»Jessas«, peckt der Eichelhäher von seinem Hochsitz herunter. Was allerdings noch nichts heißen muss bei ihm, er redet grundsätzlich und nicht immer fein über andere. Erstens, weil das Federvieh einer reichlich geschwätzigen Art entstammt und generell schwer seinen Schnabel halten kann. Zweitens, weil er als Vogel die Dinge nun einmal von oben herab sieht und liebend gern etwas Abschätziges fallen lässt.

»Was denn?«, erkundigt sich die Gans in ihrem gelangweilten Schönbrunner Tonfall. Was allerdings nicht heißen muss, dass sie die Antwort auch tangiert, sie hört sich nur grundsätzlich gern reden. Erstens, weil sie genauso gern schnattert wie der Eichelhäher. Zweitens, weil sie sich enorm was auf ihre Gattung einbildet, und ihre Arroganz nur dann richtig zur Geltung kommt, wenn man sie andere spüren lässt.

Jedenfalls. Die beiden verstehen sich prächtig.

»Der da unten«, kräht der Eichelhäher und pickt mit dem Schnabel durch die Luft Richtung Erdboden, »herrliches Exemplar menschlicher Unzulänglichkeit«.

»Wo denn?«, schnäbelt die Gans nun doch interessiert und wuselt unter dem Eichelhäher dahin, um das Kuriosum auf zwei Beinen nicht zu verpassen.

»Gleich siehst du ihn«, spornt der Eichelhäher die Gans an, »ein Stückerl noch, dort vorne ist er, auf der Zwischenstromwiese bei den Holzliegen – hoppla, jetzt ist er über seine eigenen Füße gestolpert«.

»Der Tollpatsch«, kichert die Gans und versucht, etwas schneller zu watscheln.

»Ganz im Gegensatz zu dir, du Gazellchen.« Das Pflänzchen auf der Wiese gegenüber hat es nicht allzu laut und nur so vor sich hin gesagt. Aber die Gans stutzt und schaut sich genauer um. »Aha«, sagt sie dann,

»der Salbei, die Tugendhaftigkeit in Grün. Und doch auch nicht ganz ohne Häme, wie man da hört«.
»War nicht für deine Ohren bestimmt«, sagt der Salbei.
»Und deswegen ist es weniger herablassend?«, plustert sich die Gans auf und vergisst komplett, dass sie im Duett mit dem Eichelhäher gerade selber eine Kostprobe astreiner Überheblichkeit gegeben hat. Und sie wettert noch weiter: »Solange man hinter seinem Rücken über irgendwen herzieht, ist es also voll in Ordnung?«
»Bitte, das ist mehr als voll in Ordnung«, funkt die Stimme der Eitelkeit dazwischen, »so unelegant wie der darf man einfach nicht daherkommen«.
Alle drehen sich um. »Na klar, der Pfau«, mischt sich der Eichelhäher wieder ein.
Der Pfau schlägt ihm stumm sein Rad.
»Brauchst gar nicht so aufdrehen«, sagt der Eichelhäher, »lern einmal g'scheit fliegen, bis dahin bist du für mich Luft«.
Die Gans nutzt die Attacke des Eichelhähers, sich besser darzustellen als er: »Überhaupt hat der Eichelhäher ein noch viel loseres Mundwerk als ich«, fällt sie ihrem Freund in den Rücken.
»Blöde Gans«, sagt der Eichelhäher.
»Komischer Vogel«, gibt die Gans zurück.
»Was habt ihr voneinander erwartet?«, fragt der Salbei. »Jemanden, der sich über andere das Maul zerreißt, macht auch die Freundschaft nicht mundtot.«

»Arroganz ist die Kunst,
auf seine eigene Dummheit stolz zu sein.«
Unbekannt

Was bin ich doch für ein Fetzenschädel. An den Satz kann ich mich noch gut erinnern. Ich habe ihn damals im Gymnasium gesagt, laut, etwas getragen und vor allen Schülern. Wir waren in der ersten Klasse, und der Herr Professor hatte einer Schülerin in der ersten Reihe einen Satz ins Ohr geflüstert, nämlich: »Der Lehrer Koch flüstert ›Setzen, Mädel‹.«

Es war das alte Stille-Post-Spiel, das Mädchen musste seinem Sitznachbarn den Satz möglichst schnell ins Ohr flüstern, der gibt das, was er verstanden hat, dem nächsten weiter und so weiter. In der letzten Reihe kommt der Satz phonetisch ähnlich, aber im Sinn komplett verdreht an. Was bei mir ankam, war: »Was bin ich doch für ein Fetzenschädel.«

»Danke, Johannes, das wissen wir schon.« Recht geschah mir, was war ich auch so ein Fetzenschädel.

Der Professor wollte uns demonstrieren, wie wahr der alte lateinische Satz ist: Fama crescit eundo. Ein Gerücht wächst dadurch, dass es umhergeht. Es wuselt durchs Gebüsch der Gedanken, nährt sich an den Knollen der Täuschung und spuckt den Auswurf der Falschheit aus.

Ich finde, man geht mit der Wahrheit oder dem subjektiven Empfinden recht locker um. Informationen werden ungefiltert aufgenommen und wie von Wiederkäuern verbreitet, muh! Der Huber ist ein Fremdgänger? Na, da schau an. Der Meier hat seine Kinder grün und blau geprügelt? Na, ärger arg. Und die Mostbankerl-Binki pipperlt den Fernet neuerdings schon in der Früh? Ein Prosit auf die Geschwätzigkeit. Es ist wie bei mir zu Hause am Bauernhof, wo drei Esel wohnen. Wenn der erste schreit, dauert es nicht lange und die beiden Gefährten folgen – mit dem gleichen Iaaah! Iaaah! Iaaah!

Wer Treffliches oder vor allem Untergriffiges zu erzählen weiß, rückt sich in den Mittelpunkt. Nach dem Motto: Stell dir vor, was ich gehört hab, verbreiten manche Menschen sogar absichtlich Lügenmärchen und sind stolz auf ihre plötzliche Wichtigkeit. Aus dem Schlagschatten der Bedeutungslosigkeit treten sie auf einmal ins Scheinwerferlicht des Aufdeckens. Sie sind die Boten des jeweiligen Skandals, selbst frei von Frevel und immer gern gesehen, weil die Geschichten ein hohes Maß an Weitererzählbarkeit haben. Im Wirtshaus kommt es schon ganz gut, wenn man als Erster weiß, dass der Vereins-Pepi neuerdings ein Betthaserl hat, nämlich die Chantal. Ja, genau die. O-o.

Rufmord macht auch tot. Die Mörder sind Profikiller mit schallgedämpften Lügen. Und der geneigte Amateur tappt oft genug unabsichtlich, da unvorsichtig, in die Falle und zischelt falsche Behauptungen mit böser Zunge nach, ohne sie zu überprüfen. Die Absicht dahinter erkennt man und ist verstimmt. Sie heißt: Menschen schlecht zu machen, damit man selber besser dasteht.

Übertriebene Neugier, Tratschsucht und böser Wille sind die Gewürze der Unwahrheit. Man weiß nicht, was ekelhafter ist. Übles bloß aus Geltungssucht weiterzuflüstern oder damit einen Widersacher auszuschalten. Und eins ist nicht schwieriger als das andere. Man nehme eine harmlose Schwäche des potenziellen Delinquenten, etwa wenn ihm hübsche Damen gefallen, schicke ihm eine getarnte Prostituierte auf sein Hotelzimmer, die ihm eindeutige Angebote unterbreitet, die er nicht ablehnen will. Er greift ihr ins Dekolleté, sie ihm dorthin, wo man bei einem Mann das Licht abschaltet. Und schon zieht sie ihm mit der Hose die weiße Weste und damit das letzte Hemd aus.

Mit Krokodilstränen in den Augen und Hyänengeschrei folgt im Nu die Anzeige. Hilfe! Hilfe! Im Brustton der Überzeugung sagt die Agent Provocateuse: Das Schwein wollte mich vergewaltigen. So einfach kann man eine Karriere selbst auf höchster Ebene zerstören und den Ruf nachhaltig vernichten. Körbchengröße D, und der Direktor sagt ade. Das funktioniert von der Provinzsparkasse bis zum internationalen Währungsfonds. Und irgendwann interessiert's niemanden mehr, wie es wirklich war. Wenn man Glück hat, lebt man nach Nestroys Devise: »Ist der Ruf einmal ruiniert, lebt sich's gänzlich ungeniert.« Oder man lebt gar nicht mehr. Solche Diffamierungen sind scharfe Ruf-Mordinstrumente.

Die Grenzen im Reich der Lüge reichen also vom harmlosen Nachgeplapper bis zum kriminellen, vorsätzlichen Rufmord. Und sie haben gar keine so kurzen Beine, die Lügen, wie man immer tut. In Siebenmeilenstiefeln rennen sie durchs Land, verbreiten sich als Falschmeldungen in den Zeitungen. Bis ihnen mit einem Widerruf im Namen der Republik das Haxel gestellt wird, vergeht gut ein Jahr. Bis dahin ist der Verunglimpfte nicht tot, sondern schon halb verwest.

Insbesondere Kinder richten in ihrer an sich erfrischend direkten Art oft Grausames an. Denn sie wissen nicht, was sie tun. Je früher man lernt, wie man bei der Wahrheit bleibt, desto weniger Leichen pflastern später den Weg. In meiner Volksschule waren im wöchentlichen Wechsel zwei Aufpasser für die Pausen eingeteilt. Ihre Aufgabe: die Disziplin bei übergroßen Schülerzahlen zu erhalten. Wir waren damals sechsundfünfzig in der Klasse. Kaum hatten die Wachposten die Aufsichtsgewalt, schauten sie auf die Mitschüler herab und schrieben alle auf, die sie niedermachen wollten. Auf der Strafliste zu stehen, war nicht gut, gar nicht gut. Die Retourkutsche kam wenige Wochen später, als die Gemeldeten in die Aufseherrolle schlüpften und ihre Version der Tyrannei ausleben durften. Die früheren Schufte hätten bewusstlos sein können, auf der Strafliste standen sie immer noch mit wilden Verfolgungsjagden durch die Gänge. Ungerechtigkeit ist rachsüchtig. Die Rivalität zwischen Mädchen und Buben – heute würde man sagen: das Genderproblem – war markant, aber das nur so nebenbei.

Tipp unter Freunden: Spielst du dich zu sehr auf, wird es irgendwann ernst. Sprichst du schlecht über jemanden, redet irgendwann keiner mehr mit dir. Die Hinterfotzigkeit, andere auszurichten, richtet sich irgendwann gegen dich.

Trifft einen einmal der Bumerang der eigenen Gemeinheit, ist das ein großer Moment. Zumindest kann man ihn dazu machen. Es ist die Ankunft der Demut. Die Chance, gescheiter zu werden. Der unreife Mensch setzt sich großspurig über die Möglichkeit, an Format zu gewinnen, hinweg, er wächst sozusagen aus eigenen Gnaden über sich hinaus. Erhält er Macht, wird seine aus der Dummheit geborene Überheblichkeit zur Gefahr für andere. Erhält er auch noch die Gelegenheit, sich zum Diktator aufzuschwingen, wird er zur Gefahr für Millionen.

Im Normalfall steht sich der Einzelne aber nur selber im Weg. Oder seinem Nachbarn. Die Demut wohnt selten Tür an Tür. Eitelkeiten führen über Nichtigkeiten zu Streitigkeiten. Hier hat einer einen Baum aufgestellt, dort ist jemand einem Gartenzwerg auf die Zehen getreten. Und manchmal genügt ein schiefer Blick, ein G'schau, als wär da einer was ganz Besonderes. Und weil eben lange schon ein Gefühl der Zwietracht über der ganzen Siedlung liege, sei jetzt die Situation außer Kontrolle geraten, und der Herr Franz habe den armen Herrn Gottfried mit einem Hammer erschlagen. Die Kronenzeitung hat groß darüber berichtet, und jetzt wohnt der Herr Franz in Stein.

Demut ist, wenn wir unsere Wertevorstellung mit der moralischen Vollkommenheit vergleichen. Mitunter geht dieses Gleichnis auf. Zum Jubiläum stellte man dem ältesten Ehepaar der Welt die Frage, warum die beiden immer noch so glücklich miteinander leben können, wenn es doch die meisten nicht bis zum verflixten siebten Jahr aushalten. Sie würden nie etwas Übles über den Ehepartner sagen, gaben sie zur Antwort, und wenn auch nur ein Hauch von Streit in der Luft liege, dann versöhnten sie sich, bevor sie ins Bett gingen, um mit einem guten Gefühl einschlafen zu können. Niemals hätten sie im Streit die Augen geschlossen.

Unter uns: Tag für Tag geht das nur, wenn du mit dem Papst verheiratet bist. Aber schlafen wirst du mit Sicherheit besser, wenn der Zorn nicht mit deinen Zähnen knirscht. Und du brauchst sie, die Regeneration, die dir die nächtliche Ruhe bringt. Sie ist eine der wichtigsten, natürlichen Arzneien, die dich gesund erhalten, das kann ich dir als Mediziner sagen. Und gleich danach kommt die Stille.

Hör dich um. Du hast den Lärmpegel der Betriebsamkeit noch im Ohr.

Die Welt ist so laut, dass sie schon den ganzen Tag über beim einen Ohr hinein und beim anderen wieder hinausgeht. Fußgängerampeln ticken nicht mehr richtig; das Dröhnen der Presslufthämmer wird vom Techno-Bass aus einem getunten Opel gefressen; ein Passant, der nach der Uhrzeit fragt, lässt sich von einem anderen, der sie ihm sagt, anschreien. Ein Paar Reifen quietschen, ein paar Motoren heulen, ein Hund bellt, aber niemand hört ihn. Die Welt, wie wir sie im Ohr haben, macht, was sie am besten kann: viel Lärm um nichts.

Sei ruhig. Dann hörst du das Nichts, wie es langsam lauter wird. Aber es sind ganz andere Geräusche, als du gewohnt bist.

Das Wort gibt es noch: Stille. Aber es hat keine Bedeutung mehr. Stille kommt nicht mehr vor in einer Zeit, in der man Gas geben muss, um mitzukommen. Ruhe ist ein Pfad, der dich Demut lehrt, wenn du vom Stress gedemütigt bist. Der Mensch ist ein Rhythmus-Pause-Wesen, er braucht das Wechselspiel von Licht und Schatten, Verzicht und Genuss, An- und Entspannung. Dass er nicht mehr fähig ist, abzuschalten, weil er auch seine Freizeit als Wettkampf anlegt, hat die Weltgesundheitsorganisation bewogen, Stress zur größten Gefahr des 21. Jahrhunderts auszurufen.

Stille ist ein Kernbedürfnis des Menschen. Dass sie nicht auf Knopfdruck abrufbar ist, macht uns unrund. Wir brauchen weniger Lautstärke und mehr Hörgeräte für die inneren Stimmen. Wir müssten in uns gehen und sie suchen, die Stille, aber wer hat schon die Zeit, seine Ruhe zu finden. Irgendwo da drinnen hat sie sich in einen der letzten Winkel zurückgezogen, verschreckt von der Ungeduld, abgeschoben vom Leistungsdruck, verdrängt von durchschnittlich sechzig Dezibel, die die Konzentration erschweren und den Bluthochdruck chronisch erhöhen. Dass Stille zum Luxus geworden ist, ist offenbar ihre einzige Rettung. Luxus ist etwas, das alle haben wollen, und der hier wäre außerdem noch so billig zu kriegen wie sonst nichts auf dieser Welt. Sieben Ideen:

Hör auf die Natur. Fahr in den Wald und hör das Konzert, das das Orchester aus Wind, Blättern, Vögeln und Bächen veranstaltet, so lange an, bis du auch dein Herz schlagen hörst.

Schau einen Tag lang nicht auf die Uhr. Befrei dich von der Zeit. Genieße diesen Zustand, man kann die Zeit vom Vergehen abhalten, indem man aufhört, ihr Vergehen zu messen.

Iss eine Farbe. Ja, das geht. Frage dich in der Früh, in welcher Stimmung du bist. Gib ihr eine Farbe und genieße den ganzen Tag lang nur Speisen dieser Couleur.

Auf der Mühlviertler Alm hat das alte Handwerk noch einen besonderen Stellenwert. Das erleben auch die Gäste. Ob beim Spinnen, Besenbinden, Pechölbrennen oder Kaffeerösten: Jedes Tun hat so seine Besonderheit

Trenne dich von etwas. Am besten geht das im Urlaub, aber du kannst auch einfach etwas in den Mistkübel werfen. Verlust ist Bestandteil des Lebens. Aber bitte schmeiß nicht gleich den Ehemann weg, weil er fad ist wie ein Hydrant, oder die Frau, wenn sie aufmuckt. Wirf etwas weg, das du nicht brauchst.

Lass mitten in der Arbeit alles fallen. Abgesehen vom Bügeleisen. Setz dich in die Unordnung, schau sie liebevoll an und genieße, dass dir das alles egal ist.

Freu dich, dass du lebst. Geh auf einen Friedhof, wo keiner deiner Verwandten liegt. Erinnere dich daran, dass heute der erste Tag vom Rest deines Lebens ist.

Richte den Blick auf eine weiße Wand. Schließe die Augen halb, lass dich nicht ablenken, konzentriere dich auf die weiße Fläche. Ziel der Übung ist die Gedankenleere. Schaut etwa so aus:

( )

Und prompt hab ich jetzt den Faden verloren. Ach ja, wir waren beim Vernadern, beim Ausrichten, beim Schlechtreden. Wir sind aber zu keinem Schluss gekommen, wie man das abstellt. Eine Idee hätte ich vielleicht.

In den ersten Studienjahren im Studentenheim bin ich in eine Gruppe geraten, die zwar miteinander lernte, sich aber gegenseitig mit, nennen wir es höflich, äußerst kritischen Worten über Nichtanwesende äußerte. So schnell konnte man gar nicht schauen, war man selber in diesem Strudel, hörte Übles über sich, brach auf einmal auch selber den Stab über andere Studienkollegen. Wenige Tage später bekam man zurück, was man ausgeteilt hatte, nur viel schlimmer, eben nach dem Motto: Fama crescit eundo. Bald waren wir ein zerstrittener Haufen, der mit dem Zwist auf engstem Raum zusammenwohnte.

Ich schaute mich anderweitig um und geriet in die Nachbarschaft meditierender Yogis. Was für ein Unterschied. Kein böses Wort verlor man über jemand anderen, nur gute Haare ließ man selbst an weniger beliebten Kollegen. Rutschte einem versehentlich doch ein Fauxpas aus dem Mund, wechselten die anderen vornehm das Thema. Der respektvolle Umgang miteinander imponierte mir, ich machte ihn mir zu eigen und nahm ihn mit in meine frühere Clique. Wenige Wochen später hörte ich nichts Schlechtes mehr hinter meinem Rücken. Das gute Beispiel war vorangegangen und hat alle mitgerissen.

Leider funktioniert das Prinzip nur in kleinen Gruppen. Je mehr Menschen, desto ungenierter kann im großen Stil über jemanden hergezogen werden. Pauschalmeinungen wie Zigeuner stehlen, Neger sind Drogendealer, Arbeitslose sind faul, haben viele Münder. Man nennt sie Vorurteile, als wären sie etwas, das seine Nase scheu zur Tür hereinsteckt und vorfühlt, ob man sich da gefahrlos das Maul zerreißen darf. Als wären sie etwas, das sich noch nicht zum Urteil ausgewachsen hat. Aber es sind Urteile, machen wir uns nichts vor. Urteile in der Gerichtsbarkeit schlichter Gemüter. Große Menschen erkennt man daran, dass sie sich kleiner machen, als sie sind. An ihrer Bescheidenheit.

Wie man sich als Arzt in dieser Tugend übt, habe ich bei meinem Turnus auf der Lungenstation im Krankenhaus der Elisabethinen in Linz gelernt. Sich in aller Bescheidenheit nicht als Gott in Weiß zu sehen, lernt man, wenn man schlechte Nachrichten zu überbringen hat. Auf jener Station war es verboten, den Patienten in aussichtsloser Lage die Wahrheit über ihren Lungenkrebs mitzuteilen. Anfangs findet man das empörend. Mündiger Patient, das Recht auf die Wahrheit. Aber man kann es auch als enorme Anmaßung sehen. Steht es einem zu, jemanden mit der Wahrheit zu erschlagen, indem man ihm seine letzte Hoffnung nimmt?

»Arroganz ist das Selbstbewusstsein des Minderwertigkeitskomplexes«, sagte der französische Autor Jean Rostand, und ich bin da ganz bei ihm. Arrogante Menschen stellen sich und ihr Tun über alles und jeden und dulden Mitmenschen nur als Nebensache. Für jedes Verhalten gibt es verschiedene Erklärungsansätze, einer für Arroganz geht so: Im Kindesalter lernt ein Mensch durch Bestrafung, dass er Eigenschaften hat, die minderwertig sind. Sonst müssten sie ja nicht bestraft werden. Er lernt weiters, dass Minderwertigkeit Ausschluss bedeutet. Daraus wiederum lernt er, dass er das Manko verstecken muss.

Verhaltenspsychologen glauben, dass Arroganz eine Schutzmaske ist, hinter der man sein unzureichendes Selbstwertgefühl vor der Welt verbergen will. Krude Idee. Jeder Mensch will gemocht werden, möchte dazugehören. Und dann glaubt er, sich ausgerechnet mit der Arroganz beliebt zu machen. Mit einem Verhalten, das jeden vor den Kopf stößt. Mit einer Eigenschaft, die im Job nicht erfolgreich und privat nicht liebenswert macht. Mit einer Taktik, die andere in die Flucht schlägt und einen selber angreifbar macht. Arrogante Menschen sind nicht annähernd so glücklich wie Menschen, die durch ihre Leistung hervorstechen und nicht nur so tun, als wäre allein ihre Anwesenheit ein Geschenk, für das man sich bedanken müsse. Es ist ein Teufelskreis, aus dem man nicht ohne Hilfe herauskommt.

Der Demütige dagegen erkennt und akzeptiert aus freien Stücken, dass es etwas für ihn Höheres, Übergeordnetes, ja Unerreichbares gibt. Davor kann man das Knie beugen oder auf die Knie gehen. Mit dem einen bekundet man Respekt, mit dem anderen signalisiert man Abhängigkeit. Und es gibt noch ein paar windige Cousins und Cousinen der Demut, mit denen man nichts zu tun haben will. Die Demut übrigens auch nicht. Zum Beispiel die falsche Demut, die bloß den Eindruck einer Verwandtschaft erweckt, in Wahrheit aber nicht einmal adoptiert ist. Sie hat sich einfach verkleidet und gibt sich damit als Familienmitglied aus. Und die unechte Demut hat sich auf allen vieren in den Clan eingeschlichen. Eigentlich gehört sie mit ihrer sklavischen Gesinnung zur Brut der Kriecher.

Mit diesen paar halbweichen Mitstreitern steht die Demut ihrer Gegenspielerin, der Arroganz, ein bissel arm gegenüber. Die Armee der Schnösel ist fünfmal so stark, trägt glänzende Uniform und besteht nur aus Generälen. Allen voran der Hochmut. Links neben ihm die Anmaßung. Rechts die Überheblichkeit. Und hoch zu Ross die Hoffart, ein ganz durchtriebenes Luder, das nicht nur überzeugt ist, Kaiser in der Riege dieser selbsternannten Könige zu sein, sondern glaubt, dass ihr das tatsächlich zusteht.

Zu den niederen Chargen gehören dann noch die Eitelkeit, der Narzissmus und meine besondere Freundin, die Überlegenheit. Was mir bei der so aufstößt, ist ihre Massentauglichkeit, die sie sogar zum Phänomen einer Bewegung gemacht hat. Tölpelhafter Dünkel macht seinen Träger zum Schnösel. Er kommt daher wie ein verarmter Graf, als Ritter ohne Furcht und Tadel. Mit Stecktuch im Sakko und Nonchalance im Gesicht. Er spricht nasal und sagt nur Dinge ohne Belang. Solchen

Herrschaften, die das Hochnäsige zur Hochkultur erhoben haben, sage ich nur: viel Spaß dort oben. Bald kommt der Fall, und wir sehen uns hier unten, wo die Menschlichkeit wohnt.

Hochmut ist ja, schenkt man der Bibel Glauben, eine Todsünde. Sie tanzt im Reigen mit dem Geiz, der Wollust, dem Zorn, der Völlerei, dem Neid und der Faulheit. An sich keine sonderlich sympathischen Wesenszüge. Ich sehe das so: Jeder kann einmal einen schlechten Tag haben und auszucken, sich hier dem einen oder anderen unguten Gefühl hingeben oder dort einmal ein bisserl patzen. Das ist menschlich. So sind wir alle. Keine Automaten, sondern Lebewesen mit Vor- und Nachteilen. Ich für meinen Teil versuche darauf zu schauen, dass diese Verlockungen, ich sehe sie als Circen der Finsternis, nicht mein Weltbild verdunkeln und schon gar nicht meine Seele vergiften. Das geht schnell, sag ich dir. Du denkst dir: Geh bitte, einmal wen zusammenstutzen, irgendwie fühl ich mich jetzt doch ein Alzerl besser. Beim Nächsten geht's dann schon viel einfacher: Mach ich mich halt über die auch noch lustig, die hat's verdient, ist immerhin Vizemeisterin im Deppertsein. Und schon bin ich in der Spirale nach unten, werde unwirsch, verhärmt, untragbar. Oder eben arrogant, wenn das Selbstbewusstsein chronisch krank ist. »Arroganz ist die Karikatur des Stolzes«, ersann Ernst Freiherr von Feuchtersleben. Lustiger Name, ernsthaftes Kerlchen.

Die Zwischenstromwiese, dort, wo sich die Weiße Aist und die Schwarze Aist zur Waldaist verbinden, verliert man jeden Begriff von Zeit

Wenn der Prahlhans hergeht und seine Erfolge überbewertet, sich für die Endstufe der Evolution hält, erhöht er sich künstlich. Im Gegensatz dazu schafft Demut Nähe, weil sie den Wert des Vis-à-vis schätzt. Sie schützt davor, durchzuknallen, und sorgt dafür, nicht abzuheben. Arrogante Menschen sprühen nicht vor Glück. Sie dümpeln im Dünkel, sind von kümmerlicher Natur, hadern mit dem Leben und verzagen. Ein Sprichwort geht so: »Wenn der Hochmut zunimmt, nimmt das Glück ab.»

Wer hochmütig ist, vereinsamt und kann irgendwann nur noch mit der Egomanie kuscheln. Zu diesem Schluss kommt eine US-Studie. Burnout links, Depression rechts, und der gepflegte Manager steht in der Mitte, versteht die Welt nicht mehr. Das namenlose Böse klopft an seine Pforten, er traut sich nimmer raus aus der Höhle seines verkorksten Selbst. Hochmut macht seelischen Tiefstand.

Dustin Woods, Psychologe an der Wake Forest University in Winston-Salem, North Carolina, interessierte sich dafür, was das Denken über andere über die eigene Persönlichkeit aussagt. Eine Zufriedenheitsstudie sozusagen. Der zufolge tun Menschen, die positiv über andere reden und ihre Umgebung grundsätzlich nicht uneben finden, ihrer Persönlichkeit Gutes. Diese Freizeit-Philanthropen seien häufig glücklich, enthusiastisch, gutmütig und emotional stabil. Ihre präpotenten Pendants ertrinken derweil im Sumpf des Asozialen. Wer schlecht über andere denkt, sie kritisiert, abwertet und sich von ihnen distanziert, wird mit seinem Leben alles nur nicht glücklich.

Ich weiß aus eigener Erfahrung, wovon die Wissenschaft da redet. Mir ist es früher auch ein bisschen so ergangen. Der alte Johannes war ein Jungspund, dem die eigene Bedeutung schon zur Studienzeit aus dem Spiegel entgegenlächelte. Als Arzt stehst du da natürlich recht schnell an der Schwelle zur Selbsterhöhung, Esoteriker würden's wahrscheinlich Autolevitation nennen. Das Eigenlob wird gleich ans Tischgebet angehängt. Möglicherweise ist Männern der soziale Status wichtiger als Frauen, ich weiß es nicht. Fakt ist, dass ich berufliche Erfolge ausschließlich meinen Fähigkeiten zugeschrieben habe. Günstige Umstände, Glück, eine Fügung des Schicksals oder was auch immer gab es nicht. Meine Fähigkeiten hatten das Exklusivrecht für den Erfolg.

Mittlerweile hat mir meine Frau das ausgetrieben, sie ist ziemlich gut in solchen Sachen.

Erfolg korrumpiert. Macht verführt. Und schnell hält sich der Gewinner für einen Vorgesetzten des Gewöhnlichen. Er ist die Perle in der Muschel der Herkömmlichkeit. So eine Sichtweise kann ansteckend sein und ganze Gemeinschaften überheblich machen. Man braucht nur in irgendeinen Nobelbezirk irgendeiner Stadt gehen. Wenn man dort wen nach dem Weg fragt, kommt die Antwort mit Sicherheit von oben herunter. Man ist die Szene. Man gehört zu den Neureichen. Man zählt zur auserwählten Partie. Zur Schickeria. Zur Elite. Zu den Reichen, Schönen und Sonstigen. Klüngel schließen sich zusammen und erklären sich zu etwas Bestimmtem. Cliquen der Ausnahme. Banden des Besonderen. Der arrogante Alphawolf der Moderne verhält sich so wie die Antihelden in den Büchern von Bret Easton Ellis. Sie tragen traumhafte Anzüge, gehen dinieren in die teuersten Restaurants und zersägen hin und wieder bildschöne Frauen. Aber grundsätzlich verkehren sie nur mit ihresgleichen. Mit Übermenschen.

Bescheidenheit braucht Disziplin. Understatement verlangt nach Geistesreife. Albert Schweitzer bezeichnete die Demut einmal als die Fähigkeit, auch zu den kleinsten Dingen des Lebens emporzuschauen. Wenn man die Ansprüche zu hoch setzt und den Kopf automatisch in den Nacken fallen lässt, damit sich der Blick immer nur nach oben richtet, wird man die kleinen Dinge, die das Leben so groß machen, nie sehen. Und die Nase trägt man auch hoch oben.

Die einen haben einen hohen Rang (»Voriges Jahr hat mich der amerikanische Präsident ins Weiße Haus eingeladen«), die anderen entstammen einer feinen Familie (»Mein Vater ist König oder so was Ähnliches«), die anderen haben viel Wissen (»In meinem Kopf verstauben ganze Bibliotheken«), manche ein Vermögen auf dem Konto (»Ich bin mir nicht sicher, ob wir die Villa in Spanien wirklich kaufen sollten«), und andere kennen das Arbeiten nur vom Hörensagen (»Also, für mich wär das nix«), was sie dazu veranlasst, ganz automatisch auf andere herabzublicken und sie als geringer zu erachten.

Ein Unternehmer, bekannt für seinen Größenwahn, hat einmal seinen Standort gewechselt. Von einem Hochhaus zum nächsten. Alle Mitarbeiter bekamen einen Übersiedlungsplan, auf dem links Hochhaus A gekennzeichnet war, rechts Hochhaus B und in der Mitte Hunderte Ameisen. Sie stellten die Mitarbeiter dar. Das Ameisenmodell, sagte der Unternehmer, habe er nach japanischem Vorbild zeichnen lassen. Wäre auf dem Übersiedlungsplan oben in der Mitte noch ein Platz für den lieben Gott gewesen, hätte er gewiss ein Porträt von sich hingepickt.

Manchmal genügt es schon, das Ego beim Empfang abzugeben und zu sehen, kein Mensch ist vollkommen. Ich habe mir vorgenommen, mich nicht immer so wichtig zu nehmen. Ich. Ich. Ich. Pfeif drauf. Demut ist auch Mut zur Selbstlosigkeit. Ohne eigenen Vorteil zu helfen. Solidarisch zu handeln. Ohne viel Aufhebens gut sein. Ich hab einmal was Feines gelesen: Jeder Mensch sollte das tun, was ihm möglich ist, nicht mehr und nicht weniger. Erst dann wird der Alltag stimmig und das Dasein in leiser Dissonanz zum Wunschkonzert des Lebens.

Dein Kopf muss nicht permanent und penetrant die erste Geige spielen, und die nur in höchsten Tönen. Dein Verstand braucht nicht aufgeigen und alle anderen Stimmen in dir übertönen. Jedes Mal, wenn dir das bewusst wird, vielleicht ab sofort, kannst du ihn wieder an seine wahre Aufgabe erinnern. Er ist ein Teil des Orchesters, nicht mehr und nicht weniger. Im Detail zirka fünf bis sieben Prozent des gesamten Ensembles. Dreiundneunzig bis fünfundneunzig Prozent dirigiert nämlich dein Unbewusstes. Und das hat seinen Sitz im Bauch.

Dort befindet sich auch die Bühne. Deine Bühne, auf der du Regie führst. Wenn du meditierst, bekommst du Zutritt. Und dort gibt es eine Menge für dich zu tun, viel zu entdecken. Die Saison hat gerade begonnen. Du musst dein Ensemble überprüfen und neu arrangieren. Die erfolgreichen Partituren und Stimmen wieder auf den Spielplan setzen. Die absoluten Nieten vom Spielplan nehmen. Dein Archiv durchforsten, um dich von uralten Geschichten zu trennen. Immerhin möchtest du auch gerne die eine oder andere Uraufführung wagen. Da brauchst du Platz für Neues.

Neue Gedanken, neue Muster. Was davon ist dir jetzt und in Zukunft nützlich in deiner Aufgabe als Regisseur, auf deiner Lebensbühne? Und welche uralten Texte kannst du schon nicht mehr hören? Dein Souffleur ist dein Unterbewusstes. Es ist dein eifrigster und gehorsamster Diener.

Dein persönlicher Geist aus der Flasche. Dein Dschinn. Was immer du ihm sagst und einredest, er wird alles tun, um es dir zu erfüllen. Der Mechanismus ist simpel. Er geht so:

Du denkst dir was. Entweder du sagst es laut, oder du führst innerlich eine Art Selbstgespräch. Dein Dschinn übersetzt das in Bilder, die Sprache, die er versteht. Um dich zu vergewissern, ob du deine Wünsche erfolgreich formuliert hast, ist es gut, dir das Bild anzuschauen, das deine Gedanken gemalt haben. Wann immer du ein Bild kreiert hast, das ausdrückt, was du nicht möchtest, weißt du, das war die verkehrte Botschaft. Du hast deinen eifrigen Diener gerade beauftragt, dir das zu bescheren, was du nicht möchtest. Aber nicht kennt er nicht, dein Dschinn. Deswegen haben die Optimisten und die Pessimisten immer Recht. Sie bekommen genau das zugeschickt, was sie gedanklich aufgegeben haben. So funktioniert positive thinking, wenn du willst.

Eine Weisheit aus dem Talmud drückt es etwas anders aus: Achte auf deine Gedanken, denn sie werden zu Worten. Achte auf deine Worte, denn sie werden zu Handlungen. Achte auf deine Handlungen, denn sie werden zu Gewohnheiten. Achte auf deine Gewohnheiten, denn sie

Die Weiße Aist schlängelt sich in vielen Kurven entlang des Wanderweges unterhalb von Weitersfelden

werden zu Charaktereigenschaften. Achte auf deinen Charakter, denn er ist dein Schicksal.

Und damit sind wir wieder mitten beim Thema. Wenn du auf etwas achtest, bist du achtsam. Du übst dich in Achtsamkeit. Und Achtsamkeit übst du, wenn du meditierst. Wir haben das vorher schon einmal kurz probiert, weißt du noch? Mach eine Pause. Sitz einfach da, tu nichts und genieße die Ruhe. In diesem Moment gibt es keine Sorgen, keine Eile, keine Erwartungen, nur das Warten. Sobald du das verstanden hast, kennst du das größte Geheimnis. Es gibt Dinge, die du nicht tun kannst, aber du kannst sie geschehen lassen. Dein Körper leitet dich. Hör auf seine Signale. Wenn du das Gefühl hast, du brauchst Bewegung, wähle eine dynamische Form der Meditation, geh halt herum. Ist das Sitzen unangenehm, wechsle deine Position. Hilft das nicht, versuche es im Liegen. Wähle den Grundsatz: Ich achte darauf, was mir Spaß macht, ich meditiere gerne. Du wirst erstaunt sein, wie genau dein Körper weiß, was ihm taugt und was nicht.

Das Geheimnis besteht darin, dir das Nichtstun zu erlauben. Du wirst dir vielleicht denken, das ist unmöglich, das kann ich mir nicht leisten, so was tut man nicht. Oder vielleicht glaubst du, oft genug nichts zu tun. Dabei liest du ein Buch, siehst fern, hörst deine Lieblingsmusik. Das ist nicht gemeint. Gemeint ist, einfach dazusitzen oder zu liegen und mit dem Augenblick verschmelzen. Einfach nur das Leben genießen. Hier und jetzt. Wundere dich nicht, wenn dir dabei Ideen kommen, die sich auf Kommando niemals einstellen. Denn in dem Moment, wo du loslässt und nichts Bestimmtes passieren muss, sind die Tore zu deiner Kreativität weit offen und du kannst plötzlich ganz klar sehen, was du alles tun könntest. Und dieser Augenblick an sich ist vollkommen.

Ob es uns passt oder nicht, der Mensch funktioniert in vielen Lebensbereichen wie ein rostiger Roboter. Ob beim Aufstehen, Mistausleeren, beim Autofahren, Spazierengehen oder beim Laufen – mit dem Kopf ist man meistens irgendwo, nur nicht bei der Sache. Bei dem, was man gerade tut. Ich kann dir nur raten: Bringe allem, was du tust, meditative Achtsamkeit entgegen. Und dein Leben wird sich dramatisch verändern. Zum Guten.

Du wirst plötzlich Dinge bemerken, die früher unbeachtet an dir vorübergegangen sind. Ob es die neue Brille deiner Kollegin ist, die dir auffällt, wenn ihr euch im Stiegenhaus begegnet. Oder der Baum vor deiner Einfahrt, der plötzlich wie nach einer Farbkur grün leuchtet. Oder andere Wunder, die dir von nun an ständig begegnen. Du kannst sicher sein, diese Achtsamkeit, die du dem schenkst, was du gerade tust, wird dich reicher entlohnen, als du es dir jetzt vorstellen kannst. Allein wenn du deinem Kind wirklich zuhörst, während es dir gerade die wichtigste Sache der Welt erzählt, fallen dir seine Lachgrübchen zum ersten Mal seit langem wieder auf. Lachgrübchen, die entstehen, weil das Kind verlegen lächelt und irgendwie spürt, dass es wohl im Moment das Einzige ist, was dich wirklich interessiert. Das ist es vielleicht nicht gewöhnt. Auch du kennst dieses Gefühl vielleicht gar nicht mehr. Und allein deswegen lohnt es sich.

Du möchtest also meditieren. Es interessiert dich, und du bist gerade dabei, deine ersten Erfahrungen zu machen. Stell dir vor, du bist frisch verliebt. Frisch verliebt in die Meditation. Wenn man frisch verliebt ist, möchte man am liebsten die ganze Zeit zusammenstecken. Man kriegt gar nicht genug voneinander. Man möchte alles voneinander wissen, sich gegenseitig entdecken, sich in die Seele schauen. Genau das passiert, wenn du meditierst. Wenn du dir die Zeit nehmen möchtest, dann verabrede dich mit dir. Zu einer bestimmten Zeit an einem bestimmten Ort. Zu einer beliebigen Zeit an einem beliebigen Ort. Ganz wie es dir beliebt. Hauptsache, du triffst dich dort.

Ich finde, es ist großartig, dass wir zwei uns getroffen haben. Ich glaube, wir sind auf dem richtigen Weg. Schau, dort vorne geht es zur Gastfreundschaft und ihrer Mutter, der Hilfsbereitschaft. Wenn du möchtest, führe ich dich auch dorthin.

7 Sei hilfsbereit und ein guter Gastgeber – es lohnt sich für beide Seiten.

»So stell ich mir ein Picknick vor«, motzt die Biene. Sie grast gerade die Lehrwiese bei der Aistschlinge ab, da fliegt sie über ein Pärchen, das auf einer karierten Decke seinen Proviant auspackt. Eine Weile schaut sie den beiden zu, dann vergeht ihr das Summen. »Sie muss alles schleppen, er darf alles essen«, sagt die Biene und schüttelt den Kopf. »Das ist ungefähr so, als würde man mit einer Elster und einem Kuckuck frühstücken.«

»Mooooment!« Der Elster und dem Kuckuck sträubt sich das Gefieder.

»Na, stimmt's vielleicht nicht? Ihr seid nicht viel besser als der Pascha dort«, sagt die Biene. »Die Elster schnappt allen alles weg, der Kuckuck lässt alle seine Arbeit machen. Wenn uns die Königin bei so was erwischen würde, wär's aus mit Nektar und Ambrosia.«

»Hallo, hallo, hallo, hallo«, regt sich der Kuckuck auf und rempelt die Elster in die Seite.

Unnötigerweise, sie ist schon auf der Palme. »So was Scheinheiliges hab ich ja überhaupt noch nicht gesehen«, stichelt sie auf die Biene hin. »Tut da auf sozial, da lach ich mir doch einen Ast. Mag sein, dass ihr hier bei uns brav im Stock lebt, aber weltweit betrachtet haben die meisten von euch Dreck am Stecken.«

»Also weißt du …«, sagt die Biene.

»Sicher weiß ich«, kontert die Elster, »sonst würde ich mich ja nicht so echauffieren. Was bitte schön ist denn mit der riesigen Mehrheit von euch Stacheligen, die keine Staaten bilden, ha? Ich kann dir sagen, was mit denen ist: Kuckucksbienen nennt man sie, und sie tun nix anderes als das, was du ihm vorwirfst.« Die Elster deutet auf den Kuckuck. »Brutschmarotzer sind sie, die ihre Eier in die Brutzellen anderer Bienenarten legen. Sozialparasitismus nennt man das.«

»So.« Der Kuckuck nickt einmal heftig, als hätt er's der Biene selber

gegeben. Braucht ihm keiner mehr blöd kommen, wenn die fleißigen Bienen mindestens so faul sind, wie man es ständig ihm und seiner Verwandtschaft nachsagt. Und das nur, weil sie so clever sind, sich diese fade Ausbrüterei zu sparen, wenn es woanders in einem Aufwaschen geht. Bis jetzt hat er allerdings geglaubt, seine Gattung wäre die einzige mit dieser effizienten Arbeitsweise, von den Namensvettern im Bienenreich hat er jedenfalls noch nie was gehört. Trotzdem ist er sehr zufrieden und schenkt der Elster einen Blick tiefer Bewunderung: »Alle Achtung«, sagt er. So ein gewieftes Ding.
»Jetzt du«, zischelt die Elster ihm zu.
»Was?«, fragt er zurück.
»Ich habe dir geholfen, jetzt hilf gefälligst du mir«, flüstert die Elster.
»Wieso?«, stellt sich der Kuckuck dumm.
Die Biene unterbricht den Schlagabtausch. »Wie hilfreich«, sagt sie, fängt aber, bevor sie weiterreden kann, von der Gerbera, auf der sie gerade hockt, einen Rüffel mit dem Blütenblatt ab. »Ich muss schon sehr bitten«, beschwert sie sich, »wenn's doch wahr ist«.
»Wahr vielleicht, aber auch nicht hilfreicher«, sagt die Gerbera. »Glaub mir, ich kenn mich aus auf dem Gebiet. Ich bin die Blume, die man jemandem zum Dank für seine Hilfe schenkt.«
Die Biene, die jetzt begriffen hat, worauf die Gerbera hinauswill, schaut betreten. »Ertappt«, gibt sie zu, »aber ich schmiere doch eh jedem den ganzen Tag Honig ums Maul, da wird man doch einmal danebenhauen dürfen«, versucht sie zu retten, was zu retten ist.
»Hilfsbereitschaft heißt, etwas für jemanden zu tun«, sagt die Gerbera. »Aber das beginnt schon lange vorher, nämlich damit, nichts gegen jemanden zu tun.« Sie wendet sich an die Elster. »Und bei der Gastfreundschaft ist es genauso. Gastfreundschaft heißt, dass man teilen soll. Aber auch das beginnt schon lange vorher, nämlich damit, dass man keinem was wegnimmt.«
Die Elster äugelt verstohlen neben sich auf die Raupe, die sie vorhin still und heimlich dem Kuckuck geflaucht hat. Zum Kuckuck damit, denkt sie, und legt ihre Beute ebenso still und heimlich wieder zurück.

»Behandle deinen Gast zwei Tage lang als Gast,
aber am dritten Tag gib ihm eine Hacke.«

Afrikanisches Sprichwort

»Für ein glückliches Leben sind Freundschaft,
Gastfreundschaft und Freigiebigkeit elementare Voraussetzungen.«

Seneca

Das Mammut kam am Donnerstag. Die zwei Herrschaften mit den Umhängen aus Ziegenfell saßen am Lagerfeuer und nagten an Keulen, an denen Fleischfetzen hingen. Typische Steinzeitidylle. Ein Grillabend, nichts Besonderes.

»Mmm«, sagte der Gastgeber und schlug seine Zähne in das Mahl. Sein Beisitzender, eine Art urzeitlicher Assistent der Geschäftsführung, bekam die Reste von gestern, gab sich damit aber zufrieden und hielt kurz inne.

Ein junger Späher hatte etwas von Sauriern gefaselt, damals redete man noch mit Händen, Füßen und Grunzlauten, nämlich von der Möglichkeit, dass ein T-Rex vorbeischauen könnte, aber der Chef winkte ab. Beim Essen wollte er nicht gestört werden. Uh! Sein Assistent zuckte die Achseln. Wenn er meint. Wahrscheinlich hätte er der Warnung doch mehr Bedeutung beimessen sollen, denn das Mammut kam ohne Vorwarnung, an diesem Donnerstagabend, zwei Säbelzahntiger gesellten sich zu der Attacke, die Angreifer trampelten über die Feuerstelle, der Chef wollte reagieren, griff zu Pfeil und Bogen, aber seine rechte Hand war nicht mehr da. Kurzum: große Schweinerei, überall Blut, die Tiere zufrieden, und die Welt drehte sich weiter ohne den Assistenten und seinen Geschäftsführer. Mammuts gewinnen meistens.

In der rauen Vorzeit hatte einer allein überhaupt keine Chance. Da wurde man gefressen, so schnell konnte man gar nicht schauen. Erst in der kleinen Sippe war der Halt der Menschheit zu sehen, vorausgesetzt, die Damen und Herren, die schon aufrecht gehen konnten, halfen einander gerne und gegenseitig, schließlich lauerten die Gefahren so ziemlich überall. Die Umwelt war eine einzige Tretmine. Eine falsche

Bewegung, und du warst zerfetzt. Das bedeutet, man war damals schon für jedwede Form der Hilfsbereitschaft aufgeschlossen, um nicht zu sagen dankbar. Muss so gewesen sein, sonst wäre die Menschheit als so genannter Beherrscher der Erde niemals groß geworden. Sonst hätten sich, was weiß ich, vielleicht die Käfer zusammengetan und ihre Vorstellung der EU realisiert. Wir krabbeln für ein gemeinsames Europa, so in der Richtung.

Die Hilfsbereitschaft als Voraussetzung des Gedeihens der Menschheit ist in unserer Urzelle fest verankert und hat nichts an Bedeutung verloren, sie ist immer noch Grundlage der Überlebensfähigkeit und zentrales Ideal des ärztlichen Berufes, das ihn für mich, trotz mancher Fehlentwicklungen, auch nach mehr als dreißig Jahren noch so attraktiv sein lässt. Ich helfe den Menschen gern. Das ist meine Bestimmung.

Interessanterweise könnte der Hang, anderen unter die Arme zu greifen, in den Genen stecken. Forscher gehen sogar so weit, zu glauben, die Bereitschaft, sich für wildfremde Menschen aufzuopfern, könne unter anderem dazu dienen, sich für das andere Geschlecht attraktiv darzustellen. Nach dem Motto: erst der Altruismus, dann der Orgasmus. Tim Phillips und seine Kollegen von der Universität Nottingham haben herausgefunden, dass ausgeprägte Hilfsbereitschaft bei der Partnerwahl mitspielt.

Die Wissenschaftler fragten sich, ob der Wesenszug im Genom verankert ist und sozusagen ganz von allein mehr Paarungsgelegenheiten mit sich bringt. Siebzig eineiige und siebenundachtzig zweieiige weibliche Zwillingspaare stuften ein, wie begehrenswert sie die Hilfsbereitschaft fanden und wie altruistisch sie selber waren. Eineiige Zwillingsschwestern mit ihrem identischen Erbgut ähnelten einander stärker als zweieiige, die nur die Hälfte der Genvarianten teilen. Überdies waren die Damen umso hilfsbereiter, je wichtiger ihnen dieser Wesenszug bei anderen vorkam. Testleiter Phillips wertet die Analyse so, dass die Ahnen der Teilnehmerinnen umso eher mit hilfsbereiten Partnern Kinder gezeugt haben, je hilfsbereiter sie selbst waren.

Jetzt kann man hergehen und sagen: Super, mein Opa hat mit der Hilfsbereitschaft so viel am Hut gehabt wie der Josef Stalin. Bin ich deswegen automatisch ein Hilfsverweigerer? Einer, der die Leute im Winter in der Kälte erfrieren lässt und sagt: Tut leid, die Gene! Ich glaub nicht. Auf der anderen Seite darf man Hilfe auch nicht aufdrängen. Von oben herab erniedrigt sie. Einer, der hilft, ist automatisch hierarchisch besser gestellt. Und er strahlt nicht immer die Dankbarkeit aus, die einen Helfer am meisten auszeichnet, oder die Hoffnung, auch dann Hilfe zu erhalten, wenn er sie selbst braucht.

Im Rahmen einer großen Runde sagte ein Patriarch mit Firmenimperium im Hintergrund und Wampe im Vordergrund ganz laut zu seinem Gesprächspartner: »Kannst du dich erinnern, Franzi, wie ich dir damals aus der Patsche geholfen habe? Damals, als du sooo knapp vor dem Konkurs warst.« Der inzwischen reich gewordene Autohändler wurde immer kleiner und blasser, während der Patriarch eine selbstgefällige Herrscherpose einnahm und mit einem Radarblick den Raum besah, ob ihn auch wirklich alle Anwesenden ausreichend würdigten.

Seine Unterstützung damals war okay gewesen, aber die Prahlerei viele Jahre danach fand ich furchtbar, ein schrecklicher Fehler, der heranrollte wie ein Panzer der Präpotenz. Hilfe hat mit Demut zu tun,

Raus aus den Wanderschuhen und rein ins kühle Nass an der Aistschlinge der Weißen Aist

sie soll aus dem Herzen kommen und nicht vom Ego. Die Hand, die einem gereicht wird, kommt nicht von oben. Hilft man richtig, ist der Dank, den man erntet, genau der, dessentwegen die Heuchler helfen: Ansehen und Anerkennung. Die wertvollen Geschenke auf dem Gabentisch des Schicksals. Wer hilft, braucht also Feingefühl. Ein rares Gut in unserer Zeit. Eine verschlafene Prinzessin, die man wecken muss, damit sie den Frosch küsst.

Eine schmerzhafte und mitunter gefährliche Ausprägung der Hilfsbereitschaft erlebe ich täglich in meiner Praxis. Wäre man mit den Fußsohlenwarzen, Abszessen und Fieber aller Art gleich zum Arzt gegangen, statt sie von hilfsbereiten Freundinnen, Onkeln, Schwiegermüttern mit Tinkturen, Haus- und Wundermitteln kurieren zu lassen, gebe es weniger Entzündungen, Schüttelfrost oder Löcher im Fleisch auf der Welt. Es gut zu meinen, ist nur vermeintlich gut. Wenn bei mir daheim die Therme ausfällt und ich einen Installateur ersuche, sich das anzuschauen, sage ich auch nicht: Wissen Sie, meine Frau hat gemeint, Sie müssen ein bisschen Rosenöl in die Zündflamme gießen, damit der Funke überspringt.

Die geschmackvollste Form der Hilfsbereitschaft ist die Gastfreundschaft. Und damit meine ich nicht besser. Ich meine einfach, dass es einem durchschnittlich sozialen Menschen nicht allzu schwer fällt, irgendeinem armen Teufel in der Not die Hand zu reichen. Um jedem, und dabei geht es bei der wahren Gastfreundschaft, bei sich zu Hause Tür und Tor zu öffnen, muss man ein paar Stufen weiter gegangen sein. Namentlich die zur eigenen Eingangstür, man muss sie ja aufmachen, um wen hereinzubitten.

Die Tradition hat ihre Riten. Als Gast hatscht man nicht einfach herein, man meldet sich an. Man bringt ein Gastgeschenk mit, von dem man, ohne rot zu werden, sagen kann, dass es des Gastgebers würdig und im Sinne des Gebens und Nehmens ist. Man wird nicht mit einer Mingvase in einer Souterrainwohnung antanzen, wo die Finanzen so liegen, dass man mit mehr Herzlichkeit als Kaviar gefüttert wird. Und man wird nicht mit einem Gänseblümchen bei einem Galaempfang erscheinen. Als Gastgeber empfängt man die Geladenen mit einem Lächeln und entlässt sie mit vollem Bauch.

Gasthäuser ersetzen drei Psychiater, der Spruch trifft die Wahrheit ganz gut. Allerdings wird das gute alte Wirtshaus immer seltener. Ich hab noch keinen Filialleiter einer Fastfood-Kette dabei beobachtet, wie er einem Gast Gesellschaft leistet, der ihm sein Herz ausschüttet und dabei in aller Ruhe in sein Cola light weint. Und bei den piekfeinen Adressen aus Michelin bis Falstaff geht es auch mitunter mehr um das geschäftliche als sonst irgendein Wohl.

Gastlichkeit und Gastfreundschaft sind Eckpfeiler unserer Gesellschaft. Sie können die Psyche vom roten Bereich wieder ins grüne Feld zurückführen. Ich teile lieber einen Eintopf, als dass ich einsam Austern schlürfe. Und ein einziger Bissen mit guten Menschen ist mehr als ein ganzes Menü mit irgendwelchen Leuten. Ich weiß nicht, ob es dir auch so geht, aber mir reden die Menschen mittlerweile zu wenig miteinander. Man wird gemeinsam einsam, das haben die Feinde der Gastlichkeit, Fernsehen und Computer, ziemlich gut hingekriegt. Jeder starrt in den Bildschirm. Keiner schreibt mehr Briefe von Hand. Dafür SMS gespickt mit grins, :-). Verabredungen sind fast aus der Mode, das Telefon ist nicht mehr zum Telefonieren da. Man braucht sich nicht mehr zu sehen, man will sich nicht einmal mehr so oft hören. Freunde hat man mehr als tausend, Facebook und andere Social-Network-Plattformen zaubern immer neue hervor. Aber der Schein trügt.

Wir ertrinken inmitten einer Flut von Freunden, die nichts anderes sind als Schaltkreise. Twitter kann einen direkten menschlichen Kontakt nicht ersetzen. Mir kommen diese Cyberfreunde seelenlos vor, hohl, aber vielleicht bin ich in meinem Alter auch schon ein Dino. Trotzdem stehe ich dazu: Wir brauchen, angetreten als Gemeinschaftswesen, diese direkt gepflegte Freundschaft. Echte Gastfreundschaft, wie damals, ohne Modem, wo man einander noch analog fühlen und berühren konnte.

Ich sehe die Auswüchse, und nicht nur auf der Haut. Die Praxen füllen sich auch mit vereinsamten Menschen, die zu Patienten geworden sind und beim Blutdruckmessen wenigstens ein paar Minuten Ansprache ihres Arztes, eines echten Menschen, erhoffen, der ihre Sorgen versteht und ihnen die Hand auf die Schulter legt. Die vereinsamten Leute, vor allem die Alten, sehnen sich nach einem winzigen Moment

Brot aus dem Holzofen wird noch vielerorts auf den Bauernhöfen gebacken. So auch am Hof der Familie Mitmannsgruber (Wollstubn) am Johannesweg

der Zuwendung. Sie leben vielleicht nicht mehr im Verbund einer Großfamilie, als geachteter Teil der Familie, sondern sind allein, haben niemanden mehr, wenn der Regenschirm zugeht. Ärzte, die diese Nöte erkennen, haben großen Zuspruch. Zu Recht. Sogar beim Militär werden Schützengräben immer für zwei ausgegraben. Man weiß: Gemeinsam lebt und stirbt es sich leichter.

Ich kann mich noch gut an diese Dame erinnern, nennen wir sie Frau Maier. Sie kam immer gemeinsam mit ihrem herzkranken Ehemann zu mir in die Ordination. Auf einmal kam sie alleine. Nach der goldenen Hochzeit war ihr Mann verstorben. Jedes Mal wurde sie weniger, war einsam, hatte alle möglichen undefinierbaren Hautkrankheiten, die auftauchten und verschwanden, wie aus dem Nichts. Sie genoss die fünf bis zehn Minuten mit mir und weitere zwanzig mit meinen Assistentinnen. Sie kam immer zu einem günstigen Zeitpunkt zur Bestrahlung, an dem man ein bisschen Zeit für sie hatte. Schließlich fand sie einen Partner, der an einem leichten Schlaganfall laborierte. Sie kümmerte sich rührend um ihn, er wurde wieder fast wie früher, und ihr Gesicht bekam ein Strahlen, mit dem sie uns die Hektik vergessen ließ. Was uns mindestens so aufbaute wie ihre selbst gemachten Krapfen, die Frau Maier immer mitbrachte: Hier, sagte sie, lassen Sie sich das auf der Zunge zergehen.

WWWir brauchen echte, direkte zwischenmenschliche Kontakte, ob als Gast, als Patient oder als Kunde. Ärzte dürfen nicht Röntgenbilder, Laborbefunde und Testergebnisse behandeln, sondern die Menschen mit ihren Beschwerden. Das andere ist nur diagnostische Grundlage. Als Mediziner sage ich: Der Mensch ist kein Werkstück, sondern ein vielschichtiges Lebewesen mit Empfindung. Langsam verkümmern die Leute, wie mir scheint. Oder um es mit den Worten des großartigen Schriftstellers Carlos Ruiz Zafón auszudrücken: »Höchstens drei bis vier Generationen wird es dauern, bis die Menschen nicht mehr ohne Anleitung furzen können und die Nacktschnecke aus dem Mesozoikum vergleichbar intelligent erscheint.« Um diese düsteren Prognosen zu verhindern, braucht man nur den Mund aufzumachen. Miteinander reden, analog, von Angesicht zu Angesicht, miteinander essen, real, am selben Tisch, miteinander aufs Leben anstoßen.

Gastfreundschaft ist etwas Sinnliches, mehr als ein schlichtes Bei-

sammensitzen, während man sich das Gulasch in den Schlund stopft und mit einem Seidel nachspült. Der eine öffnet eine Flasche Wein, der andere sein Herz. Schon die Bibel mahnt: »Seid gastfrei untereinander ohne Murren.« Na, wer wird denn.

Als kleiner Bub am entlegenen Bauernhof habe ich die Welt noch aus einer anderen Perspektive gesehen: kein Telefon, keine E-Mail, höchstens Briefe. Sonntagvormittag war die Kirche Pflicht, nachmittags der Verwandtschaftsbesuch aufs Geratewohl. Vorsichtig klopfte man an, peinlich war, wenn schon Besuch dahockte, meistens Verwandtschaft. Meine Oma sagte, wie man das damals so zum Ausjagen nannte: »Müssts einen Stecken nehmen.« Feigenkaffee hat man als Gabe mitgebracht, manchmal Zucker, später dann eine Flasche Kalterer See. Die Bewirtung war schier unglaublich, der Tisch hat sich unter Leckereien nur so gebogen. Der Freundes- und Verwandtenkreis war klein, umso wichtiger dessen Pflege. Unbescheidenheit oder sonstige Begehrlichkeiten hätte kein Mensch aufkommen lassen, das war unvorstellbar. Freundschaft, Gastfreundschaft hab ich da sozusagen schon mit der Muttermilch aufgenommen, und ihre große Bedeutung war selbstverständlich.

Gastfreundschaft ist kein Plan zur Abspeisung nach dem Motto: Das Essen war fein, bald bin ich allein, sie hat mit Teilen zu tun. Ich möchte das, was ich habe, nämlich etwas Gutes, auch anderen geben. Der Gedanke keimt in der Lebensfreude und wächst sich auch dorthin wieder aus wie ein Trieb Efeu. Gastfreundschaft versteht sich als ein humanitäres Gut. Wenn Pilger zu Klöstern kommen und um Aufnahme ersuchen, öffnen sich ihnen die Tore.

»Niemand ist nutzlos in dieser Welt, der einem anderen die Bürde leichter macht«, schrieb Charles Dickens. Sagt sich so einfach. Das Leben ist heute recht spröde geworden. Fremdheit und Anonymität sind einem vertrauter als Nähe und Name. Städtische Gesichtslosigkeit geht vor. Ein Arzt, den ich kenne, ist aus der Stadt aufs Land gezogen, wunderbare Lage direkt am See, ein gelebter Traum. Mit seiner Freundin, die ihren Job aufgegeben hat und jetzt bei ihm in der Praxis arbeitet. Das heißt, die beiden sehen sich Tag und Nacht. Untertags im Job, abends daheim. Allerdings hat der Doktor ein Problem, wie er sagt. Er kann das Haus nicht verlassen, ohne erkannt zu werden. Das heißt, er darf sich auch nicht erlauben, im Wirtshaus einen über den Durst zu trinken, ohne dass man ihn mit scheelen Seitenblicken belegen würde. Schau, da Dokta hat an Durscht. Die Anonymität der Großstadt hat der gute Mann unfreiwillig aufgegeben. Dafür wiederum hat er Menschen kennen gelernt, die sich sehr wohl darum scheren, wie es ihm geht. Braucht er einen Hammer, hat ihn der Nachbar parat.

Zum Wesen der Gastfreundschaft gehört eben auch die Hilfsbereitschaft. Und die Bereitschaft, sich auf andere Ansichten und Lebensstile einzulassen. Sie endet nicht einfach damit, einem Fremden nur die Tür zu öffnen, um ihm zu zeigen, schau, so schön ist es bei uns. Es bedeutet vielmehr, dem Sinn der Menschlichkeit auf die Schliche zu kommen. Über Platon sagt man, dass er seine Philosophie bei Gastmahlen erson-

Der Blick auf den höchsten Punkt der Lilie: der Kammererberg auf 970 Metern Seehöhe

nen haben soll. Die Bibel erzählt, dass Jesus sich bei Menschen zum Essen einlud. Wer andere zu sich bittet, gewährt ihnen nicht bloß Eintritt, sondern ein größeres Zuhause. Was natürlich beiderseitig ein gewisses Gespür für die Nerven des Gastgebers bedingt. Gefragt sind Manieren. Sonst passiert das, was Danny Kaye meinte, als er sagte: »Wenn sich die Gäste wie zu Hause fühlen, benehmen sie sich leider auch so.«

Um Peinlichkeiten vorzubeugen, kann man sich gedanklich in verschiedene Rollen versetzen. Wenn ich zum Beispiel jemanden einlade, stelle ich mir manchmal vor, wie es sein muss, jetzt gerade bei mir Gast zu sein. Hin und wieder krieg ich einen Lachkrampf und muss das dann erklären. Wenn die Leute das Rollenspiel heraußen haben, machen sie es genauso. Sie switchen zwischen Hausherr und Hausgast hin und her. Einmal hilfst du jemandem aus dem Mantel, gleichzeitig überreichst du Blumen, dann servierst du das Essen und sagst im selben Zug, wie köst-

lich es doch heute schmeckt. Später schüttest du Rotwein auf den Teppich und denkst dir insgeheim, jessas, wie krieg ich den verdammten Fleck wieder weg. Am Anfang fühlt sich dieses Hineindenken ein bisschen seltsam an, aber mit der Zeit geht das ganz gut. Smalltalk wird zum Gespräch, die Körpersprache entkrampft sich, und das Problem, ob das kleine Schwarze nicht doch besser gewesen wäre als die froschgrüne Bluse, ist auf einmal verpufft.

Der amerikanische Journalist und Satiriker Ambrose Bierce tunkte seine Feder schon im 19. Jahrhundert ins Tintenfass und subsumierte es mit Süffisanz: »Gastfreundschaft: eine Tugend, welche uns veranlasst, bestimmten Personen Speisen zu geben und Obdach zu gewähren, die beides nicht nötig haben.«

Gastfreundschaft schafft Raum für Begegnungen untereinander, Christen nennen es Gastfreiheit. Wo sie gelebt wird, prägt sie die Kultur und die Atmosphäre eines Ortes wie eine Punze. Manche Menschen haben eine ausgeprägte Gabe der Gastfreundschaft: Die einen werden glücklich, die anderen werden Wirte. Und Gäste wiederum wollen das Gefühl bekommen, dass man sich für sie interessiert. Es geht darum, einen Kontakt herzustellen oder Bekanntschaften zu vertiefen, oder das Band der Freundschaft nicht durchhängen zu lassen. Gute Gastgeber erkennt man bekanntlich daran, dass sie dem Gast jeden Wunsch von den Lippen ablesen, ohne ihm dabei Honig ums Maul zu schmieren.

Die Gastfreundschaft kann allerdings auch negativ behaftet sein. Der griechische Philosoph Dionysos Chrysostomos, er lebte um 50 nach Christus, stammte aus vornehmer Familie und widmete sich der Rhetorik, sieht darin nicht wirklich was Löbliches. Sondern auch etwas Verschlagenes, mehr Schein als Sein. In Wirklichkeit gehe es bei der Gastfreundschaft darum, eigene Leistungen mit hohem Zins zurückzubekommen. Auch das Gegenteil könne der Fall sein. Wenn der Gast wohlhabender ist als der Gastgeber, erzwinge er auf subtile Art eine zuvorkommende Behandlung. Die scheinbare Freundlichkeit des Gastgebers ist dann nichts anderes als verborgene Furcht vor der Macht. Das erkläre nicht zuletzt auch die viel beschriebene, so genannte Gastfreundschaft in armen Ländern. Chrysostomos heißt übrigens Goldmund.

Zweitausend Jahre später, wenn du den kleinen Zeitsprung gestattest,

Das Kammerer Kreuz am Kammererberg beherbergt nicht nur den Heiligen Florian, sondern auch den Heiligen Johannes

hat man den medizinischen Nutzen der Hilfsbereitschaft erkannt. Wenn du jemandem etwas gibst und für andere etwas tust, gewinnst du viel. Du freust dich darüber, dass dein Gegenüber sich freut. Du hast ein gutes Gewissen, weil du spendabel bist. Du fühlst dich energiegeladen, weil du aktiv etwas unternimmst. Gleichzeitig bist du entspannt, hast dem Stress frei gegeben, Schmerzen in die Abstellkammer gestellt. Du bist zufrieden, fühlst dich mit anderen verbunden, hast eine Aufgabe, gibst deinem Tag einen Sinn. Hilfsbereitschaft stärkt das Selbstwertgefühl und setzt körpereigene Schmerzkiller und Wohlfühlhormone frei. Und alles nur deshalb, weil man jemandem ein bisschen Hilfe hat angedeihen lassen.

Psychologen suchen seit Jahrzehnten nach Eigenschaften, die mit der Hilfsbereitschaft verknüpft sind. Bei der Bescheidenheit wurde man fündig. Ein Team von US-Psychologen der University of Maine und der Baylor University befasste sich mit dieser Spurensuche im Ich. Insgesamt drei Tests führten die Forscher durch, an denen gut hundert Studenten eine Durchsage vom Campusradio hörten, der zufolge sich jemand verletzt hatte und nicht an den Kursen teilnehmen könne. Die Studenten, die sich zuvor als bescheiden eingeschätzt hatten, boten mehr Hilfe an.

Das Schöne an der Sache: Selbst wenn einem die Bescheidenheit nicht gerade in die Wiege gelegt wurde, kann man die Tugend der Hilfsbereitschaft leicht annehmen, weil sie, wie andere Wissenschaftler herausfanden, ansteckend ist. Hilfsbereitschaft ist ein Virus, das glücklich macht. Eine Art Domino-Effekt. Die Empfänger übernehmen das freundliche Verhalten und geben es ihrerseits weiter. Das haben amerikanische Forscher in einem Experiment herausgefunden, in dem die Teilnehmer Unbekannten mit Geld helfen konnten.

Die zweihundertvierzig Probanden nahmen in Vierergruppen an einem Spiel mit mehreren Spielrunden teil. In jeder Spielrunde erhielten die Versuchspersonen zwanzig Geldeinheiten und sollten entscheiden, wie viel davon sie für ein Gruppenprojekt beisteuern wollten. Am Ende der Runde erfuhren alle, wie viel die anderen in die Gemeinschaftskassa gelegt hatten. Umso mehr drinnen war, desto mehr bekam jeder ausgezahlt. In der nächsten Runde wurden die Gruppen neu zusammengestellt, damit kein Proband mehrmals mit einem anderen zusammen spielte. Gaben Gruppenteilnehmer viel Geld für das Gruppenprojekt aus, waren auch die in der nächsten Spielrunde großzügig, was sich wiederum in der Runde auswirkte. Das großzügige Verhalten einer Person übertrug sich zunächst auf drei andere Teilnehmer, von denen es sich wiederum drei weitere abschauten, und so weiter. Ein Mensch kann also eine Lawine der Hilfsbereitschaft auslösen.

Dem Phänomen liegt noch ein anderes zugrunde: Egoismus ist die Triebkraft der Hilfsbereitschaft, der Ausgangspunkt jedes gesellschaftlichen Handelns und jeder Moral. Paradox, nicht? Aber soziobiologisch begründbar, wie der Wiener Evolutionstheoretiker Franz M. Wuketits weiß: Egoisten versuchen, ihr Handeln zu rechtfertigen. Das verlangt der Anstand, und das ist auch sonst nicht unklug. Uneigennützigkeit und Hilfsbereitschaft stehen nämlich höher im Kurs als Eigennutz. Daher sind die meisten von uns auch empört über Leute, die nur ihre eigenen Interessen vertreten, in die eigene Tasche wirtschaften, sich auf

Kosten anderer bereichern. In der Politik soll es diesbezüglich ja den einen oder anderen Fall gegeben haben. Man lebt nach dem Ich-Gebot: Der Herr hat's gegeben, und ich hab's genommen.

Aber warum regen wir uns eigentlich auf? Ist nicht allen das Hemd näher als der Rock? Schon in der Bibel wird uns geheißen: Liebe deinen Nächsten wie dich selbst. Selbstliebe gilt also als Maßstab für die Nächstenliebe. Goethe meinte, jeder müsse »bei sich selber anfangen und zunächst sein eigenes Glück machen, woraus denn zuletzt das Glück des Ganzen unfehlbar entstehen wird«. Die moderne Evolutionsbiologie gibt dem Dichterfürsten doppelt Recht. Erstens: Alle Lebewesen sind von Natur aus egoistisch. Sie wollen sich fortpflanzen, ansonsten ist der Sinn des Lebens: nur nicht sterben. Dazu muss man essen und die vertreiben, die mitnaschen. Zweitens: Bei vielen Tierarten schließen sich Einzelne zu Gruppen zusammen und helfen einander. Ein typisches Beispiel ist das Wolfsrudel. Wölfe jagen im Kollektiv, teilen sich die Nahrung und lassen den Feind wissen: Gemeinsam sind wir stärker als du.

Altruismus beruht auf Gegenseitigkeit. Der Volksmund nennt das: Eine Hand wäscht die andere. Oder: Wie du mir, so ich dir. Das Prinzip hat sich bewährt. Und in der Evolution zählt nur, was sich bewährt. Die Gruppenbildung hat für Menschen entscheidende Vorteile. Viel Schutz, mehr Essen, weniger Risiko. Deshalb kooperiert der wahre Egoist und ist hilfsbereit. Er weiß, dass er seine Ziele nur mit Hilfe anderer erreichen kann, denen er daher umgekehrt hilft. Das war immer schon so, vor allem an so einem vermaledeiten Donnerstag, als das Mammut kam und Hunger hatte.

So, wenn du jetzt einkehren möchtest, mein lieber Johannesweg-Gefährte, soll es mir recht sein, ich lade dich ein. Aber vielleicht sollten wir uns auch gleich die nächste Station anschauen, dort geht es nämlich ums Maßhalten, auch wenn du glaubst, das ist gar nicht dein Bier.

8 Halte Maß in allen Dingen, besonders auch beim Essen und Trinken.

»Speck. Käse. Noch mehr Speck. Ein anderer Käse. Mmmmh.« Die Feldmaus kann sich gar nicht einkriegen angesichts dessen, was die beiden Johannesweg-Wanderer am Rastplatz bei der Ursprungskapelle oberhalb des Augenbründels ihren zwei Kindern da als Jause auftischen. Und was davon so nebenbei für das vierbeinige Familienmitglied abfällt. »Golden Retriever hätte man werden sollen«, seufzt die Maus.
Der Hund dreht sich zu ihr um. »Ja«, strahlt er sie mit seinem sonnigen Wesen zwischen zwei Bissen Speck an, »hab's nicht schlecht erwischt«.
»So stell ich mir den Mäusehimmel vor, ein ganzer Acker voll mit einem Frühstücksbuffet vom Feinsten.« Und leicht angebissen setzt sie nach: »Davon kann unsereiner ja nur träumen.«
»Sagt Frau Maus, die seit jeher als die Naschhaftigkeit auf vier Pfoten gilt«, wirft die Gämse ein.
»Das muss ich mir aber nicht sagen lassen von jemandem, der von Natur aus mit vier Grashalmen pro Tag auskommt«, giftet die Maus zurück, »so genügsam braucht man auch wieder nicht sein«.
»Wie bitte?«, erwidert die Gämse. »Zwischen der Genügsamkeit einer Berggämse und der Unmäßigkeit einer Maus liegt ja wohl der ganze Johannesweg. Wenn deine Gier so weit hergeholt ist, woher kommt denn dann euer Spitzname, mh?«
»Welcher Spitz…?«, versucht die Maus Zeit zu schinden.
Aber der Plan geht nicht auf. »Lebensmitteldieb, Lebensmitteldieb, das weiß doch jeder, Lebensmitteldieb«, rufen Gämse und Retriever, der seine neugierige Nase in den aufkeimenden Zwist gesteckt und darüber für einen Moment sogar seine Leckerli im Stich gelassen hat, im Chor.
Die Narzisse schaut sich das Treiben, wo Maus und Gämse gerade ihre Vorstellung vom Maßhalten geben, mit leichtem Kopfschütteln an. Einen Augenblick überlegt die sonnengelbe Blume noch, ob sie Publi-

kum bleiben oder sich einmischen soll. Dann neigt sie pikiert ihr Haupt. »Ihr seid aber schon etwas streng.«

Der Retriever fühlt sich nicht betroffen und widmet sich wieder seinem Schmaus. Die Gämse fühlt sich zu Unrecht kritisiert und holt Luft.

»Nein, im Ernst«, lenkt die Narzisse ein, bevor die Gämse noch ein Wort sagen kann, »den Lebensmitteldieb haben die Mäuse längst nicht mehr verdient, der Ausdruck stammt aus Zeiten der Hungersnöte«. Sie wendet sich der Maus zu. »Heute seid ihr auf der Suche nach Essen wie wir alle. Wobei man schon sagen muss, dass euch die G'naschtigkeit in so manche Fallen tappen lässt.«

»Na und?«, fiept die Maus. »Was geht dich das eigentlich an? Ich kümmer mich ja auch nicht drum, ob man dir die Selbstverliebtheit, für die du bekannt bist, zu Recht nachsagt.«

»Das musst du auch nicht«, sagt die Narzisse, »schon allein deshalb, weil gar nicht ich die Eitle bin, sondern bloß eine Art blühendes Mahnmal dafür, dass man nicht auf dem hohen Ross sitzen soll«.

»Oh, wie vornehm, Stil am Stiel sozusagen«, lästert die Gämse, die gar nicht merkt, dass sie auf einmal eine Front mit der Maus ist.

Der Narzisse kommt der Einwurf nicht ungelegen. »Euer kleines Hickhack interessiert mich mehr, als ihr glaubt«, sagt sie, »wofür ich nämlich noch ein Mahnmal bin, aber das wissen die wenigsten, ist die Lebensweisheit: Weniger ist mehr.«

»Find ich nicht«, mampft der Retriever mit vollem Mund herüber.

»Hab ich auch nicht erwartet«, sagt die Narzisse. »Du lebst nicht im Wald. Sondern mit den Menschen.«

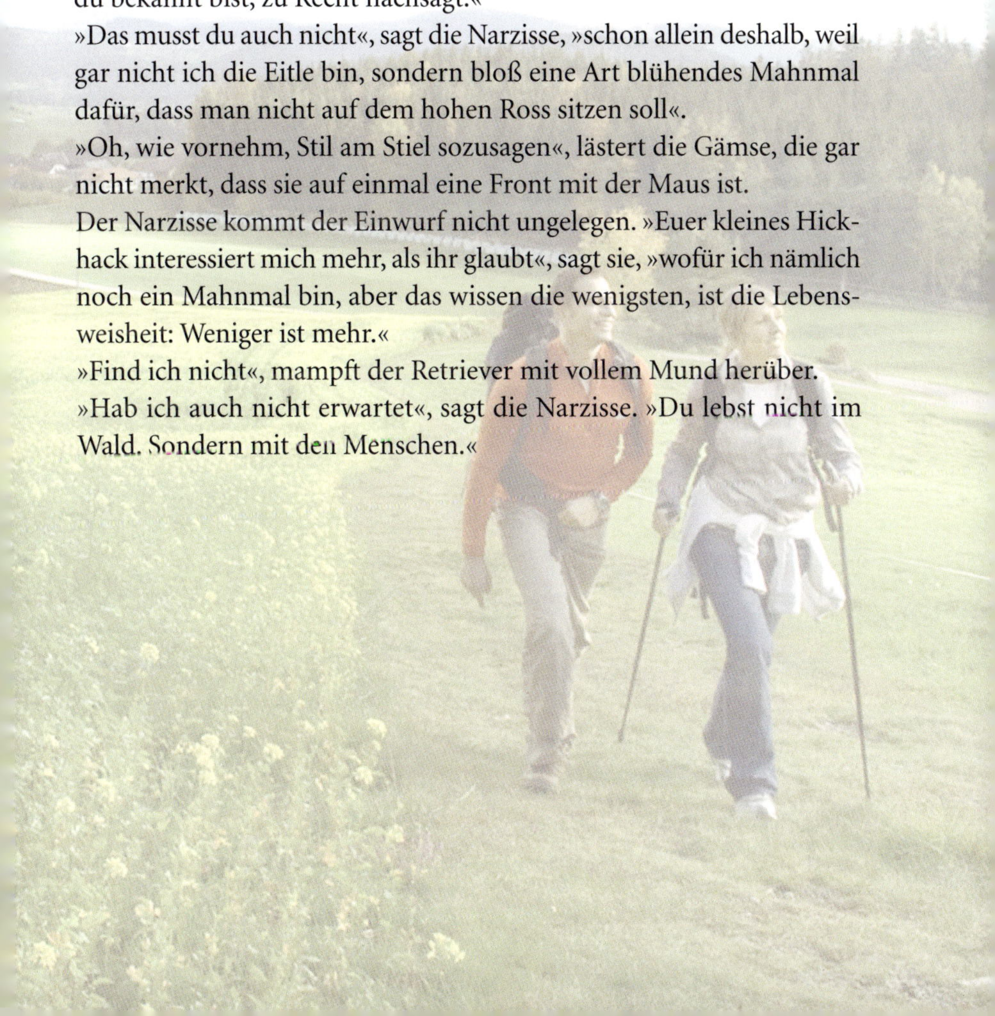

»Die Welt hat genug für jedermanns Bedürfnisse,
aber nicht genug für jedermanns Gier.«

Mohandas Karamchand »Mahatma« Gandhi

»I bin eine Meisterin im Maß-Halten.«

Johanna, Kellnerin beim Oktoberfest

Es ist noch gar nicht so lange her, da begann ein Eiskasten zu sprechen. Er flüsterte einen Namen, ganz leise, so dass nur einer es hören konnte. *Johannes.* Nein, ich hab keinen Hunger, dachte ich. Aber der Eiskasten glaubte mir nicht, er flüsterte: *Johaaaannes.* Ich denke mir, holla die Waldfee, jetzt ist es so weit, jetzt kommt der Doktor in die Anstalt. Und wie ich mir überlege, wie man aus so einer weißen Zwangsjacke wieder herauskommt, vielleicht, indem man sich herauswindet und einen auf David Copperfield macht, da war da schon wieder die Stimme, die aus der Kälte kam.

Wurstbrot. Kurze Pause, dann: *Salamipizza. Gebackener Emmentaler.* Gib Ruh, sagte ich frostig, meine Anzughosen spannen um die Hüften, ein Graus ist das. Der Eiskasten kicherte. *Wurstbrot. Salamipizza. Gebackener Emmentaler. Lass es dir schmecken, Johannes! Greif zu! Iss alles auf! Erstens sieht es keiner, zweitens knurrt dein Magen, drittens wird es dir auf der Zunge zergehen und viertens: Wurstbrot. Salamipizza. Gebackener Emmentaler.*

Mittlerweile ist der Schrank so still wie das Mineralwasser, das drinnen steht, gleich neben dem Gemüse und dem Leichtjoghurt. Schon komisch, wie schnell so ein Eiskasten die Pappen halten kann. Ich bin, ehrlich gesagt, kein großer Freund von Diäten. Weder bei meinen Patienten noch bei mir. Man braucht nicht unbedingt eine Anleitung zum Hungern, wenn einem das Gefühl der Mäßigung innewohnt. Es ist sozusagen ein Schalldämpfer für Schreie aus dem Tiefkühlfach.

Ich habe meinen Bauchumfang von hundertzehn Zentimetern in ein paar Wochen auf hundertzwei reduziert. Einerseits weil der Sommer naht, und diese Vilebrequin-Badehosen schauen nicht so cool aus, wenn auf der Seite weißes Fleisch herausquillt. Andererseits kann man die Menschen nicht einladen, den Johannesweg zu gehen, und als Arzt ausschauen, als hätte man die vergangenen Jahre für die Sumo-WM trainiert. Ring frei für Doktor King Kong. So was geht einfach nicht.

Abgesehen davon hat meine kleine Erschlankung große statistische Bedeutung. Ich bin jetzt aus der medizinischen Gefahrenzone raus. Männer, die nämlich einen Wanst von hundertzehn Zentimetern oder mehr mit sich herumtragen, laufen Gefahr, schneller zu erkranken: Typ-II-Diabetes, Gicht, Herzinfarkt, alles Dinge, wo der Sensenmann schon grinsend die Klinge schleift. Der grimme Schnitter säbelt dir dann mit einem Hieb den Speck weg, für immer. Bei Frauen liegt die Grenze bei achtundachtzig Zentimetern Bauchumfang, den der Arzt erlaubt und das Maßband noch toleriert. Bei viel Obst, Gemüse und Eiweiß sind sogar kleine Sünden erlaubt. Wenn du ohne Schokolade nicht leben kannst: Bitte, sie sei dir vergönnt, ich nehm sie dir sicher nicht weg. Rechnet man die Speisen, über den Tag verteilt, zusammen, ist das gut, aber der Hund liegt im Detail. In den so genannten versteckten Fetten. Und die tarnen sich wie Chamäleons im Vollstress.

Zum Beispiel als Häferlkaffee. Eine Tasse mit Obers und Zucker hat hundertfünfzig Kalorien. Das heißt, wenn du fünf davon schlürfst, summiert sich das auf siebenhundertfünfzig Kalorien, und das sind fast zwei Leberkässemmeln. Auf der anderen Seite hat eine Biskuitroulade zwar nur hundert Kalorien, lässt aber den Zuckerspiegel hochschnalzen und fördert Heißhungerattacken, als wär der Magen ein schwarzes Loch. Alles nicht so einfach, aber mein Gott. Wer sich in Form bringen will, sollte Sport machen, oder sagen wir: Bewegung. Ich geh gern zu John Harris Fitness, zwei-, dreimal die Woche, aber das soll jeder halten, wie er will. Ich bin für meinen Teil froh. Waschbärbauch, das schon. Idealgewicht, weit davon entfernt. Aber ich ziehe wieder Hosen an, die vor kurzem noch im Kleiderschrank lagen wie tote Tiere, die keiner angreifen will. Jetzt passt's um die Hüften. Alles ist cool. Und sogar der Eiskasten pfeift vor Anerkennung.

Mir geht's nicht darum, ein Plädoyer fürs krampfhafte Abnehmen zu halten. Ich finde wirklich, dass jeder essen sollte, was er für richtig hält. Tatsache ist nur, dass heutzutage die meisten Selbstmorde mit

Messer und Gabel verübt werden. Nach amerikanischem Vorbild frisst sich der feiste Wohlstand bald weltweit zu Tode. Man kennt doch das übertriebene Bild des Gourmetkritikers, der die Gänge des Menüs mit lukullischer Ekelhaftigkeit in sich hineinstopft, auf dass sein Dreifachkinn vor Freude zittert. Beim großen Fressen schiebt er sich die Delikatessen hinein, schaufelt das Fleisch dazu, legt das Dessert nach und rundet das Mahl auch diesmal mit einer herb duftenden Auswahl vom Käsewagen ab, die verdächtig nach Füßen riecht, bis der Maître das Minzblatt bringt und der Gast seinen letzten Bissen macht, bevor er platzt.

Sprotz.

Mäßigung ist eine der vier Kardinaltugenden. Neben Weisheit, Gerechtigkeit und Tapferkeit kommt sie daher wie ein Gesetz. Schon Platon hat sich mit dem Maß recht exzessiv beschäftigt. Seine Theorie der Grundtugenden war entscheidend für die gesamte tugend-ethische Theorie. Das Maß kommt daher wie ein Regulator. Sein Ansinnen ist es, Extreme und Übertreibungen zu vermeiden. Dann, wenn das Pendel ungesund ausschlägt. Dem Maß geht es um den vernünftigen Einsatz der Kräfte, letztlich um Selbstbeherrschung, die beste Waffe gegen Kontrollverlust.

Das Maß ist das Zünglein an der Waage, wenn in der einen Waagschale das Engerl und in der anderen das Teuferl sitzt.

Engerl sagt: Du musst jetzt sehr stark sein.

Teuferl: Geh bitte.

Engerl: Wirklich, glaub mir, das geht so schnell, und die Spirale zieht dich nach unten.

Teuferl: Schau dir an den blonden Beistrich, immer keppeln, immer nain-nain-nain.

Engerl: Es geht überhaupt nicht darum, schau auf dich, und schau genau, denn in Wahrheit bist nur du das Maß aller Dinge.

Teuferl: Pff. Pfui Teufel.

Engerl: Und jetzt hab ich das letzte Wort, Saftsack.

Na ja. Der Unzufriedene hat oft zu viel, aber nie genug. Sagt man.

Unzufriedenheit ist der Motor der Maßlosigkeit, keines von diesen zaghaften Hybridmodellen, sondern ein echter, fetter 6,2-l-Vortec-

V8-Antrieb. Die Maßlosigkeit ist quasi ein Hummer Zwei. Innen Sitze aus Leder, idealerweise von einem Tier, das vom Aussterben bedroht ist, oder noch besser: von einem Tier, dessen Art jetzt ausgestorben ist, weil man das Leder für die Innenausstattung gebraucht hat. Maßlosigkeit kennt keine Grenzen. Auch ohne Motor kommt sie flott voran.

Sie ist die Kutsche, mit der man sechsspännig in den Untergang rast, heya, hoppa, halleluja. Ihre Triebkraft ist die Unzufriedenheit mit dem, was ist oder was nicht erreicht wurde. Die Maßlosigkeit fordert heraus, immer mehr, immer schöner, immer extremer zu sein, so dass man sich mit dem, was man hat, nicht mehr zufrieden gibt, sondern ständig Neuem, Größerem, Besserem nachläuft. Maßlosigkeit drängt ständig nach dem Superlativ und zeigt sich in Habgier, Korruption und Geltungssucht. Der maßlose Mensch im Maßanzug sieht grundsätzlich nur den eigenen Vorteil und hat das soziale Umfeld längst aus den Augen verloren. Manchmal wird er geächtet, manchmal wird er Minister. Manchmal Primar. Oft Lobbyist.

»Die Mutter der Ausschweifung ist nicht die Freude, sondern die Freudlosigkeit«, sagte Friedrich Nietzsche. Nicht blöd der Bursche. Mit

Vielerlei Köstlichkeiten gibt der Naturgarten der Mühlviertler Alm

der Zeit stumpfen die ewig gereizten Sinne ab. Aus der Maßlosigkeit erwächst eine Abhängigkeit. Und der Protagonist im Lotterleben wird zur Randfigur seiner selbst. Er hat keine freie Wahl mehr, keine Möglichkeit, sich zu entscheiden, er ist fremdbestimmt. Eine Marionette seiner Sucht. Ein Kasperl, dem das Krokodil die Birne einhaut.

Der weiseste Spruch, den Paracelsus im Mittelalter geprägt hat, war: Die Dosis macht das Gift. Oder genauer: »Alle Dinge sind Gift. Nichts ohn' Gift, nur die Dosis macht, dass ein Ding kein Gift ist.« Dosis sola venenum facit. Einer, der Philippus Aureolus Theophrastus Paracelsus heißt, wird schon kein Giftler gewesen sein. Sondern eher von Geburt an ein Denker. Wie Platon: »Mäßigkeit ist der Hüter des Lebens.« Und Demokrit: »Mäßigkeit erhält die Freuden und erhöht das Behagen.«

Weniger pathetisch drückt es Franz Stelzhammer, der Dichter der oberösterreichischen Landeshymne, in seinem Dialekt aus: »Zweng und zvü is in Noarrn sei Zü.« Des Narren Ziel sei demnach das Zuwenig oder auch das Zuviel des Guten. Eine Relativitätstheorie, die keine Weisheit eines Einstein voraussetzt, sondern seit jeher im praktischen Alltag gilt. Diese Weisheit gilt praktisch in allen Sparten und in allen Branchen, so auch in meinem Fach, der Dermatologie. Es ist wohl eine Binse, dass erst durch die Einführung hygienischer Maßnahmen viele Infektionskrankheiten bis zum Kindbettfieber verhindert werden können und das Leben wesentlich verlängert werden kann. Wir gehen davon aus, dass nicht nur die Antibiotika und anderen Medikamente, sondern vor allem die hygienischen Maßnahmen das ständig wachsende Lebensalter in die Höhe schrauben. Waschen ist wesentlich, dreckige Hände übertragen Infektionen. Seift man zu oft und zu viel, zerstört man körpereigene Fette, den Fettsäureschutzmantel und richtet Bakterien und Pilzen erst einen Ankerplatz ein. Ein Nachbarkollege wird schon belächelt, weil er fast jedem Patienten seinen stereotypen Spruch predigt: »Sie waschen sich zu viel.«

Noch viel wichtiger für die Gesundheit ist das Maßhalten bei Tisch. Sofern man heutzutage überhaupt noch bei Tisch isst. Egal wo, genug ist nicht, wenn der Körper sagt, pff, danke. Sondern zwanzig Minuten früher. Deshalb ist es ja so schwer, im richtigen Moment aufzuhören. Und wie schon gesagt, da nehm ich mich durchaus selber bei der Nase.

Zu fett, zu viel, zu süß. Ein riesiger Wissenschaftszweig behandelt das metabolische Syndrom, das heute schon bei Kindern zu Altersdiabetes führt. Immer neue Diätvorschläge, teils von skurriler Einseitigkeit, sichern den Fortbestand so mancher Frauenzeitschrift. Aber so willig der Geist, wenn das Fleisch Fleisch sieht, wird es schwach.

In Japan setzt man das noch vor den Sexualtrieb, ein Sprichwort besagt: »Lieber Geilheit als Gefräßigkeit.« Also ich weiß nicht, aber bitte. Der heilige Benedikt geht in seinen Ordensregeln auf grundlegende Empfehlungen für die Gesundheit ein. Das Maß der Speise, das Maß des Getränks und die Zeiten für das Essen (Kapitel neununddreißig bis einundvierzig), wobei er streng zwischen Fasttagen und Nichtfasttagen unterscheidet. Er verbietet das Murren und empfiehlt, beim Beten zu kauen. Den Wein hält er für ein göttliches Klostergebräu, will ihn aber nur schluckweise ausschenken. Auf das trinken wir jetzt, gell?

Du bist, was du isst, heißt es. Und das kann ich nur bestätigen. Ein Blick in deinen Kühlschrank, und ich weiß, wo's dich drückt. Aus ärztlicher Sicht. Wenn ich mir meine früheren Essgewohnheiten anschau, kann ich mir zu meiner Berufswahl nur gratulieren. Mich kann ich einmal brauchen, wenn mich meine Jugendsünden einholen und sich zwischen meinen Organen eine fette Bleibe einrichten.

Der neue Johannes isst besser. Nicht so viel, nicht so fett, nicht so einseitig. Obst aus dem Garten, Gemüse der Saison, alles Vollkorn, viel Eiweiß, wenig Zucker. Warum, frag ich mich, schaut mein Spiegelbild dann aus, als würde man mich doppelt sehen. Ich frühstücke wie ein König, vergesse mitunter sogar, dass ich mittags ein Edelmann sein soll, nachtmahle weniger als ein Bettler. Alles wird gut verdaut, ich habe keine Albträume von Surstelzen, die mich verführen. Und, ja, ich trinke. Nein, nicht das göttliche Klostergebräu, ich trinke Wasser. Drei Liter, jeden Tag, rinnt durch wie nix. Und ich mache Bewegung, wie du siehst. Benedikt hätte seine Freude gehabt an mir.

Die Bibel sagt: »Nehmt euch in Acht, dass nicht euer Herz durch Unmäßigkeit beschmiert wird.« Benedikt fährt fort: »Es muss vor allem die Unmäßigkeit vermieden werden und nie darf der Mönch bis zur Übersättigung essen, denn nichts verträgt sich so wenig mit jedem Christen wie die Unmäßigkeit.« Die Buddhisten als Bettelmönche mit ihren Reisschalen schlagen in die gleiche Kerbe. Yogis mit ihren strengen Regeln unterscheiden zwischen Speisen, die klug machen und die verdummen, Dammas heißen die, wenn's wen interessiert. Dicke Menschen werden nicht alt, aber dafür früh pflegebedürftig. Konfuzius sagt: »Wenn du Fleisch isst, so iss es von Tieren mit zwei Beinen oder keinem Bein«, damit meint er Geflügel und Fisch. Für die Älteren hatte er einen einfachen Rat: »Bis fünfzig sollst du essen, ab fünfzig sollst du trinken.«

Organe und Verstand folgen dem Lauf der kosmischen Uhr, die als Masterclock im Gehirn die Abläufe steuert. Wir reden hier von der Chronobiologie, von Tagesrhythmus, Monatsrhythmus, Jahresrhythmus, Hindus und Mayas denken in noch viel längeren Zeiträumen. Den Tierkreiszeichen zufolge sind wir gerade am Übergang vom Fische- zum Wassermannzeitalter. Solche Übergangszeiten sind nicht ohne. Änderungen, Herausforderungen, Systemwechsel. Altes wird ausgelöscht, Neues muss sich entwickeln.

Wir scheinen das vernünftige Augenmaß verloren zu haben und laufen Gefahr, mit kosmischen Gesetzen anzuecken. Wenn wir nicht rechtzeitig korrigieren und auf den rechten Weg zurückfinden, können wir nicht gesund bleiben, sondern laufen Gefahr, ausgelöscht zu werden, weil wir die Erde auslöschen. Das hab ich jetzt einmal loswerden müssen. Denn nicht wir, sondern die Natur, auf die wir besser achten sollten, statt sie künstlich zu verändern, gibt das richtige Maß des Lebens wie ein Metronom, also ein Maßanzeiger, vor. Wenn das Gummiband des tolerierbaren Maßes zerreißt, zieht uns nichts mehr in Richtung goldene Mitte. Dann flitzen wir weg wie ein Splitter zerbrochenen Bemühens.

Der angeborene innere Schweinehund bellt aber trotzdem, dass einem die Ohren schlackern. Er lässt den geneigten Müßiggänger immer fauler werden und will nur eins: fressen, fressen, fressen. Und nicht vergessen: saufen, saufen, saufen. Mmmmh. Aber das Begehren hat die Strafe gleich in sich. Dem Fressen folgt nämlich keine Sattheit, sondern das Verlangen nach noch mehr Fressen. Das Saufen löscht den Durst nicht, es vergrößert ihn. Das Übermaß ist kein Zuviel, sondern ein ewiges Zuwenig.

Ein Freund hat mir von einer Kreuzfahrt erzählt. Die Schönheiten der Karibik hat er nur kurz gestreift, er meinte: Auf dem Kahn isst du die ganze Zeit. Am Anfang nur vom Frühstücksbüffet und ein kleines Dinner, bald kommt ein Mittagessen dazu, dann die Zwischenmahlzeiten, Jause hier, Supper dort, und dann schaust du dir die Kunstwerke näher an, die das Personal aus dem Essen geschnitzt hat, Berge aus Fleisch, Vögel aus Obst, Gemälde aus Gemüse, man braucht nur hingehen und sich was nehmen, noch einen Teller, und ja, Steward, bringen Sie uns noch einen Chardonnay, den gleichen wie auch schon bei den vier Flaschen zuvor. Bei dn via Flaschn suffor.

Ich darf wiederholen: Heiliger bin ich keiner, auch ich gönn mir ab und zu ein feines Flascherl, so als ärztliche Verordnung und ganz in Benedikts Sinn. Wein ist gesund, das unterschreibe ich dir sofort mit Pinot Noir statt Tinte. Aber. Im Maßhalten steckt der Trick, damit du Gaudi hast und sie auch behältst. Es ist wie beim Strom. Zu viel, und die Sicherungen brennen durch, dann wird es finster.

Das Essen macht die Menschen immer kränker. Vor zwei Jahrzehnten war der Altersdiabetes noch eine Randerscheinung, inzwischen haben ihn dreihundert Millionen Menschen weltweit. Und quer durch die Bank. Mütter. Schüler. Manager. Da hilft es nix, dem Arzt die Geburtsurkunde zu zeigen und zu sagen: Herr Doktor, ich bin achtunddreißig! Wieso soll ich Altersdiabetes haben? Antwort: zu wenig Bewegung, zu viel beim Wirten.

Neben Gefäßschäden, die alle Organe angreifen, zeigt auch die Haut, ob die Seele rosig ist. Wir Ärzte sagen: Du bist so alt wie deine Gefäße. Wenn einen was juckt, ist das nicht automatisch eine Allergie, sondern eine Alarmglocke, die dröhnt: Du hast das erlaubte Territorium verlassen und befindest dich im Minenfeld jenseits der Grenze, wo wir deine Gesundheit nicht mehr schützen können, sorry. Die Reserve deiner Regenerationskraft steht auf Rot. Dort herrschen die finsteren Fürsten aller Krankheiten, die dich früher oder später aufzehren wollen. Kardiovaskuläre Unholde und sämtliche Krebsarten.

Ich kann mich noch gut an eine Patientin erinnern, ein verwöhntes Einzelkind, dem alle Wünsche erfüllt wurden. Sie war die Dickste in der Klasse, wurde verspottet und in der Wachstumsphase ist ihr die Haut gerissen. Sie bekam Schuppenflechte mit dicken Plaques. Die Eltern steckten sie in ein Sommercamp für adipöse Kinder. Nichts half. Nach der Matura kein Job, kein Freund, die Psyche am Boden, eine Magenband-OP, das ganze Leben drehte sich ums Essen beziehungsweise ums Nicht-mehr-essen-Dürfen. Die Eltern bieten ihr jetzt Unterstützung, wo sie anfangs versagt haben. Disziplin war ein Fremdwort in der Kinderstube. Ihr Schicksal nahm zum Glück ein gutes Ende: Sie speckte ab, die Haut aber war wie eine Schürze, Streifen wie violette Flammenzungen, die später doch abblassten. Ein verständnisvoller Freund half ihr, sich aufzurichten. Diesen Umweg hätte sich das Mädel besser erspart. Die Grundlage des Maßhaltens wird in der Kindheit gesetzt. Dickes Hänschen, fetter Hans. Die gebildeten Fettzellen bleiben praktisch ein Leben lang.

Der Körper ist Tempel der Seele. Ihn zur Müllhalde der Geschmacksverstärkerindustrie verrotten zu lassen, hat er nicht verdient. Viele Üppigkeiten, denen wir erliegen wie ein Hund im Wendekreis von Knackwurstbergen, sind heute Keimlinge von Zivilisationskrankheiten, deren Dünger unsere Maßlosigkeit ist. Die Bewegungslosigkeit bringt die Pizza ins Haus und lässt uns im Auto den Big Mac durch das herabgelassene Fenster hereinwhoppern, mit einer Extraportion Mayo. Nach der Arbeit liegt man bewegungsfrei als Couchpotato vor dem Fernseher, dessen Programm es offenbar ist, den Geist zu enthirnen. Und dann reißt sich der Mann von Welt sein Sechzehnerblech auf. So nennt man in Wien eine Dose Bier. Was für ein Tag, was für ein Leben. Bravo. Und bald ist man in Pension und hat endlich wirklich Zeit, all die Dinge nicht zu tun, die man bis jetzt auch nicht fertiggebracht hat.

Da gibt's ja den alten Spruch: Es ist egal, was man zwischen Weihnachten und Neujahr macht, aber nicht egal, was man zwischen Neujahr und Weihnachten macht. Manche Leute haben ja nach einem frugalen Mahl sofort ein schlechtes Gewissen. Sie glauben, mit den Kalorien auch die Sünde in sich aufgenommen zu haben. Soziologisch gesehen, ist das Unfug. Wer einmal schlemmt, kommt noch lange nicht in die Hölle. Über die Jahrhunderte hindurch galt maßloses Essen und Trinken einfach als ein Zeichen von Charakterschwäche. Valleri, Völlerei, und schon bin ich dabei.

Natürlich gibt es auch das moralische Paradigma der Völlerei. Vierzig Milliarden Euro werden allein in den USA jedes Jahr für Diäten ausgegeben, während Milliarden Menschen nichts zu essen haben. Kurz zur Statistik des Grauens:

Das Wasser des Augenbründls in Kaltenberg ist wegen seiner Frische und des natürlichen Radongehalts besonders beliebt

Einer von zwei Menschen auf diesem Planeten hungert.

Acht von zehn Menschen leben in Armut.

Sieben von zehn Menschen haben keine Möglichkeit einer Ausbildung.

Nur einer von zehn Menschen besitzt einen Computer.

Wenn man in der Früh aufwacht, vielleicht noch müde, aber gesund, hat man mehr Glück als eine Million Menschen, die diese Woche nicht überleben werden. Diese Woche, die nächste und auch die darauf.

Tatsächlich leben wir in einer Fressgesellschaft: Immer mehr Leute kennen keine geregelten Mahlzeiten, man mampft jederzeit und überall: eine Käsekrainer bitte, danke. Ich hol mir noch ein Eis für später. Vielleicht sollten wir schnell einen Döner dazwischenschieben, und Popcorn im Kino sind Pflicht. Völlerei führt zur Fettsucht. Wir in der westlichen Hemisphäre essen einfach viel mehr als früher, zu diesem Schluss kam auch ein US-niederländisches Forscherteam. Der Biologe John Speakman von der Universität Aberdeen und Klaas Westerterp vom Nutrition & Toxicology Research Institute der Maastricht Universität haben untersucht, wie viel Energie durch körperliche Aktivitäten in den vergangenen fünfundzwanzig Jahren verloren ging. Das Ergebnis: kaum ein Unterschied in der Statistik.

In den Staaten wird man das Problem ganz einfach herunterschlucken. Einer Studie des Trust for America's Health und der Robert Wood Johnson Foundation zufolge werden bis zum Jahr 2015 fünfundsiebzig Prozent aller US-Bürger übergewichtig oder fettleibig sein. Bisher sind alle Bemühungen, den Anstieg zu verringern, fehlgeschlagen. Menschen sterben mit Breitenwirkung.

Völlerei ist nicht nur eine Todsünde, in manchen Fällen auch ein Todesurteil. Dr. Francisco Lopez-Jimenez aus Massachusetts, Mitglied der American Heart Association, meint, dass schweres Essen als Auslöser für einen Herzinfarkt genauso in Betracht gezogen werden müsste wie extreme körperliche Anstrengung oder Perioden starker Wut. Einerseits beeinflusst fettes Essen die innere Schicht der Arterien, andererseits erhöht es den Anteil von Norepinephrin im Blut. Das Hormon katapultiert Blutdruck und den Pulsschlag hinauf.

Das Diametrale an der Sache führen uns Leute vor, die zwischen Beverly Hills und St. Barth jetten. Sie stellen merkwürdige Regeln auf und richten sich danach, um Kilos zu verlieren. Die einen essen nur pinke Lebensmittel. Die anderen zehren an Babybrei. Manche inhalieren Asthmasprays, lutschen gefrorene Trauben oder lassen sich hypnotisieren. Schlank, wenn auch nicht nüchtern, macht die Champagner-Diät. Verboten ist alles außer Dom Pérignon. Der Trick liegt im Trinken: Du bist zwar irgendwann gertenschlank, aber dauernd voll fett.

Macht auch keinen schlanken Fuß. Die Leute stöhnen: Uh, mein Feind, die Waage. Manchen gelingt die Verwandlung vom Moppel zum Knochengerüst scheinbar spielend. Jeder Mensch hat eine andere Fettverbrennung. Die einen mampfen und sind so dünn, dass das kleine Schwarze wie ein Lumpen an ihnen herunterhängt. Aber es geht auch umgekehrt. Dann spannt die Seide und schmiegt sich an den Körper wie die Vakuumverpackung an ein Kilo Faschiertes.

Völlerei schlägt sich nicht nur auf die Linie, sie verfettet auch die Seele. Thomas von Aquin benannte die Töchter der Völlerei: Albernheit, Geschwätzigkeit und Dumpfheit des Geistes. In der Werbung wird mit der Maßlosigkeit kokettiert. Wenn ich nur aufhören könnt. Aber ach. Die Lust an der Sinnlichkeit gerät zur nackten Gier. Man will mehr vom Leben, immer mehr. Die Dosis erhöhen, die Reize überfluten. Und gib ihm. Jeder Genuss braucht aber den bewussten Verzicht. Der Mensch ist nicht darauf ausgelegt, jeden Tag glücklich zu sein, wie auch, er braucht das Schlechte, um das Gute zu schätzen. Das Pech, um das Glück zu erkennen. Wer von Montag bis Sonntag Hummer und Kaviar isst, wird das Besondere nie schmecken.

Umgekehrt muss ich sagen: Er hat schon was, der Verzicht. Von Nietzsche wissen wir: »Es ist leichter, einer Begierde ganz zu entsagen, als in ihr Maß zu halten.« Wobei ich kein Plädoyer für die Askese halte. Das rechte Maß kann nur jeder für sich entdecken. Das gilt auch für die Arbeit. Ich kenn da ein paar Workaholics, die gehen komplett auf in ihrem Tun. Ihr Schaffensdrang ist unbändig, grenzt bisweilen an Besessenheit. Das ist auch nicht ganz gesund. Arbeit hat Erholung nötig, Ausgeglichenheit braucht Abstand. Dann ist man seinem Pensum gewachsen.

Paradox: In einer Wegwerfgesellschaft ist Wachstum das Wichtigste. Wir brauchen mehr Wirtschaftswachstum, alles muss größer werden, anderes überragen. Da fragt man sich natürlich schon, wie man sich erfolgreich gegen die Maßlosigkeit stemmt, wenn alle das Wachstum proklamieren. Es ist so wie die Annahme von Stephen Hawking, das Universum würde sich ausdehnen. Nur wohin?

Zerdehnt sich unsere Gesellschaft ins Nichts? Oder müssen die Dinge manchmal platzen, um neuen Raum zu schaffen? Ist eine Wirtschaftskrise das Helium im Luftballon? Blas ihn auf, bis er bumm macht? Fragen über Fragen. Im 18. Jahrhundert entwarf Immanuel Kant die Maxime, dass sich das Handeln des Einzelnen jederzeit auf die Allgemeinheit anwenden lassen sollte. Maßhalten im Umgang mit materiellen Gütern lässt einen Menschen spüren, dass er zu seinem Glück nicht alles braucht. Mit heiterer Gelassenheit kann ich in die Auslagen schauen, ohne jedes x-beliebige Trumm sofort haben zu wollen. Materiell kommt ja nicht umsonst von Materie.

»Alles Übertriebene ist unbedeutend«, sagte der französische Außenminister Talleyrand schon zu Beginn des 19. Jahrhunderts. Aber sagt das einmal dem Vielfraß, dem Unmäßigen, dem Süchtigen. Er wird sagen: Ich bin leider ein Opfer meiner Triebe. Und sag es dem, der sich kasteit. Er wird sich genauso verteidigen. Aber selbst im Mäßigen gibt es eine Maßlosigkeit, wie der Wiener Philosophieprofessor und Schriftsteller Robert Pfaller meint. »Vernunft besteht nicht darin, zuerst und ausschließlich dort vernünftig zu sein, wo es leicht und bequem ist.« Als er dem Gedanken nachging, entdeckte er ihn bei Epikur, der sagt, mit der Mäßigung müsse man maßvoll umgehen, weil sie selbst sonst zum Exzess wird. Diese listige Forderung nach Verdoppelung der Mäßigung habe Pfaller besonders amüsiert, wie er sagte, »da wir die antiken Philosophen sonst ja meist als öde Mäßigungsprediger kennen«.

Der Mann hat überhaupt eine recht progressive Art. In einem *Zeit*-Interview definierte er das Wesen der Menschheit: »Wir sind nicht diszipliniert; wir haben nur ein gestörtes Verhältnis zum Genuss. Wir haben ein kindisches, tyrannisches Über-Ich, das uns dazu bringt, uns nichts zu gönnen und uns ständig vor allem zu fürchten. Menschen sind von sich aus alles andere als genussorientiert und hedonistisch. Erst die Kultur kann ihnen ein wenig dazu verhelfen. Freilich vermögen das nicht alle Kulturepochen im selben Maß. Die unsere bestärkt uns darin, das tyrannische Über-Ich ernst zu nehmen, anstatt uns zu helfen, seine Kindereien mit Humor zu betrachten.« Der Schluss, den er mit gewisser Keckheit aus alldem zieht:

»Wir fürchten uns nicht vor dem Tod, sondern vor dem schlechten Leben.«

Hat was, finde ich, gell? Ich mäßige mich jetzt mit weiteren Ausführungen und darf dich bitten, weiterzukommen. Dort vorne sitzt die Zufriedenheit, und so wie die mir ausschaut, ist sie heute verdammt gut drauf.

9 Egal, wie alt du bist, jammere nicht und sei zufrieden mit deinem Los.

»Was machst denn du um die Zeit hier?« Das Windröschen schaut die Eule an wie ein Gespenst. »Es ist mitten am Vormittag, du Nachtvogel, solltest du nicht den Kopf ins Gefieder stecken und von einer g'schmackigen Maus träumen?«
»Diese Wandertruppe da an der Schüsselkapelle raubt mir den Schlaf«, sagt die Eule und schüttelt sich. »In der Früh, ich war schon halb am Eindösen, sind sie an mir vorbeigekommen und haben sich so laut beschwert, dass ich wieder hellwach war.«
»Was hat ihnen denn nicht gepasst?«, fragt das Windröschen.
»Alles, sag ich dir, einfach alles.« Die Eule ist immer noch fassungslos. »Dem einen ist es zu warm, dem andern zu kalt. Der eine keucht, weil es zu steil ist, die andere seufzt, weil es so fad ist. Die Steine am Weg sind zu spitz. Die Bienen sind zu laut. Das Gras ist zu grün. Ich hab geglaubt, ich hör nicht recht, deswegen bin ich das Stück bis hierher nach Kaltenberg mitgeflogen.«
»Bist auch ein komischer Kauz«, meldet sich die Distel.
»Ui, der ist aber neu, der Schmäh«, gibt die Eule zurück und verdreht kurz die Augen. »Fast so originell wie die Ansichten dieser Obernörgler: Am Johannesweg stimmt schon einmal nix. Und am Leben auch nicht. Früher war alles besser. Heute ist alles schlecht. Und morgen wird's ganz furchtbar.«
»Wo sie Recht haben, haben sie Recht.« Die Stimme kommt praktisch aus dem Nichts.
»Hearst, du Esel«, wettert die Distel, die vor Schreck zittert.
»Kannst du nicht grüßen wie jedes normale Tier?«, herrscht die Eule den Esel an. »Und wo bitte haben die recht?«
»Damit, dass früher alles besser war«, sagt der Esel.
»Geh, komm«, sagt die Eule, »nur weil du und deinesgleichen starr-

sinnig allem Alten nachhängen, heißt das noch lange nicht, dass das auch stimmt.«

»Na ja«, sagt die Distel, »das stimmt vielleicht nicht ganz, aber leicht macht es einem die Welt nicht.«

»Immer alles ablehnen, immer zuerst einmal dagegen sein«, sagt die Eule. »Aber was wundere ich mich. Du bist eine Distel, wer es mit dir zu tun hat, wird gepiekst. Für die Menschen bist du das Sinnbild dafür, dass das Leben schwer ist.«

»Leicht ist es ja wirklich nicht. All die Enttäuschungen, diese unausweichliche Vergänglichkeit.« Zum Beweis dafür lässt das Windröschen alle Blütenblätter hängen.

»Wollt ihr mich pflanzen?«, fragt die Eule. »Habt ihr vergessen, was die Natur gerade durch euch sagen will?«

Distel und Windröschen schauen sie erwartungsvoll an.

Sie dreht sich der Distel zu. »Deine Mission endet nicht damit, allen klarzumachen, dass man auf Erden zum Leiden geboren ist, sie beginnt damit, dass jeder die Kraft hat, seine Sorgen zu meistern.«

Sie macht eine Kehrtwendung zum Windröschen. »Und du bist nur deshalb der Bote des Vergänglichen, weil deine Blütezeit nicht von langer Dauer ist. Aber von dir soll man vor allem lernen, dass es Hoffnung gibt. Und dass man ziemlich gut drauf sein kann, wenn man es schafft, ganz bei sich selbst zu bleiben. Schau nach in deiner Jobbeschreibung, genau der Satz steht so dort drinnen.« Die Eule holt Luft, mitunter findet sie es recht anstrengend, immer so weise sein zu müssen. Insbesondere an Tagen, in denen sie kein Auge zumachen darf, weil sich ein paar Unverbesserliche auf alles und jeden ausreden, um nur ja nicht zufrieden sein zu müssen.

»Ja, aber …«, setzt der Esel an.

»Ja, aber eine Ruh ist«, stoppt ihn die Eule. »Und jetzt geh ich schlafen.«

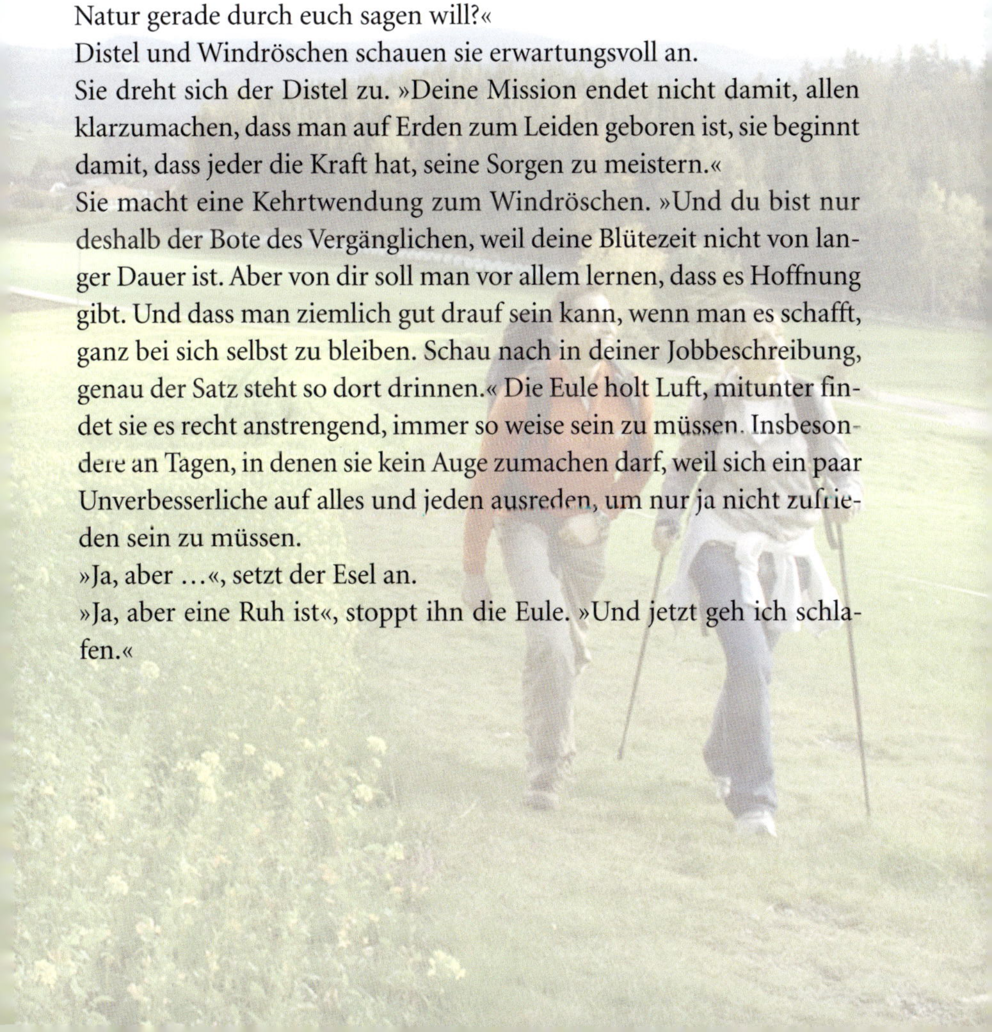

»Die Jugend wäre eine schönere Zeit,
wenn sie erst später im Leben käme.«
Charlie Chaplin

»Man wird alt, wenn die Leute anfangen zu sagen,
dass man jung aussieht.«
Karl Dall

Ein Hundertjähriger saß auf meinem Behandlungsstuhl und hatte etwas Brennbares um die Iris, einen Butan-Blick. Ich rückte seinen Sonnenschäden mit flüssigem Stickstoff zu Leibe, damit sie nicht zu einem weißen Hautkrebs entarten konnten, du weißt noch, der weiße ist der harmlosere. Dabei fragte ich, wie es ihm denn so ergehe, im Jurassic Park der Moderne.

Der Alte lächelte und antwortete: »Wissen S', Herr Doktor, es geht mir hervorragend. Und Zukunftssorgen habe ich auch keine mehr.«

Was wahrscheinlich daran liegt, dass du mit hundert keine groben Änderungen mehr in der Ausrichtung des Daseins planst. Du willst nicht auswandern, keinen neuen Job, nicht öfter ins Fitnesscenter und auch sonst nicht mehr mit dem Schicksal Arm drücken. Mit hundert bist du längst im Ziel und hast auch schon den Applaus bekommen. Mit hundert bist du der personifizierte Johannesweg, und alle Abzweigungen, Weggabelungen, geraden und verschlungenen Pfade haben sich in dein Gesicht eingegraben und es zur Landkarte deines Lebens gemacht. Jedes Mal, wenn du dir die dritten Zähne putzt, kannst du im Badezimmerspiegel ein Kapitel im Baedeker deiner Vergangenheit nachlesen.

Ein Seufzer kam ihm übrigens nicht über die Lippen, dem stolzen alten Mann. Seltsamerweise jammern die, die am meisten Jahre auf dem Buckel haben, am wenigsten. Nicht über ihr Alter, nicht über ihre Gebrechen. Ganz im Gegensatz zu den Jüngeren. Die jammern über die Vorboten der Gebrechlichkeit, die sie durch ihr alltägliches Verhalten aber brav fördern. Vorn zwickt was, hinten knackt was, und das Cholesterin tut auch nie, was man ihm sagt. Mein lieber Schwan.

Mitunter hat der Mensch eine merkwürdige Logik. Wenn das Werkl Körper nur noch aus Gewohnheit rennt, und weil es die Natur so sauber hingekriegt hat, dann nimmt man die bockige Hardware demütig hin. Bei den ersten kleinen Systemfehlern allerdings, wenn die Software grade anfängt, Mucken zu machen, sind sie Weltmeister im Sudern. Falten und Runzeln, schütteres Haar und schlaffe Haut sind vielleicht keine Vorzeigeobjekte, aber auch kein Grund, die Freude am Herbst des Daseins zu verlieren.

Ich kenne eine Menge Leute, die sagen: »Alles ist furchtbar, alles ist schrecklich, aber eines, Johannes, eines schwör ich dir: Wenn ich einmal in der Pension bin, dann.«

»Dann was?«, frage ich.

»Na dann … kann man alles machen.«

»Aha«, sage ich, »alles machen«.

Und vor der Pension? Kann man da nur die Hälfte machen? Hat man da nur ein Viertel Gaudi, weil drei Viertel Lebenskraft in einen Job investiert werden, den man gar nicht haben will? Geht man nur arbeiten, weil es das System verlangt, und später, wenn einen das System aufs Abstellgleis schiebt, darf man die Sau rauslassen? Wenn ich gut aufgelegt bin, sag ich den Leuten dann immer: Ich arbeite so lange, damit ich am ersten Tag, wenn ich in Pension gehe, reich sterbe. Dann gehen sie verunsichert weg mit ihren zerronnenen Ideen vom traumhaften Alltag danach. Post pensionem sozusagen. Besser als post mortem, aber nur fast.

Um es klarzustellen, ich hab nichts an der Pension auszusetzen, ich finde nur, dass man auch vorher schon das Leben genießen darf. Als Kind, als Teenager, als Twen und was dann alles noch kommen mag bis zur ersten Nierenkolik. Stimmt schon, mit der Pensionierung lässt sich der Tag selbst, zwanglos und den eigenen Neigungen entsprechend einteilen. Man kann sich die Freiheiten nehmen, die man sich vorher aufgespart hat. Reisen, einer Laientheatergruppe beitreten, in Griechenland ein Hinterglasbild malen. Aber das muss ja nicht heißen, dass man sich nicht auch schon neben seinem Beruf nach einer Lebensaufgabe umschauen darf, die einen bis ans Ende seiner Tage begleiten kann.

Der Lauf der Zeit macht vor keinem Halt. Dass man das lange nicht glaubt, ist ein Vorrecht der Jugend. Dass man das ungern akzeptiert, Inhalt der Midlifecrisis. Die Zeit bewegt sich halt nur in eine Richtung und niemals zurück. Du kannst dich bei der Zeit nicht entschuldigen, als hieße sie Tanja Tempus und du so:

»Hey, Tanja, ich muss schon sagen, das war nicht ganz in Ordnung, was ich da in den vergangenen vierzig Jahren so verbrochen hab, aber weißt du was, Tanja, ich hätte da eine super Idee. Du drehst dich um, quasi zurück, und ich spiele das alles noch einmal durch. Wär das nicht was, Tanja?«

Tanja: »Nein, das geht nicht.«

Oder vielleicht doch? Ein Hoch dem, der das biologische Alter erfunden hat. Hätte Alfred Nobel für seinen Preis eine Kategorie Lebenshilfe eingerichtet, er hätte ihn bekommen. Mit etwas Obacht auf den Körper das Alter so zu becircen, dass es sich jünger anfühlt, ist genial. Mein hundertjähriger Patient macht das bravourös vor. Er schafft das mit zwei Worten: carpe diem, was übrigens nur sinngemäß »Nutze den Tag« bedeutet, wörtlich heißt es: Pflücke den Tag, und das gilt besonders in den späteren Jahren. Zumindest leuchtet es einem da mehr ein, und man ist eher geneigt, nicht nur den Tag, sondern auch alles andere besser zu nützen.

Dich vor dem Ende zu fürchten, verhindert es nicht. Buddha nimmt seinen Zuhörern die Angst, indem er sagt: »Jedem Geborenen ist der Tod gewiss, genauso ist jedem Toten die Geburt gewiss.« Ich möchte auf keinen Fall eine Religion besser machen als die andere, und jeder soll glauben dürfen, was er will, aber irgendwas müssen die Leute schon richtig machen, oder hast du schon einmal von einem Buddhisten mit Burnout gehört? Oder einem Amok-Buddha?

Alles eine Sache der Einstellung. Die Mutter einer Bekannten zum Beispiel. Immer hatte sie, was sie wollte; nie wollte sie, was sie hatte. Ihr Mann war Arzt und hat ihr jeden Wunsch von den Lippen abgelesen. Was sie nicht gehindert hat, sich flächendeckend zu beschweren, bis er schließlich an einem Schlaganfall fast verstorben wäre. Nachdem er sich erholt hatte, war ihr Leben plötzlich auf den Kopf gestellt. Auf einmal musste sie sich um ihn kümmern.

Ich habe schon ein, zwei Mal beobachtet, wie sich ein Ehepartner freut, wenn der andere einen Schlaganfall überlebt. Die Mutter meiner Bekannten gehörte nicht dazu. Sie war unleidlich, weil der Mann sie in ihrer Selbstentfaltung behinderte. Nach jahrelanger Mühsal starb er, sie war frei von jeder Bürde, hatte genug Geld und einen Mercedes und ein paar wenige verbliebene Freundinnen, die sie und ihre Art ausgehalten haben. Sie war ständig auf Reisen und jammerte unaufhörlich über die verlorenen Jahre und dass sie jetzt, wo sie so alt war, keinen ordentlichen Mann mehr bekomme, obwohl sie wöchentlich beim Friseur war und sämtliche Ärzte, insbesondere die ästhetisch-chirurgischen abklapperte. Um ihre Kinder und Enkel hat sie sich nie geschert, das Einzige, was ihr nicht ganz zuwider war, war der Erfolg ihrer Schwiegersöhne, in dem sie sich sonnte. Ein Vorbild, wie man im Leben danebenhauen kann.

Du kannst haben, was dein Herz begehrt, und dennoch im Jammertal daheim sein. Deine Verwandtschaft meidet dich, außer, du hast etwas zu vererben. Du bist allein mit deinen Schätzen, von denen keiner dich

Die achte Station des Kreuzweges hinter Unterweißenbach, die Schüsselkapelle, ist eine Besonderheit

umarmt und dir sagt, dass er dich liebt. Glücklich der, der mit wenig zufrieden ist.

Also bedenke, und jetzt wird's pathetisch: Ständiger Gram ist wie höllischer Schwefeldunst, aus dem die Teufel der Krankheit, psychischer wie somatischer, aus dem Nichts heranwachsen, wohingegen Bescheidenheit und Zufriedenheit dir Engel zum Schutz gebären. Net schlecht, gell? Das Ende der Geschichte der Mutter meiner Bekannten: Ein Schlaganfall hat sie ereilt, obwohl sie sämtliche präventiven Maßnahmen, die dem medizinischen Stand des Wissens entsprechen, befolgt hat. Das hat sich das Schicksal in einem Anfall von Gerechtigkeit ausgedacht. Sie erlitt das gleiche Los wie ihr Mann, den sie mit ihrem ständigen Gezeter in genau die Erschöpfung getrieben hatte, die seinen Schlaganfall verursacht hatte.

Irgendwie ist das Alter, in dem du den Tag meistern sollst, immer das falsche. Als Kind hasst du die Jugend, weil sie dir Grenzen setzt und Möglichkeiten verstellt. Es kann dir gar nicht schnell genug gehen, bis du erwachsen bist. Wenn ich mich zurückerinnere: Endlos schien die erste Klasse Volksschule. Nichts sehnte ich mir mehr herbei als den ersten Tag der zweiten Klasse. Endlich gehörte ich zu denen, die sich nicht mehr alles gefallen lassen mussten. Trotzdem hätte ich alles in der Welt gegeben, um schon in der dritten zu sein. Und so weiter.

Irgendwann in der Mitte der Jahre beginnt die Zeit dann plötzlich enorm anzugasen. Allerdings merkt man das nicht gleich, weil sie keinen Fahrtwind erzeugt, der einem um die Ohren braust. Lautlos legt sie einen Zahn nach dem anderen zu, bis man sich in der Pension wiederfindet und sich in die erste Klasse des Lebens zurücksehnt. Als die Gelenke noch nicht gequietscht haben, das Kreuz noch leicht zu tragen war und der Körper auch sonst mit dem Tempo der Zeit mitgehalten hat.

Das Einzige im Leben, das so sicher ist wie der Tod, ist die Gewissheit, dass es bis dahin keinen Stillstand gibt. Das Leben ist ein Fluss, der tut, was alle anständigen Flüsse tun: Er fließt. Und ein Tor ist der, der sich klagend dem Natürlichsten widersetzt, dem Strom des Lebens, panta rhei, wie der Grieche sagt. Jetzt kann man sich über den Lauf der Dinge aufregen oder das Beste draus machen. Nimm jeden Tag als Geschenk, egal, in welcher Phase deines Lebens du gerade bist. Nütze die Herausforderungen, um zu reifen. Sei optimistisch, aber entferne dich nicht zu weit von der Realität. Den nächsten Tag erwarte ohne Hast. Und lebe nicht im Konjunktiv. Wenn du am Ende deines Lebens weißt, was du alles anders machen würdest, hast du etwas falsch gemacht.

»Die Leute, die nicht zu altern verstehen, sind die gleichen, die nicht verstanden haben, jung zu sein«, sagte Marc Chagall. War auch nicht mehr der Jüngste, als er es begriffen hat, wie man sich vorstellen kann. Jeder wird älter, manche im Geiste, andere nur an Jahren. Dabei ist das Altern gar nicht so schwer. Man braucht sich nur an die vier großen Ls zu halten: Lesen, Laufen, Lieben, Lachen.

Der Anfang vom Ende schleicht sich leise an. Ab zwanzig verliert die Haut an Elastizität, die Augen passen sich nicht mehr so schnell an, die Knochen sind nicht mehr so dicht. Ein paar Jahre später stecken die Muskeln, die Leber und die Nieren erstmals zurück, und die Arterien werden spröde. Ab vierzig wird man ein bisschen taub gegenüber allem Schrillen, etwas gemütlicher im Denken und weit sparsamer in der Hormonausschüttung. Das Einzige, was noch wächst, sind die Nasen- und Ohrenhaare, allerdings fragt man sich da schon, warum.

Im Mittelalter war das alles kein Drama. Niemand lebte sehr viel länger als fünfundvierzig Jahre, was kümmert's einen da, wenn kurz vorher ein Knochen knackst. Heute ist das anders. Frauen haben eine Lebenserwartung von einundachtzig, Männer von sechsundsiebzig Jahren. Und beide bleiben immer länger immer jünger. Mit fünfundfünfzig ist man heute erst fünfunddreißig, mit fünfundsechzig schaut man aus wie fünfundfünfzig, mit fünfundsiebzig kommt man gerade in die besten Jahre. Der Abschnitt des Alterns dauert erstmals in der Geschichte der Menschheit länger als die Jugend und die Zeit des Aufbaus.

Für die Altersforscher ist sicher: Wie lange ein Mensch an Gebrechen aller Art vorbeikommen kann, ist weniger eine Frage der Gene als eine des Lebensstils. Der Beweis dafür kam aus Schweden. Dort beobachtete man eineiige, von Geburt an getrennte Zwillinge. Ginge es nach der Veranlagung, wären sie die Einzigen, die ungefähr gleich alt werden müssten. Die Studie ergab, dass höchstens dreißig Prozent der für die Lebensdauer ausschlaggebenden Faktoren im Erbgut liegen. Ein Gerontologe am Pacific Health Institute in Honolulu namens Bradley Wilcox drückte es so aus: »Sie können Mercedes-Benz-Gene haben, aber wenn Sie nie das Öl wechseln, werden Sie nicht so lange durchhalten wie ein Ford Escort, den sie gut pflegen.«

Von den sanft geschätzt dreihundert Theorien, die in der Wissenschaft über die Gründe kursieren, wie und warum der Körper altert, ist mittlerweile eine ganz vorn im Rennen: Der ekelhafteste Feind eines langen, gesunden Lebens ist der oxidative Stress. Man muss sich das so vorstellen: Lebende Zellen verbrauchen bei ihrem Stoffwechsel nicht nur Sauerstoff. Es fallen, sozusagen als Restmüll vom Stress, auch freie Radikale und Oxidantien an, die sich eine Gaudi draus machen, in einer Art Nachbarschaftsstreit die Moleküle, Enzyme oder Eiweiße von nebenan in der Zellmembran anzugreifen und zu schädigen. Der Körper hält zwar Anti-Oxidantien als Schutzschilder vor sie, aber der oxidative Stress ist ein Berserker und bei zu vielen Radikalen oder zu wenig Abwehr bricht er trotzdem durch. Die Folgen sind unlustig. Oxidierte Proteine kennen sich nicht mehr aus, verlieren ihre Funktion, verklumpen und lagern sich in den Zellen ab. Zum Beispiel als Alterspigmente. Über Hirn-, Herz- und Immunzellen türmt sich dieser Proteinmüll am liebsten auf und schüttet sie zu.

Der einzige Ausweg ist eine vernünftige Ernährung. Konkret das, was uns die älteren Bewohner der japanischen Insel Okinawa vorleben, die noch vor der Amerikanisierung aufwuchsen. Sie essen fett- und salzarm, essen sich bloß zu achtzig Prozent satt, sporteln bis ins hohe Alter und leben auch als Urgroßeltern noch in Familienverbänden. Der Lohn der Vernunft: Nirgends auf der Welt leben so viele Hundertjährige, die noch dazu ausschauen, als wären sie keine achtzig.

Allen, die nicht aus Okinawa stammen, versucht die Anti-Aging-Forschung unter die faltigen Arme zu greifen, indem sie die Regenerations- und Verjüngungsstrategien imitieren, die die Natur während der Schwangerschaft einsetzt. Die Idee ist nicht übel. Indem in der Haut und dem Knochenmark, aber auch dem hirneigenen Depot Stammzellen abgerufen werden, bildet das Schwangerschaftshormon Prolaktin im Gehirn der Frau vermehrt Neuronen. Ein ähnlicher Prozess läuft übrigens im Hirn des Mannes während des Orgasmus ab. Die Biomedizin ist nun dabei, die Stammzellendepots von Blut, Herz bis Haar-

Wo man singt, da lass dich nieder ... so das Motto der Mühlviertler Alm. Kultur und Brauchtum haben hier noch einen hohen Stellenwert

wurzel auszukundschaften, sie im Labor zu vermehren und sie als bioidentes Ersatzteillager gegen Krankheit und Alterung einzusetzen. Bis die Erkenntnisse der Forscher auch breit einsetzbar sind, bleibt nichts anderes übrig, als selbst nachzuhelfen. Eben mit den vier Ls der Altersprävention: Lesen, Laufen, Lieben, Lachen.

Laufen steht dabei für jede Art von Ausdauersport, der nicht allzu übertrieben werden soll. Am besten, du nimmst dir eine Jahreskarte im Fitnesscenter und wettest mit dir selber, dass du das bis Silvester durchziehst. Du kannst natürlich auch mit anderen wetten, aber man will ja vor allem vor sich selber nicht als Schwächling dastehen, oder?

Mit dem Lesen ist Hirnarbeit gemeint. Training im Oberstübchen bis ins hohe Alter. Im ersten Lebensdrittel ist das Hirn eine Lernmaschine. Im Laufe der Zeit nimmt die neuronale Plastizität, also die Fähigkeit des Hirns, zu lernen und seine Nervenzellen immer wieder neu zu verschalten, ab. Das ist nicht weiter schlimm, weil wir das durch mehr Wissen, Erfahrung und Tricks ausgleichen. Schlimmer ist: Alter als Lebensroutine auf ausgetrampelten Pfaden eines starren Gehirns.

Je mehr der Mensch in seinen Gewohnheiten daheim ist, desto nachlässiger wird der Geist. Die Lösung heißt: Herausforderungen. Im ersten Schreck hält das Gehirn neue Situationen für problematisch und reagiert mit so genannten unkontrollierbaren Stressreaktionen. Dann destabilisiert es die bestehenden Verschaltungen der Neuronen, baut neue Netze auf und erzeugt neue Muster. Bis die wiederum zu Gewohnheiten werden, hat man Zeit, sich auf das dritte L zu konzentrieren. Die Liebe.

Die schönste Art der Liebe ist die herzförmige, finden zum Glück die meisten Menschen, sonst gäbe es uns schon länger nicht mehr. Allerdings verliebt man sich nicht auf Anraten eines oberösterreichischen Hautarztes, nur weil der meint, das könne einem später noch irgendwie nutzen. Deshalb gibt es auch noch andere attraktive Liebeleien, mit denen man sich das Leben verlängern kann. Sex zum Beispiel, der ist auch dann gesund, wenn er keinen Stempel vom Standesamt trägt. Und selbstverständlich kann man auch den Rest des sozialen Gefüges abgrasen, in dem wir leben. Es soll ja auch so Absurditäten wie die Nächstenliebe geben.

Zu der gehört übrigens auch, nicht aufs Alter des anderen herabzuschauen. Ich weiß nicht, wann wir uns das angewöhnt haben, oder bin bloß ich in einem Alter, in dem man sich noch erinnern kann, dass man zum Alter aufschaute. Ich finde es höchst seltsam, dass die für jeden Menschen unausweichliche Tatsache des Älterwerdens in unseren Breitengraden als Tabu, ja als Schande gesehen wird. Ein großes Pfui. Man braucht sich nur einmal beim lustigen Altersraten verschätzen, dann ist Feuer am Dach. Mir ist das einmal bei einer Party passiert. Brünettes Wesen schwebt herbei und flötet: Na, Herr Doktor, was machen Sie so alles als Hautarzt? Ich wollte schon sagen: Tantra, Sodomie, solche Sachen, aber manche Scherze soll man als Dermatologe lieber lassen. Also haben wir uns, als gäb's kein Wetter, übers Alter unterhalten.

War vielleicht etwas ungeschickt, weil Anti-Aging in mein Aufgabengebiet fällt wie die Differenzialgleichung in das des Mathematikers, jedenfalls schnitt ich das Thema leichtfertig an, und schon war sie da, die große Frage, bei der man sofort ganz kleinlaut werden sollte. Wie alt, hm? Wie alt, Herr Doktor, schätzen Sie mich? Bei solchen Sachen kannst du als Mann nicht gewinnen. Vierzig?, fragte ich edelmütig unehrlich, weil sie mir wie fünfzig vorkam. Sie schüttete mir den Champagner auf die Hose. Meine Recherchen beim Gastgeber machten mir die Reaktion erklärlicher. Die Dame war zweiunddreißig.

Aber gut. Solche Dinge passieren. Ich hätte nicht einmal mit Kafka nachlegen können: »Jeder, der sich die Fähigkeit erhält, Schönes zu erkennen, wird nie alt werden.« Vermutlich hätte mir die gnädige Frau dann gezeigt, wo der Bartl den Most holt. Schon seltsam, wie wichtig es manchen Menschen ist, zu verschweigen, was da wirklich auf der Geburtsurkunde steht. Manche bleiben neunundvierzig, bis ihre Kinder in Pension gehen.

Ich kann dir nur den Rat geben: Mensch, ärgere dich nicht, wenn dein Alter nicht richtig geschätzt wird, du müsstest dich dein Lebtag ärgern. Als Kind möchtest du immer ein paar Jahre addiert wissen. In der Blüte der Jahre wirst du nervös, weil die biologische Uhr immer lauter tickt. Später möchtest du am liebsten die Kubikwurzel aus der Anzahl deiner Geburtstagskerzen ziehen. Alter mit Zahlen zu verbinden, ist eine Rechnungsart, die in keiner Lebensphase so richtig aufgeht. Es in Gefühl zu messen, hat seine Vorteile. Und mit Gefühl meine ich nicht eine Laune, sondern Lebensgefühl. Stimmungen liefern bloß Momentaufnahmen des Lebens. Sieht man das Leben gerade entspannt, wird dir der Spiegel zurücklächeln. Rosiger Teint, glatte Haut, klarer Blick. Im Morgengrauen nach einer Nacht, in der man die Williamsbirnen nur noch doppelt gesehen hat, wird's einen ein bissel reißen. Das Spiegelbild erzählt einem die Geschichte von Dorian Gray, aber andersherum.

George Bernard Shaw hat einmal so locker in die Runde gefragt: »Warum bekommt der Mensch die Jugend in einem Alter, in dem er nichts davon hat?« Ich sage: Weil es der Mensch nicht anders verdient hat. Ein bisschen arbeiten muss man schon, bis das Schicksal nickt und meint: So, jetzt darfst du in die nächste Spielebene aufsteigen. Willkommen im Level Light. Bist du permanent auf der Überholspur unterwegs, verbrennt dein Motor schneller, als du Otto sagen kannst.

Was von mir aus auch in Ordnung wäre, wenn so ein eiliger Zeitgenosse damit glücklich wäre. Wenn einer meint, man kann alles auch in der halben Zeit, dafür umso intensiver unterbringen, bitte. Jeder hat sein eigenes Tempo. Wenn einer schon in der Schwangerschaft meint, man ist nach sieben Monaten fertig, die restlichen zwei trödelt man nur noch herum, soll sein. Ist halt die Sinuskurve seines Lebens steiler und höher. Solange sie alles umfasst, was ein Leben zu bieten hat, nur zu. Wogegen ich aber ganz entschieden bin, ist die Verlängerung der Jugend bis ins hohe Alter.

Der Jugendkult der Werbewirtschaft versucht, uns die Freude am halben Leben zu nehmen. Glory, Glory, Halleluja. Verkauf deine Seele, und Mephisto macht's wieder gut. Ehrlich gesagt: Selbst als Hautarzt graut mir vor diesem an Wahnwitz grenzenden Drang, aus dem Jungbrunnen zu schlürfen. Für die schon prallgespritzte Oberlippe noch ein bisschen mehr Hyaluronsäure, und die Cellulite im Reiterhosenareal, meine Liebe, da scheut ja mein Pferd. Das Alterslimit, das man nicht überschreiten darf, wird mit Markertinte angezeichnet und als Nahaufnahme vom OP ins Wohnzimmer übertragen. Freakshow Vorher/Nachher. Und danke, Doktor Frankenstein, dass Sie mir die Brüste so herrlich gemacht haben. Lieber hab ich später Kreuzweh als jetzt Körbchengröße B. Und mit der Nase können wir vielleicht was in der nächsten Sendung machen, nicht?

Unter uns: Nichts dagegen einzuwenden, die Wohnstätte seiner Seele in Form zu halten und auch ästhetisch zu optimieren. Aber wenn diese ehrenwerte Tätigkeit zum Maß aller Dinge erhoben wird und die Weißkittel brutale Machtkämpfe ausfechten, wer an vorderster Stelle an diesem Futtertrog Geld fressen darf und wer hinten anstehen muss, dann ist das ein bedrückendes Zeichen unserer wunder-ärztlichen Entwicklung. Ein tüchtiger Mediziner soll gut verdienen, aber nur, wenn er es verdient. Wenn er den Eid des Hippokrates nicht nur als Versatzstück seines einstigen Idealismus daherplappern kann, sondern in ihm nach wie vor die Grundfesten seiner Existenz sieht. Die Entwicklung des oft auch hilfreichen medizinischen Klempnertums in Form der Reparaturmedizin hat einen nie gekannten Standard in unserer Geschichte erreicht.

Muss ein guter Arzt nicht tiefer gehen, als mit Blick auf den Computer die aktuellen Laborwerte und Röntgenbilder zu interpretieren?

Erhofft man sich nicht von ihm, dass er einen ansieht und als mitfühlender Freund mit seiner Erfahrung herausspürt, was einem fehlt? Steht es einem nicht zu, dass er in einer Atmosphäre der Ruhe die Energie aufnimmt und daraus seine Heil bringenden Vorschläge ableitet? Einrichtungen wie das Wiener AKH, eine Fabrik für Gesundheitsproduktion, sind nicht die energiegeladenen Orte der Heilung, die sich ein Patient vorstellt. Heißt ja nicht ohne Grund Krankenhaus. Immer, wenn ich dieses Monsterdenkmal eines früheren Politikers betrete, fühle ich mich schon als Gesunder marod.

Heilung braucht eine gesunde Atmosphäre. Der Priester verkündet seine Heilsbotschaft auch nicht am Jahrmarkt neben der Schießbude, sondern in einer würdigen Kathedrale. In allen alten Kulturen waren Ärzte auch so etwas wie Priester, und sie sind es heute noch in den traditionellen Gesundheitssystemen, etwa in China, Indien oder bei den Schamanen in den Anden. Auch bei uns sollte jeder Arzt, der nicht nur Handwerksmedizin betreibt, seine Persönlichkeit so entfalten. Und fähig sein, über die Laborwerte hinaus zu praktizieren, die feinen, energetischen Schwingungen wahrnehmen, die sein Hilfe suchender Partner, genannt Patient, aussendet, und sie verstehen.

Die Ausstrahlung eines Menschen lügt nie, seine Laborwerte haben ihre Tücken. Sie referieren über Oberflächliches. Zur Diagnose braucht man das Blutbild, um zu heilen, muss man sich ein Bild vom Menschen als Gesamtkunstwerk machen. Kein Wunder, dass alternative Heilpraktiker und Handaufleger Hochkonjunktur haben. Sie geben dem Patienten nicht nur Medikamente, sondern Hoffnung. Zuzeiten scheint das die einzig richtige Medizin, aber auf die Idee, sie zu verschreiben, kommt man nur, wenn man ein Gespür für seinen Patienten hat.

Die Sehnsucht nach der Unvergänglichkeit wird man auch damit nicht aus der Welt schaffen. Diese Hoffnung stirbt zu allerletzt. Versuche der Lebensverlängerung, Gentechnik und Körperkonservierung durch Einfrieren – kryogene Kammern, pfff! – skizzieren das Bild der juvenilen Ewigkeit. Festhalten an dem, was da ist. Währen soll's für jetzt und immerdar. Das Konzept Jugendlichkeit ist nur die PR-technische Umsetzung der Illusion von der Unendlichkeit. Ein Zaubertrick, der dir vorgaukelt: Schau, es geht sehr wohl. Das so genannte Ideal will dir die Blüte des Daseins als Permanenzzustand vor Augen führen. Für immer sollst du gedeihen. Was für eine entsetzliche Vorstellung.

Verkauft wird sie natürlich ganz anders. Wer länger aktiv bleibt, kann auch länger Erfolg haben, sagt die Hochleistungsgesellschaft. Cleveres Konzept. Die Hochleistungsgesellschaft verlangt das, worauf sie basiert. Ohne Erfolg des Einzelnen keine gesellschaftliche Hochleistung. Und zum Erfolg gehört, dass man wie ein Sieger ausschauen muss. Wenn schon nicht schön, dann zumindest schnell. Oder wenigstens wie einer, der gegen irgendwen gewinnen könnte. Das Projekt »Schöner Leben« hat fehlerlos präsentiert zu werden. Für die Umsetzung sorgen Disziplin und Kosmetikindustrie. Und dann wird kaschiert, geschummelt und gespachtelt, bis das Trugbild der Perfektion in der eigenen Vorstellung vergilbt.

Das Geheimnis, Freunde, liegt ganz woanders, davon bin ich nicht nur überzeugt, das steht auf jeder armen Haut in Lettern so groß, wie die *Bild*-Zeitung: Wir sind Papst, getitelt hat. Das Geheimnis eines zufriedenen Lebens liegt nicht darin, etwas geworden zu sein. Nicht im bloßen Vorwärts, damit kommt man vielleicht vorwärts, aber nicht voran. Nur die Veränderung, das Annehmen des Neuen bringt einen richtig weiter.

»Das Leben gehört dem Lebendigen an, und wer lebt, muss auf

Wechsel gefasst sein«, schrieb Johann Wolfgang von Goethe. Das heißt, die Dinge, über die wir da reden, sind nicht auf meinem Mist gewachsen. Die haben sich viel früher schon andere Leute überlegt. Zum Beispiel Charles Darwin: »Nichts in der Geschichte des Lebens ist beständiger als der Wandel.« Und noch konkreter: »Es ist nicht die stärkste Spezies, die überlebt, auch nicht die intelligenteste, es ist diejenige, die sich am ehesten dem Wandel anpassen kann.« Und Heraklit befand: »Nichts ist so beständig wie der Wandel.«

Wer zu seinem Alter steht, hat gelernt, mit der Veränderung zu leben, den Wandel zu akzeptieren. Der Wandel ist der Architekt, der für den ständigen Ausbau der Persönlichkeit zuständig ist. Baut er auf ein stabiles Fundament auf, weiß man, wer man ist und was man will. Man akzeptiert seine positiven und negativen Seiten, lässt sich von Meinungen anderer nicht beeinflussen und strahlt Selbstbewusstsein aus, egal in welchem Alter. Kennt man sich selbst nicht so gut, können Persönlichkeitstests weiterhelfen. Paul T. Costa und Robert R. McCrae haben einen entwickelt, der heute international gebräuchlich ist. Neo-Fünf-Faktoren-Inventar haben sie ihn genannt. Diese Faktoren sind die fünf Hauptdimensionen jeder Persönlichkeit, die man auf Basis von Listen mit mehr als achtzehntausend Begriffen herausgearbeitet hat. Man nennt sie auch die Big Five.

Die erste dieser Größen ist der Neurotizismus. Anders gesagt: Jeder erlebt Unangenehmes anders. Hat man viel davon, ist man ängstlich, unsicher, angespannt und verlegen. Weniger heißt: mehr Zufriedenheit, Ruhe, Gelassenheit und Sicherheit.

Nummer zwei: die Extraversion oder Begeisterungsfähigkeit. Ein hoher Wert weist einen als geselliges Wesen aus, im Gegensatz zu den Introvertierten unserer Gemeinschaft.

Die Offenheit für Erfahrungen, die dritte der Big Five, steht für das Interesse am Neuen. Verzeichnet man da einen hohen Wert, urteilt man eher unabhängig, verhält sich öfter unkonventionell und sucht die Abwechslung. Ein Bauer, der nicht frisst, was er nicht kennt, hat bei der Verteilung vergessen, hier zu rufen.

Viertens, die Verträglichkeit. Sie unterscheidet zwischen Mitfühlern und Egozentrikern.

Und die fünfte im Bunde, die Rigidität, sagt etwas über die Gewissenhaftigkeit aus. Über den Daumen kennt man damit Chaoten und Pedanten auseinander.

Über den Daumen zeichnen die Big Five auch ein ganz gutes Bild von einer Persönlichkeit, und sei es die eigene. Vor dem dreißigsten und nach dem siebzigsten Lebensjahr aber überrascht man sich gern mit neuen Charakterzügen. Was an den großen Entscheidungen im Leben liegt. Der erste Job zum Beispiel macht aus einem Chaoten mitunter einen verlässlichen Mitarbeiter. Ich kenne jemanden aus dem Stamm der Messies, von der man in ihren frühen Jahren haben konnte, dass sie ihren Kater im Eiskasten vergisst. Was nur darauf zurückzuführen war, dass sie zuerst vergessen hatte, ihn zu füttern, eine Dose Katzenfutter aus dem Eiskasten nahm und dann vergessen hat, die Kühlschranktür wieder zuzumachen. Das Tier war hineingesprungen, was man ihm nicht verdenken kann, es hat ja verdammt gut gerochen da drin. Und als sie dann irgendwann zu frösteln begonnen und den Eiskasten wieder zugemacht hat, blieb er halt drin, der arme Tropf. Gott sei Dank hat sie das, was sie eigentlich aus dem Gefrierfach nehmen wollte, vergessen und musste die Tür wieder aufmachen. Ja, so hat so manche schlechte Eigenschaft ihre guten Seiten. Jedenfalls hat sie mit ihrem ersten Job auch ihre Berufung gefunden und sich im Arbeitsleben zum Fels in der Brandung gemausert. Bevor sie geschäftlich was vergisst, verliert ihr Kompagnon einen Zahn. Was jetzt insofern erstaunlich ist, weil der noch nie was verloren hat im Leben. Bis sich die zwei zusammengetan haben. Ein einschneidendes Erlebnis, weil seither verlegt er schon einmal seine Autoschlüssel oder findet die Hundeleine nicht.

Man kennt das Phänomen also aus dem Alltag, wissenschaftlich bewiesen war es bisher nicht. Mittlerweile hat man ausgiebig untersucht, dass nach der Hochzeit der Offenheitswert, Nummer drei der Big Five, in den Keller rasselt, sich allerdings auch wieder sensationell erholt, sofern der Partner, wie üblich, nicht die große Liebe war. Nach der Pension geht dafür nicht selten die Verlässlichkeit flöten. Braucht man ja auch nicht zwingend, man ist ja jetzt sein eigener Chef.

Sehr beruhigend finde ich, dass die Persönlichkeit sich nicht nur im Laufe der Zeit ändert, sondern dass sie unsere Gesellschaft zu so einem

interessanten Streichelzoo macht. Je nach Charakter, der ja jeden anders denken und handeln lässt, ziehen wir nämlich auch komplett unterschiedliche Dinge und Ereignisse an. Jemand, der schüchtern und unsicher ist, wird es nicht ans Rednerpult im Parlament drängen. Und extrovertierte Naturen, das hat die Studie ans Licht gebracht, ziehen eher mit ihrem Partner zusammen als introvertierte. Gut zu wissen, wenn man eine WG plant.

Fast zur Hälfte ist die Persönlichkeit übrigens von den Genen abhängig. Und nicht unwichtig für die Entwicklung ist auch, was man in den ersten fünf Jahren erlebt. Den Rest erledigen Erziehung, Freunde, Erfahrungen. Alexis Carrel, ein französischer Arzt, drückte es einmal so aus: »Es kommt nicht darauf an, dem Leben mehr Jahre zu geben, sondern den Jahren mehr Leben.« Und es ist nie zu spät dafür. Ein Patient hat mir das einmal schön vor Augen geführt. Stell dir den Mann vor: Der exakt linksseitig angetragene Scheitel bringt das leicht angegraute Haar frisch vom Coiffeur in tadellose Form. Unter den Ärmeln des Designer-Sakkos blitzen die mit Brillanten besetzten, goldenen Manschettenknöpfe hervor und runden den stets ernsten Blick eines gewissenhaften, leitenden Angestellten, konkret des Direktors eines großen, internationalen Unternehmens, ab. So kannte ich ihn seit Jahren, den Herrn G., weil er sich regelmäßig seine Impfung gegen Hausstaubmilbenallergie von mir verabreichen ließ.

Von Mal zu Mal aber wurde dieses offizielle, auch geschäftlich bezeichnete Outfit sichtlich lässiger, wenn auch keinesfalls schlampig. Der früher immer von Bedeutsamkeit und Würde kündende Gesichtsausdruck passte sich zusehends seiner Gesamterscheinung an. Plötzlich erzählte er kleine Scherze, was noch vor wenigen Monaten völlig undenkbar erschien. Da brauchte man keine großartige Menschenkenntnis oder Diagnosefähigkeit. Die Wandlung war frappierend: Zwei bis drei Monate habe er schon gebraucht, bis er seine Pensionierung so richtig realisieren konnte, erklärte er mir. Aber dann sei der ganze Stress der vergangenen Jahre plötzlich abgefallen, er brauche nicht mehr tagtäglich seine Leistungsfähigkeit zu beweisen und fühle sich jetzt frei wie ein Vogel, der einem engen Käfig entflohen ist. Für die allergischen Atembeschwerden und den heftigen, früher immer wieder auftretenden Niesreiz brauchte er nun fast keine Tabletten mehr. Einen Gutteil seiner Allergie hat er offenbar im Käfig zurückgelassen.

Tabletten, Salben, Spritzen tragen oft nur einen Bruchteil zum Heilerfolg bei. Die Bedeutung der Ganzheit ist zwar in aller Munde, bleibt aber im dicht gedrängten Alltag des wirklichen Lebens leider oft doch nur graue Theorie. Das enge Korsett des modernen Arbeitslebens als Auslöser vieler Krankheiten wird uns noch lange und immer mehr beschäftigen. Herr G. hat's geschafft, und das ist für heute das Wichtigste. Wie soll er aber diese neu gewonnene Freiheit, die er mit einem Mal verspürte, gestalten, um gesund und glücklich bis in seine späten Jahre zu kommen? Die Gefahr, nach kurzer Verschnaufpause wieder in seine alten Muster zurückzufallen, ist groß. Das Alter hat seine Bedeutung als Instanz der Weisheit eingebüßt.

In allen Kulturen, so auch bei uns, waren die Älteren und damit an Lebenserfahrung reichen Menschen stets hoch angesehen. Und sie fanden Erfüllung darin, ihren Erfahrungsschatz weiterzureichen. Wie in einem ewigen Reigen reichten sich die jungfräuliche Morgenröte und die durch die Erfahrungen des Tages reiche Abenddämmerung zu ihrer gegenseitigen Erfüllung die Hände. Dieses Band durch unsere rein auf Jugendkult ausgerichtete Lebensweise zu zerreißen, wäre ein

Fluch für unsere Jungen, weil er ihnen den Segen der Altvorderen verweigerte.

Herr G. hat zwei Kinder und drei Enkel. Die großartige Aufgabe, für sie da zu sein, wird ihm immer noch genug Zeit für seine vielen verschobenen Reisen und aufgesparten Vergnügungen lassen. Er ist auch klug genug, zu wissen, dass ein rechtes Maß an körperlicher und geistiger Aktivität, natürlich seinen persönlichen Neigungen angepasst, ihn lange fit halten wird.

Das Alter ist das, was man daraus macht. Wer die Veränderung umarmt, den herzt auch der stete Wandel. Eine hilfreiche Einstellung kann so ausschauen: Ich tue, was ich kann. Ich lasse mich nicht behindern und mir vorschreiben, was man in einem bestimmten Alter tut oder nicht tut. Ich gehe meinen Weg, so wie ich will, und stehe zu meinem Alter, indem ich mein Los Tag für Tag akzeptiere. Das ist mein Johannesweg. Ich mache mir auch keine Sorgen, weil ich Vertrauen in mich habe. Ich weiß, dass ich selbst zukünftige Probleme meistern kann. Jedes Alter bringt neue Herausforderungen mit sich. Du kannst dir zwar nicht aussuchen, in welchem Lebensabschnitt du gerade gern wärst, aber du kannst deine Einstellung zum Älterwerden wählen. Ich bin jetzt in den Fünfzigern und kann nur sagen: Was für eine Zeit. Was für ein Leben.

Ich gehe den Johannesweg mit dir, und alles wird Schritt für Schritt leichter. Dort vorne, mein Wegbegleiter, dort wartet Station Nummer zehn auf dich. Es ist der Abschnitt der Seelenpflege. Und das Bewusstwerden des eigenen Körpers. Die ganz spontane Chance zur inneren Balance.

10 Pflege deinen Körper, aber identifiziere dich nicht mit ihm, sondern halte ihn in Balance mit deinem Inneren.

»Das arme Kind«, sagt das Ferkel und wälzt sich hingebungsvoll im Schmutz des Misthaufens vom Wegererhof unterhalb des Wegerersteins neben der Schüsselkapelle.
»Igitt, bist du ein Schwein«, sagt die Katze. Auf das bedauernswerte Kind geht sie nicht ein.
Der Lavendel schon: »Was ist mit dem Kind?«
»Es muss sich jetzt schon zum achten Mal die Hände waschen«, erklärt das Ferkel, »die Eltern schleppen extra zwei Flaschen Wasser im Rucksack mit, nur damit der Gschrapp saubere Hände hat, dabei darf er eh nix angreifen«.
»Warum nur wundert es mich nicht, dass gerade du das nicht verstehst«, sagt die Katze und schaut sich gelangweilt ihre manikürten Krallen an.
»Jetzt tu nicht so affektiert und stell dich nicht noch ignoranter, als du bist«, sagt das Ferkel. »Du weißt genau, dass wir Schweine zu den saubersten Tieren überhaupt gehören. Wir machen nur kein solches Theater aus der Körperpflege wie ihr. Euer Putzfimmel hindert euch ja am Leben.«
Die Katze schaut das Ferkel an wie etwas, das sie eben aus dem Garten hereingebracht hat.
Das Ferkel hechtet sich noch einmal in die Pfütze, wälzt sich, bis ihm der Schlamm hinter den Ohren klebt, und grunzt: »Es ist so fein, ein Schwein zu sein.«
Der Lavendel kichert.
»Was, um Himmels willen, ist daran lustig?«, fährt ihn die Katze an.
»Seine Lebenslust«, sagt der Lavendel. »Das Ferkel hat einfach Spaß, und das bringt einen zum Lachen. Ist mir bei dir, ehrlich gesagt, noch nie passiert.«

»Was ist denn heute mit euch los?« Langsam wird die Katze unrund. Sie versteht es nicht ganz, aber irgendwas eint diese kleine Gruppe, die sich da auf ihre Kosten amüsiert. Aus Verlegenheit putzt sie sich die linke Pfote. Die anderen brechen vor Lachen fast zusammen.

»Na, warte«, faucht die Katze und fetzt dem Lavendel eins mit den ausgefahrenen Krallen. Im letzten Moment kann er seine Zweige einziehen.

»Dass ausgerechnet du mir in den Rücken fällst. Du, das Emblem der Reinheit, bist nicht mehr als ein kleiner Saubermann.«

»Ich glaub, du hast da was falsch verstanden«, sagt der Lavendel ungerührt. »Du verwechselst Reinheit mit Reinlichkeit.«

»Und? Wo wär denn der Unterschied?« Die Katze ist verwirrt.

»Jetzt hast du ihr Weltbild über den Haufen geworfen«, souffliert das Vergissmeinnicht.

Die Katze fühlt sich endgültig umzingelt. »Was hast du da mitzureden?«

»Mehr, als du denkst«, sagt das Vergissmeinnicht. »Ich bin sozusagen das Missing Link in der Angelegenheit.«

»Habt mich doch gern«, sagt die Katze.

»Aber sicher«, rufen alle.

Dem Vergissmeinnicht tut die Katze, die nicht mehr vor noch zurück weiß, schon leid. Es winkt sie mit zwei ihrer zarten Blüten zu sich. Die Katze gehorcht, ganz gegen ihr Wesen, neigt sich nach unten und spitzt ein Ohr.

»Ich weiß um die wahre Verbindung zwischen den Dingen«, raunt das Vergissmeinnicht. »Ich weiß, wer und was zusammengehört, und dass das eine im Gespann nicht auf das andere vergessen darf, davon habe ich meinen Namen. Zur Reinheit, glaub mir das, gehört nicht das Putzen. Zur Reinheit gehört die Ausgeglichenheit.«

Die Katze überlegt.

Das Ferkel übersetzt. »Was das Vergissmeinnicht meint, ist ganz einfach: Du kannst außen so abgeschleckt sein, wie du willst, und bist trotzdem innerlich verfilzt. Dann bist du zwar außen rein, aber innen nicht mit dir im Reinen.«

»Der Körper ist der Übersetzer der Seele ins Sichtbare.«
Christian Morgenstern, allerdings schon am Abend

»Die einzelnen Teile sollten nicht ohne Behandlung
des Ganzen kuriert werden. Man darf nicht versuchen,
den Körper ohne die Seele zu heilen. Wenn Kopf und Körper
gesund sein sollen, muss zuerst die Seele geheilt werden.
Lasse dich nicht dazu überreden, zuerst den Körper
zu behandeln, bevor die Seele gesund ist.«
Platon, 427–347 vor Christus

Da schau her, der Josef hat keinen Schatten. Rennt herum, tralala, hat aber keinen Schatten, nicht einmal die Idee eines hauchdünnen Schlagschattens, und das bei dem herrlichen Licht.

Ja, wirklich, manche Menschen rennen herum, als hätte man ihnen den Schatten mit einem Stanleymesser abgeschnitten. Es mag die Sonne auf sie scheinen, aber sie strahlen nicht. Sie sind wie wandelnde schwarze Löcher, die jeden Lichtstrahl aufsaugen und verschlucken, bis nichts mehr da ist, nichts. So ein Schatten ist natürlich etwas sehr Persönliches. Man kann nicht einfach hergehen und sagen, du, Anita, borg mir kurz einmal deinen Schatten, weil meiner, ich weiß nicht warum, auf einmal isser verschwunden.

Ein Schatten ist wie die auf eine Fläche projizierte Seele eines Menschen. Die Silhouette seines Selbst. Wenn der Schatten fehlt, ist der Mensch nicht komplett. Er ist humanoid. Menschlich, aber nicht ganz. Ich glaube, Vampiren sagt man auch nach, dass sie keinen Schatten haben. Wird schon stimmen. Die armen Blutsauger sehen sich ja nicht einmal im Spiegel, aber gut. Ich sehe das eher metaphysisch direkt. Wenn einer sinngemäß ohne Schatten herumschlurft, wirkt er, als wäre er ein bisserl tot. Eine seltsame Diametralität: Ohne Schatten ist man dem Schattenreich näher als mit. Und mit Schatten meine ich nicht nur etwas schwarz Schattiertes, das einen auf Schritt und Tritt begleitet, manchmal sichtbar, manchmal nicht, mit Schatten meine ich eine Art geistiges Yang zum Yin.

Natürlich werden jetzt ein paar denken: So, kann bitte jemand die Rettung rufen, der Herr Doktor hat wirklich einen festen Pascher. Aber ich finde, dieses Schattenabschneiden, wir alten Lateiner würden es Umbrakastration nennen, vor allem diese Uncut-Version, hat was Sonniges. Für mich gehört der Schatten zum Licht, das Böse zum Guten, der Deckel zum Topf und Oberösterreich zu Josef Pühringer. So in etwa. Yin und Yang sind wie zwei Waagschalen, die nur dann gleichauf sind, wenn bei beiden gleich viel drinnen ist. Oder gleich wenig, wie man's nimmt. Ich meine, Balance, das klingt schon so ausgeglichen, aber wenn bei mir am Tag gut hundert Menschen in die Praxis kommen, bin ich auch nicht immer die super Waagschale. Die Kunst besteht darin, Körper und Geist in Einklang zu bringen, auszutarieren, nur so könne der Mensch sein Leben bis ins hohe Alter hinein in Gesundheit erleben, heißt es zumindest in der Traditionellen Chinesischen Medizin, kurz TCM.

Ying Wang, ein befreundeter TCM-Arzt in Linz, hat es ohne gedankliches Chi-Chi oder pseudophilosophisches Kung-Fu auf den Punkt gebracht: »Der Mensch soll lernen, seinen Körper zu pflegen und seine Moral zu hinterfragen. Wenn Körper und Geist nicht im Einklang sind und der Mensch nicht mit seiner Umwelt harmoniert, wird er krank.«

Das heißt jetzt nicht unbedingt, dass man einen Schnupfen kriegt, wenn man einmal unrund ist oder nicht duscht. Es geht vielmehr darum, mit welcher Taktzahl der Mensch läuft, und ob sein Tun sich sozusagen in den Motor des Universums einfügt. Oder ob es das Getriebe zum Knirschen bringt. Bist du alinear zur Gesamtheit, störst du das Gefüge. Das ist so, als würdest du ständig einen Radiosender suchen und nie ein Lied von Anfang bis zum Ende hören. Dann besteht dein Leben großteils aus weißem Rauschen. Tschhhhhhhh.

Und wenn wir schon bei den ganz schrägen Sachen sind: Letztens hatte ich einen Traum. Da war nichts Blondes im Bikini dabei, das sich einen Johannes wünschte, sondern eher ein Gefühl, dass jetzt was Wichtiges kommt. Und eine Stimme, die mir alles erklärte, eine Art übergeordneter Erzähler aus dem Off. Ich hatte mir Gedanken über die innere und äußere Balance gemacht, und auf einmal war da dieses Bild und die Stimme im Hintergrund, wie von einem Hypnotiseur:

Lange schon befindest du dich in einem prächtigen Garten, bewunderst die Blumen, die Tiere und die Bäume mit ihren goldenen Äpfeln. Reine Freude erlebst du viele Jahre und schwebst einer Wolke gleich über dieser herrlichen Landschaft.

So hab ich mir das auch vorgestellt: Ich, die ätherische Wolke, schwebe so über dem Prachtgarten, na bitte. Hypno-Stimme spricht weiter.

Mit den Jahren wird dein blütenweißes Glück allmählich getrübt, denn du möchtest gerne an den Blumen riechen, die Tiere streicheln, die goldenen Äpfel pflücken und dich an ihrem Geschmack erfreuen. Nur hast du weder eine Nase, mit der du riechen kannst, noch Hände, mit denen du die Tiere streicheln kannst, und keinen Mund, der dir den Genuss am Geschmack der saftigen Äpfel erlaubt. Du bist zwar völlig eins mit der Natur, tief im Herzen rein und glücklich, aber dieser Wunsch wird immer stärker, und plötzlich erscheint ein gleißend weißes Licht, von dem sich jedes menschliche Auge sofort abwenden müsste, weil es so blendet.

Na servus, hab ich mir gedacht, ist das hell. Flutlicht eine Dunkelkammer dagegen.

Von diesem Licht entspringen drei Strahlen, die Blütenblättern gleich die Blumen, die Tiere und die goldenen Äpfel berühren. In deinem Inneren weißt du plötzlich, wie wenn es dir mit lauter Stimme vermittelt worden wäre, denn Ohren hast du ja auch keine, dass dein Wunsch dir erfüllt werden sollte, und die Wolke, in der du dich bis jetzt zu Hause gefühlt hast, verdichtet sich und nimmt allmählich menschliche Gestalt an. Anfangs fühlst du dich hilflos, kannst mit den Armen und Beinen nichts anfangen, doch allmählich nimmst du den Duft der Blumen wahr, streichelst mit deinen Händen die Tiere und zuletzt pflückst du einen Apfel, den schönsten, den du finden kannst, und erfreust dich an seinem Geschmack.

Hä?

Keine Ahnung hast du, wie dieser Wunschtraum, der scheinbar aus dem Nichts kam, plötzlich Wahrheit werden konnte. Ein Gedanke, der sich materiell manifestiert hat. Du bist dankbar, fühlst aber, dass damit auch eine Verantwortung verbunden ist, die du tief aus deinem Inneren heraus

Herrliche Ausblicke auf der Wegstrecke laden zum Innehalten ein

ganz genau spürst. Du könntest plötzlich die Harmonie dieser wunderbaren Natur mit deinen neuen Möglichkeiten stören oder gar zerstören. Die Verdichtung geistiger Energie ist plötzlich Materie geworden, womit du auch im Gegensatz zu früher was anpacken kannst, ja es sogar deine Aufgabe ist, es zu müssen. Denn mit deiner neuen Manifestation oder Inkarnation kommen ungeahnte Möglichkeiten auf dich zu. Dieser kostbare Schatz ist dir nur auf Zeit gegeben, das spürst du, und du wirst es auch früher oder später erfahren, denn dein Gespür betrügt dich noch nicht. Kein fehlerhaftes Verhalten trennt dich von deinem Wolkendasein. So weißt du einfach alles, es ist dir selbstverständlich, aber zahlreiche Herausforderungen, falsche Neigungen, denen fehlerhafte Handlungen folgen, verlegen allmählich deine Kanäle zum universellen Wissen, das nur mehr schemenhaft in dir schlummert, und du kannst dich nur mehr bruchstückhaft erinnern. Deine Fehler haben Auswirkungen. Der Körper funktioniert nicht mehr so wie ursprünglich, als er durch die drei weißen Strahlen aus dem grellweißen Licht geboren wurde. Deine Sehnsucht zurück in diese Zeit, wo du noch keine Mühsal hattest, wo alles irgendwo von selbst lief, aber deinem Wunsch wurde stattgegeben und du hast auch die daraus folgenden Konsequenzen zu tragen, und zwar bis zum Ende und alle.

Alter Schwede, hab ich mir gedacht. Das ist jetzt wirklich starker Tobak. Aber der Stimme war das wurscht, sie sprach weiter über kosmische Zusammenhänge, die irgendwie mit mir zu tun hatten.

Als du dich immer in noch größere Schwierigkeiten verstrickt hast, erschien wieder das weiße Licht am Firmament. Diesmal allerdings nicht mehr ganz so weiß, nicht mehr ganz so grell, und die Strahlen waren schwächer. Aber durchdrungen von Zuneigung zu dir, der nun ein echter Mensch geworden war, sandten sie dir eine Liebesbotschaft mit einer Anleitung, die du mit deinen menschlichen Augen lesen und mit den Ohren hören konntest. Sie brachten dir zwölf Tafeln mit je einer Botschaft, die dich wieder auf den richtigen Weg führen sollten und dorthin bringen, wonach deine Sehnsucht immer stärker wurde. Zurück in die lichte Wolke, wo du Teil von allem warst, durchdrungen von allumfassendem Glück, frei von Sorgen, die der menschliche Alltag unablässlich mit sich bringt. Eine dieser Regeln sagte, dass du deinen Körper nun mit der neuen Verheißung nicht einfach wegwerfen darfst, sondern dich sorgsam um ihn kümmern musst, denn er dient dir als treues Werkzeug, und nur mit ihm kannst du den Weg zurück erfolgreich beschreiten. Schritt für Schritt, eilig zwar, aber ohne Hast, denn durch die Hektik machst du wieder Fehler, und du wirst nicht schneller, sondern verspätet dein Ziel erreichen. Kümmere dich also um deinen Diener, der dir liebevoll zugetan ist. Lass es ihm an nichts fehlen, besonders im Alter, wenn er deine Hilfe umso mehr braucht. Erst wenn du am Ziel deiner Reise bist, darfst du dich von ihm in Dankbarkeit verabschieden, und du sollst ihm als Zeichen deiner Dankbarkeit am Ende Blumen auf sein Grab streuen, am besten rote Rosen, oder weiße Lilien, damit er sich ein letztes Mal an ihrem Duft, nach dem er sich am Anfang so gesehnt hat, am Ende noch einmal erfreuen kann.

Uh. Weiße Lilien. Die Johanneslilie, das Logo des Weges. Der Kreis schließt sich. Ich bin im Bett gelegen mit weit aufgerissenen Augen und hab mir gedacht: Uuuuh. Da oben im Stammhirn hat sich jetzt aber was abgespielt. Ein synaptischer Silvester mit Halleluja oder was weiß ich.

Eines stimmt auf jeden Fall: Du solltest anerkennen, dass dein Körper ein treuer Weggefährte ist, der es verdient hat, gepflegt und nicht geschunden zu werden. Aber bei aller Liebe darfst du dich nicht mit ihm identifizieren, dich auch nicht gleichsetzen mit dem, was sich da zwischen Scheitel und Senkfuß wichtig macht. Der Körper allein macht dich noch lange nicht fein. Am besten, wir bleiben jetzt kurz stehen auf unserem Johannesweg und setzen uns ein wenig ins Gras.

Schau dich um, in diesem Zeitalter der Bequemlichkeit, der Ära des gepflegten Müßiggangs, ein kollektives Umpf. Noch nie hatten es die Menschen in der westlichen Hemisphäre so angenehm wie heute. Mit fatalen Folgen: Zivilisationskrankheiten wie Altersdiabetes und Herz-Kreislauf-Probleme ohne Ende. Rückenschmerzen sind nicht nur ein Problem rundlicher Omas, sie sind zum quälenden Begleiter vieler dünner Twens geworden. Jahrelanges Stillsitzen vor Plasmabildschirmen treibt die Cholesterinspiegel nach oben und die Lebenserwartung nach unten.

Die gute Nachricht: Es gibt eine Abzweigung vom direkten Weg ins Verderben. Und die führt in die Natur oder auch ins Fitnesscenter. Jeder ist trainierbar, und zwar bis ins hohe Alter. Man muss seine Sportschuhe also nicht an den Nagel hängen, bloß weil man die fünfzig überschritten hat und schon ein paar Zipperlein an die Tür klopfen. Mit dosiertem Training lassen sich viele Krankheiten positiv beeinflussen oder sogar heilen. Regelmäßiger Sport senkt zum Beispiel den Blutdruck. Der Fettwert pariert nicht so brav, aber das Verhältnis von gutem und schlechtem Cholesterin lässt sich mit Ausdauertraining gut steuern. Auf Radtouren und Joggingrunden reagiert das gute Cholesterin HDL ebenso dankbar wie die Zellen, die die Blutgefäße von innen auskleiden und geschmeidig halten. Für Übergewichtige ist das nicht unerheblich bei ihrem Risiko für Schlaganfälle.

Regelmäßiges Training hält einem auch den Orthopäden vom Leib. Stichwort Osteoporose: Das Zauberwort für bein-harte Oberschenkelhälse heißt Krafttraining. Seine Wirkung: gestärkte Muskeln, bessere Knochendichte und mit etwas Kalzium auch mehr Knochenmasse. Dafür braucht man nicht einmal Hanteln, Liegestütze, Sit-ups oder Kniebeugen tun's auch. In die Kraftkammer, das rate ich dir, nimm dir einen Trainer mit. Meniskus und Wirbelsäule schicken dir Stoßgebete, damit du einen Profi fragst, was gut für sie ist. Dann kannst du dich drei bis sechs Monate allein anstrengen, bis du deinen Trainingsplan wieder auf den neuesten Stand bringen sollst. Bewegung ist Leben. Und die natürlichste Art, den Körper zu stärken.

Der beste Schlachtplan gegen Übel aller Art besteht also nach wie vor aus einer Mischung aus Kraft- und Herz-Kreislauf-Training. Dabei erst mit der Muskelstärkung zu beginnen, hat stoffwechselphysiologisch einen Sinn. Das Ausdauertraining leert die prallen Fettzellen und die Glykogenspeicher in den Muskeln, die einem beim Gewichtestemmen aber fehlen. Das Herz hängt am meisten am Workout. Der wichtigste Muskel, den der Mensch hat, schlägt ohne regelmäßige Bewegung achtzig bis neunzig Mal in der Minute, eine trainierte Pumpe zieht sich nur fünfzig bis sechzig Mal zusammen. Übers Jahr macht das schon einen Unterschied: dreiundvierzigtausend Schläge weniger am Tag, das sind sechzehn Millionen im Jahr. Auch das Hirn freut sich über jeden Besuch im Fitnesscenter. Durch Bewegung können nämlich neue Verbindungen im Gehirn entstehen, die der Demenz ihre Grundlage entziehen.

Und die Seele lebt auf. Bewegung ist ein Antidepressivum. Ich kenne einen Psychiater, der mit seinen Patienten regelmäßig laufen geht und damit sehr gute Erfolge erzielt hat. Wer der Gruppe davonziehen will, soll bitte beim Hausarzt eine Sporttauglichkeitsuntersuchung machen und nur nichts übertreiben. Bevor man herumhüpft wie Jane Fonda in ihren besten Jahren sollte man ein Herz-Kreislauf-Aufbauprogramm machen. Das dauert drei Monate, und man hat eine Ruh vor allem, was den Sport zum Mord macht. Zu scharf zu beginnen, ist das Falsche, aber zu lasch ist auch nicht das Wahre. Fordert man sich nicht genug, ist es eher schade um die Zeit. Dann kann man genauso gut lesen oder die zwölf Weisheiten des Johanneswegs auswendig lernen.

Und jetzt schlage ich vor, dass wir zwei wirklich was tun, hm? So auf die Schnelle, fünf Übungen.

Steh bitte kurz auf und stell dich gerade hin. Bei dieser Übung trainierst du die Beweglichkeit der Beinbeuge-, Waden- und Gesäßmuskulatur. Beuge den Oberkörper vor und berühre mit den Händen den Boden. Lass die Knie, so weit es dir möglich ist, gestreckt und gehe aus dieser Position in die Liegestützposition. Folge den

Kraft tanken zwischen den großen Granitblöcken am Wegererstein, bevor man die kleine Aussichtsplattform besteigt

Händen mit gestreckten Beinen und gehe in die Ausgangsposition zurück.

Jetzt zur Koordination. Hier siehst du, wie gut man den Körper im Gleichgewicht halten kann. Zieh bitte deine Schuhe aus und stelle dich auf ein Bein. Hebe das andere Bein so weit hoch, dass der Oberschenkel parallel zum Boden steht. Versuche einfach für zwanzig Sekunden das Gleichgewicht zu halten. Wechsle anschließend das Bein. Ist das zu leicht, probiere die Übung mit geschlossenen Augen. Und wenn dir das noch immer wie ein Kinderspiel vorkommt, probiere die Übung nach einer Flasche Rotwein, dann merkst du auch gleich, wie dich zu viel Alkohol umhaut.

War natürlich ein Scherz. Zur dritten Übung: Oberkörper und Arme. Zeit für ein paar Liegestütze. Mit dieser klassischen Übung siehst du, wie es um die Kraft des Oberkörpers bestimmt ist. Für einen korrekten Liegestütz ist eine optimale Ausführung besonders wichtig. Streck den Körper und lege die Hände etwas über schulterbreit voneinander entfernt auf den Boden. Die Daumen zeigen nach innen, und die Arme sind gestreckt. Jetzt beuge beide Arme gleichzeitig, bis die Oberarme parallel zum Boden sind. Der Körper bleibt dabei gestreckt. Anschließend die Arme wieder strecken, bis die Ausgangslage erreicht ist. Die leichtere Variante: Alle, die über sechzig oder untrainiert sind, können sich auf den Knien abstützen.

Jetzt zu den Beinen und zum Po. Die Kniebeuge ist besonders effektiv. Bei dieser Übung belastest du die gesamte Oberschenkelvorder- und -Rückseite plus Gesäßmuskulatur. Stelle dich mit leicht gegrätschten Füßen vor einen Sessel und streck die Arme aus. Beuge langsam und kontrolliert die Knie, bis du mit dem Gesäß fast den Sessel berührst, Oberschenkel waagrecht zum Boden. Streck jetzt wieder die Beine und gehe in die Ausgangsposition zurück. Wichtig: Atme in der Abwärtsbewegung ein und in der Aufwärtsbewegung aus. Mach diese Übung mindestens zwanzig bis dreißig Mal, und du wirst sehen, dass die Beine merklich straffer werden.

Und was die Ausdauer anbelangt: Radfahren, Laufen oder Gehen – wurscht, man muss es nur drei Mal in der Woche dreißig Minuten machen, dann hilft's. Kleiner Tipp: Mach am Anfang den Sprechtest:

Wähle ein Tempo, bei dem du gerade noch sprechen kannst, ohne zu keuchen.

Geht's?

»Ch-ch-ch.«

Wird schon werden, wirst sehen. Jedenfalls bravo. Das war ein bewegendes Erlebnis. Lass uns gemütlich weitergehen, ich erzähl dir einen Schwank aus der Sportmedizin. Ab dreißig baut der Körper Muskeln ab, in zehn Jahren verliert man bis zu drei Kilo Muskelmasse. Das wiederum halten die Gelenke nicht gut aus, der Rumpf weigert sich, die Wirbelsäule zu stützen, und prompt gibt's Zerrungen, Verspannungen und womöglich Bandscheibenvorfälle. Also: Krafttraining für mehr Muskelmasse. Ausdauer bei viel Körperfett. Und zwar in der Reihenfolge. Macht man es umgekehrt, werden Kohlenhydrate, aber kaum Fette verbrannt. Außerdem baut man Testosteron ab, das man für den Muskelaufbau braucht. Und schummel dich nicht übers Aufwärmen drüber. Trendstation Dehnsucht heißt das Gebot vor und nach der Turnstunde.

Die Ausdauer ist übrigens ein vielseitiges Wesen. Bringt so einiges: höhere Leistung, bessere Belastung im Alltag, mehr Wohlbefinden, gesunderer Körper, intakteres Herz-Kreislauf-System, stärkere Immunabwehr, weniger Herzinfarkt, saubereres Blutbild, und tschüss an die falschen Fette. Wenn du mir nicht glaubst, ich hab ein paar Studien für dich. Wissenschaftler um Aaron Baggish haben mit Sportstudenten der Harvard-Universität getestet. Vierzig Ruderer haben ihre Ausdauer, fünfunddreißig Football-Spieler ihre Kraft trainiert. Dann Herz-Ultraschall. Die Football-Spieler hatten einen dickeren Herzmuskel und damit mehr Pumpleistung in der linken Herzkammer. Bei den Ruderern waren beide Herzkammern erweitert, was mehr Blut in die Lungen und die Aorta gepumpt hat. Spricht also alles für eine Kombination.

Eine Studie am Universitätsklinikum des Saarlandes in Homburg legt die Annahme nahe, dass Ausdauertraining den Alterungsprozess der Zellen im Blutgefäßsystem verlangsamt. Ich will dich nicht mit medizinischen Spitzfindigkeiten langweilen, also versuch ich's kurz zu machen. Telomere, musst du wissen, sind die Enden der Chromosomen und am Altern nicht grad unschuldig. Das Ausdauertraining aktiviert das Enzym Telomerase in den Blutzellen. Und dass bei den Nicht-Sportlern diese Telomere deutlich kürzer waren als bei den Sportlern, ist ein Zeichen für den Zellalterungsprozess.

Und einer schwedischen Studie zufolge macht Ausdauertraining sogar intelligent. Eins Komma zwei Millionen Männer, die für den Wehrdienst auf ihre körperliche und geistige Leistung untersucht wurden, zerstörten dabei das Vorurteil, dass Muskelmänner nicht sehr hell seien. Die Muskelkraft hatte keinerlei Auswirkung auf die Vorgänge im Oberstübchen. Die Ausdauer schon. Mehr Durchhaltevermögen im Sport bedeutet auch mehr Sprachvermögen, mehr räumliche Vorstellungskraft, mehr logisches Denken und mehr mathematisch-technisches Verständnis. Falls dich wer fragt, warum: Ein trainiertes Herz-Kreislauf-System liefert wichtige Stoffe auf hohem Niveau ins Gehirn.

Wenn du mich fragst, wie oft man trainieren soll, sag ich: Frag mich nicht. Manche erreichen in dreißig Minuten dasselbe wie andere nach einer Stunde. Plädiert der Coach auf mehr Anstrengung, trainiert man sich zuerst öfter, dann erst intensiver. Muskeln wiegen übrigens mehr als Fett, die Freude über ein paar Kilo weniger lässt deshalb auf sich warten. Aber die Belohnung kommt, wenn die Figur sich wieder zeigt, das Bindegewebe straffer, die Haltung besser und die Wirbelsäule stärker wird. Dass man beim Krafttraining nur zunimmt, sagt also bloß die Waage.

Apropos Balance. Wir müssen uns schon damit abfinden, dass wir in einer Zeit leben, in der so einiges aus dem Gleichgewicht ist. Über Jahrtausende haben sich die Gene eng an die Fersen sämtlicher Herausforderungen geheftet und brav alles mitgemacht, was nötig war. Den Abwurf der Schwimmhäute, nachdem wir endlich auf dem Trockenen saßen; den aufrechten Gang, nachdem wir lange genug auf allen vieren gekrochen waren; die Anpassung der Hautfarbe, damit uns die UV-Strahlen moscherln können, die Sonne in der Haut aber immer noch genug vom Vitamin D bilden kann, das man heute übrigens nicht mehr bloß als Vitamin sieht, sondern längst als Superhormon erkannt hat. Glanzleistungen der Evolution. Und dann entwickeln wir uns zu solchen Schneller-Weiter-Höher-Spezialisten, dass uns das Wirtschaftswachstum entgleitet und wir uns im wissenschaftlichen Fortschritt selber überholen. Ich stell mir den Fortschritt als wild gewordenen Kutscher vor, der zügellos mit der Peitsche auf seine scheuenden Pferde eindrischt, bis die Gäule zerrieben werden, und ein Rad eiert an der Klippe des Abgrunds.

Die Welt dreht sich auf einmal nur noch um etwas, das den meisten von uns immer suspekter wird. Die einen ertragen die Unsicherheit nur noch mit Tabletten gegen die Angst. Die anderen entscheiden sich für den Rausch. Komasaufen bei den Zwölfjährigen. Schlafmittel als Fluchtweg ins Vergessen. Beten, wie es in alten Kulturen selbstverständlich war, ist aus der Mode gekommen. Meditieren hat da noch einen besseren Ruf.

Ich treffe immer mehr Menschen, die mir sagen, sie haben ihre Fernseher verbannt. Andere tragen selbst gestrickte Unterwäsche oder haben sich seit Wochen nicht rasiert. Der Löwenanteil der westlichen Welt aber stimmt kritiklos in den Massenchor der glitzernden Konsumwelt ein. Die Konzernchefs und Wirtschaftskapitäne schwingen fröhlich den Taktstock und frönen dem Jugendwahn. Gebt dem Kaiser, was des Kaisers ist, und Gott, was Gottes ist, lautet die Formel einer längst vergangenen Gesellschaftsordnung. Schön im Gedanken, eigentlich. Denn nur das Weltliche und das Göttliche, das Fleischliche und das Geistige erge-

Wanderidylle am Johannesweg

Der Zauberkräutergarten im Jagdmärchenpark auf der Hirschalm ist einen Besuch wert

ben gemeinsam ein vollständiges Bild menschlicher Existenz. Symbolisiert durch das chinesische Zeichen der Ganzheit von Yin und Yang. Also weder geistlose Fleischeshülsen, gemeißelt nach plastisch-chirurgischer Barbiearchitektur, noch isoliertes, vergrindetes Asketendasein ist die Grundlage erstrebenswerter menschlicher Existenz, sondern nur die Verbindung von beidem: eines gepflegten Körpers in einem wachen Geist oder umgekehrt. Beides bedarf der Hinwendung, um dem römischen Ideal »mens sana in corpore sano« gerecht zu werden. Wenn etwas so viel mehr Gewicht hat und alles andere erdrückt, hat die Welt eine Schieflage.

Yin und Yang sind eigentlich die Urkräfte, die in ihrer Vernetzung die Lebensenergie ausmachen. Yin, die abwärts gerichteten Energien, und Yang, die aufwärts strebenden Energiekräfte. Komplementäre Kämpfer mit chinesischem Stammbaum sozusagen. Bei Yang handelt es sich um das männliche Prinzip, den Himmel. Bei Yin um das weibliche, die Erde. Der Übergang von Yin zu Yang ist fließend. Die beiden sind wie Partner in einer sehr langen Ehe. Sie wirken miteinander gegeneinander. Und sind einfach nicht zu trennen. Romantisch die Auswirkung: Erst im

Zusammenspiel ergeben sie ein Ganzes. Macht sich der eine breit, muss der andere weichen und umgekehrt. Das ist wie im Ehebett.

Yin: »Ich hab keinen Platz, Schatzi!«

Yang: »Geh, Puppi, i tu mich doch nur kurz strecken.«

Yin: »Du streckst dich in meinen Unterbauch.«

Yang: »Tut leid.«

Yin. »Ach, komm her.«

Es geht darum, dass man die Dinge nie isoliert sehen sollte. Es ist, als würde man einen Farbtupfer aus der Mona Lisa nehmen und sagen: Dieses Braun … also ich weiß nicht.

In der Traditionellen Chinesischen Medizin wird der Körper in verschiedene Meridiane eingeteilt, Kreise, durch die das Qi, die Lebensenergie, fließt. Ist so ein Meridian eingedepscht, verstopft oder sonst wie geknickt, kann das Qi nicht fließen, und was in so einem Stau los ist, weiß jeder, der schon einmal über den Brenner gefahren ist. Da hat sich der Zorn gleich auf den Beifahrersitz gequetscht. Kleines Gift für die Seele. Eine Studie in Großbritannien ergab, dass Menschen, die in einer streitbaren Partnerschaft leben, um dreiundzwanzig Prozent öfter einen Herzinfarkt kriegen. Quasi Ehekrach und aus die Maus.

Auch die Hirnforschung bestätigt Zusammenhänge zwischen Körper und Seele. Die Kernspintomographie macht sichtbar, wie einzelne Organe reagieren, wenn sich im Hirn etwas tut und umgekehrt. Da sieht man, wie die Angst Herzrasen auslöst und ein gutes Gefühl sie wieder beruhigt. Wird die Seele ständig bedrängt, schreit sie irgendwann Hilfe. Und zwar über die größte Schwachstelle im Körper, den Locus minoris resistentiae wie wir Mediziner sagen, ein Organ, das ihr Elend übersetzt. Der Volksmund hat sie längst verstanden.

Die Seele sagt, dass ihr etwas an die Nieren geht. Wer ständig Halsschmerzen hat, schluckt zu viel hinunter oder verweigert die Kommunikation. Ein bellender Husten soll Menschen vertreiben, die einem nicht gut tun, und wer ständig Schnupfen hat, hat die Nase voll. Wenn wem die Ohren von den Beschwerden, den Wehwehchen oder dem Schwachsinn der anderen klingen, klagt er irgendwann über Tinnitus. Und wenn sie sich gar nicht mehr hinaussieht, die Seele, dann hat auch der Krebs gute Chancen.

Der Körper vergisst nichts. Er sammelt und speichert jede psychische Belastung, bis er sie nicht mehr tragen kann. Was immer wir verdrängen, der Körper zwingt uns, es uns anzuschauen. Er deutet mit Schmerzen, Fehlhaltungen, Wunden auf alles hin, was verletzt wurde. Lindert man nur die Symptome, ist die Ursache nicht behoben. Die Hirnforschung weiß heute, dass neben der passenden Therapie auch der feste Glaube heilt. Placebo-Effekt, Überzeugung, Selbstheilungskräfte. Lauter Arzneien, die es nur im körpereigenen Drogeriemarkt gibt. Bedient man sich dort, heilen zum Beispiel Schnittwunden bei frisch Verliebten schneller. Oy, wie ungeschickt, bitte eine Großpackung Glücksgefühle. Die erhöhen die Antikörper im Blut, und schon ist es wieder gut.

Wissenschaftlich erwiesen wurde es erst nach und nach, gewusst hat man es früher fast mehr als jetzt. Euripides schrieb: »Auf den Geist muss man schauen. Denn was nützt ein schöner Körper, wenn in ihm nicht eine schöne Seele wohnt.« Friedrich Schiller sagte: »Es ist der Geist, der sich den Körper baut.« Und Erasmus von Rotterdam meinte: »Der Körper kann ohne den Geist nicht bestehen, aber der Geist bedarf nicht des Körpers.« Erinnerst du dich noch an die Wolke, die die Blume riechen wollte?

Allein an der Körperhaltung sieht man, wie ein Mensch aufgestellt ist. Ob er mit beiden Beinen im Leben steht, oder ob man ihn einen Kopf kürzer gemacht hat. Trauer und Scham wirken wie eine doppelte Portion Schwerkraft. Man lässt die Schultern hängen, schlurft mit krummem Rücken vor sich hin und wirkt geschrumpft. Als hätte man am Kopierer achtzig Prozent eingestellt und das Bild vorher noch im Photoshop bearbeitet. Der Mensch ist nachher nicht mehr der alte. Wenn man aber den Kopf hoch trägt und aufrecht durchs Leben geht, gibt es kaum Bananenschalen, die einem wer in den Weg werfen kann. Untersuchungen haben gezeigt, dass man diese Leib-Seele-Verbindung für ganz Alltägliches nutzen kann. Bestimmte Bewegungen spornen uns zu mehr Leistung an. Und andere ändern sogar unsere Einstellungen zu bestimmten Themen. Unter Vorspiegelung einer anderen Messabsicht bat man Studenten, während eines Berichts über Studiengebührenerhöhung sechs Minuten lang im Sekundentakt mit dem Kopf zu nicken. Du wirst nicht glauben, was passierte: Nach dem Experiment waren alle überzeugt, dass eine Gebührenerhöhung eine gute Sache sei, und stimmten dafür.

Du kannst es an dir selbst probieren: Willst du eine positive Grundeinstellung erzeugen, leg deine Handflächen unter einen Tisch und tu, als ob du den Tisch anheben wolltest. Das Gegenteil erreichst du, wenn du von oben auf den Tisch drückst. Das sag ich dir nur so dazu, probieren brauchst du's nicht, so im Hinblick auf den Johannesweg.

Zieh lieber die Schultern zurück, richte dich gerade auf, heb den Kopf und schau leicht nach oben. Atme, lass die Körperenergie fließen, befreie den Geist von den Blockaden. Es klingt seltsam, aber man wird kaum einen Menschen treffen, der richtig atmen kann. Angst ausatmen, Leben einatmen. Vergisst man drauf oder hält die Luft so an, dass die Hälfte der Lunge voller Kohlendioxyd ist, wirkt man abgestumpft, müde, fertig. Der Mensch braucht frische Luft. Sauerstoff entfacht dein inneres Feuer, Sauerstoff setzt dich in Flammen. Wenn du es zulässt, dass der elektrische Fluss des Körpers von der kleinen Zehe bis über die Ohren fließt, wenn du seiner Energie, der Bioenergie, freien Lauf lässt, wirst du spüren, was Sauerstoff ist: pures Leben zum Einatmen. Je bewusster du atmest, desto körperloser wird sich dein Körper anfühlen, weil der Geist sagt: Hallo, jetzt bin ich dran.

Der Philosoph René Descartes ging sogar so weit, Körper und Geist für zwei verschiedene Dinge zu halten. Laut seiner Methodik ist der Geist des Menschen »strikt vom rein körperlichen Dasein getrennt und kann als solches kein Attribut der Körperlichkeit auf sich beziehen. Der Geist – res cogito – ist somit von allen materiellen Dingen getrennt, die im Körper – res extensa – auftreten. Die bloße Materie ist streng getrennt von der denkenden Substanz.«

Der Körper ist der Tempel deiner Seele. Die meisten Leute haben nur das Problem, dass sie sich dort ausgesperrt haben. Picken von sich ein Porträt auf die Tempeltür mit der Aufschrift: Ich darf hier nicht hinein. Mir scheint, viele Leute leben phasenversetzt. Sie sind von sich aus falsch positioniert, eher leicht vor oder hinter ihrem Körper, als hätte sich ihr eigener Schatten gerade selbstständig gemacht. Ihr Atem ist flach und unvollständig, und ihre Stimmlage klingt, als wäre der Verstärker rostig. Andere sehen in ihrem Körper das Ergebnis aus den Erfahrungen und Wünschen von Tausenden von Generationen. All das sei zu nutzen. Alle Erfahrungen und Geschichten der Ahnen, meinen sie, seien im Körper gespeichert. Man könne in ihm lesen wie in einem Geschichtsbuch.

Oder es haut einen auf die Nase. Das ist einem Freund von mir passiert, dem Karl. Stell dir vor. Er hat erzählt, dass sein Leben seit geraumer Zeit nicht in Linie gebracht war. Nicht gleichgerichtet mit dem Schicksal, nicht richtig ausgerichtet. Er war zu hurtig unterwegs, alles musste schnell-schnell gehen, für nichts ließ er sich Zeit. Schnell aß er ein Brot, schnell fuhr er in die Kurven, schnell ging er schlafen, weil er in der Früh schnell aufstehen musste. Sein Wirken spielte sich ausschließlich auf der Überholspur ab. Ganz links auf der Autobahn, schließlich hatte er ja ein schnelles Auto. Und eines Tages gab er einen kurzen Moment nicht acht, und ob da jetzt ein Bus eine Ölspur gezogen hat oder nicht, weiß man nicht so genau, jedenfalls geriet Karls schwarzer Porsche ins Schlingern, touchierte die Betonwand bei der Abfahrt einer Schnellbahn und drehte sich im Kreis, wie bei einem absurden Ballett. Karls unwahrscheinliches Glück bestand darin, dass gerade kein Lastwagen kam und ihm den Kopf im offenen Kabrio abrasierte.

Es gab nur Blechschaden, und es ging weiter. Karl sah in dem Unfall bloß ein kleines Pech, eine Laune des grauen Alltags, zum Glück gab es

Schutzengel und Vollkaskoversicherungen. Ein paar Tage später war er wieder schnell unterwegs, schnell, obwohl er mehr Zeit hatte, als er brauchte, an diesem eiskalten Samstagnachmittag im Jänner. Karl war daheim und holte eine Flasche aus der Küche, einen Champagner, der geköpft werden sollte. Karl ging schnell, rannte fast, ganz schnell nahm er den Flaschenhals, um über die Stufen zurückzueilen, und warum er auf den Holztreppen ausrutschte, war nicht ganz klar, und ob da jetzt die neuen Schuhe schuld waren, das rutschige Leder auf den Sohlen oder nicht, wird niemand sagen können, jedenfalls stürzte Karl über die Stiegen und brach sich das Schulterblatt. Der Sturz machte einen Krach, dass alle Leute in der Wohnung zusammenzuckten. Sie dachten, ein Tisch wäre umgefallen. Dabei war es nur Karls Rücken. Ein paar Millimeter weiter, und Karl würde heute im Rollstuhl sitzen. Oder im Grab liegen. Sein Schulterblatt war ein paar Wochen später wieder verheilt. Was er aber zu mir gesagt hat, weiß ich heute noch: »Ich glaub, ich war nicht gleichgerichtet mit dem Schicksal.« Er wollte schneller sein als seine Bestimmung, hektischer als seine Bedeutung, schneller als sein Schatten, hat sich aber wieder eingebremst und langsam sein Lebenstempo gefunden.

Wie auch immer, wenn man meditiert und zum Beobachter des eigenen Körpers wird, kann man vielleicht ein bisschen von der Weisheit kosten. Beobachte deine Bewegungen, wie sicher dein Körper sie beherrscht. Erfreue dich an der Anmut. Du wirst staunen, wenn dir bewusst wird, was dein Körper alles für dich tut, ohne dass du auch nur einen Augenblick darüber nachdenken musst. Dein Kreislauf, deine Atmung, deine ganze Biochemie, sein Wachstum, seine Fähigkeit, sich an die widrigsten Umstände anzupassen. Es ist ein absolutes Wunder. Du bewohnst diesen Körper, dieses wirklich geniale Trumm. Geh ein paar Schritte und versenke dich in Andacht in deinem ganz persönlichen Tempel. Irgendwann wirst du alle Antworten bekommen, alle.

Und jetzt, mein Weggefährte, gehen wir wieder aus uns heraus. Konkret zur nächsten Station, die ich dir gerne zeigen möchte. Sie wird dir garantiert gefallen, weil schon der Name viel verspricht: Es ist die Freude, die auf dich wartet, das Lebendige am Glück.

11 Der Ernst des Lebens braucht Freude als Treibstoff der Lebendigkeit.

Ein paar Sekunden flattert der Schmetterling auf der Stelle. Dann gibt er sich selber den Einsatz und legt los. Choreografie à la Butterfly. Drehung links. Drehung rechts. Sturzflugpirouette. Spiralförmig Fouettés nach oben. Das Ganze noch einmal. Kompliment.

Ein paar Sekunden wartet der Schmetterling auf seiner luftigen Bühne. Aber der Applaus bleibt aus. Das Publikum schaut genauso ernst wie zuvor. Nicht eine Feder regt sich am Raben, nicht einmal mit einem Blick bedankt er sich bei dem geflügelten Künstler für die Privatvorstellung.

Der Schmetterling wendet sich um. »Hat nichts genützt«, ruft er denen zu, die ihm von einem Seitenpfad des Johanneswegs, quasi wie aus einer natürlichen Theatergasse, zugeschaut haben.

Als wär das ihr Stichwort, klatschen die Schwalbe und die Iris wie wild Beifall. »Bravo! Bravo!«, rufen sie. Der Schmetterling tut ihnen leid. Sie haben sich alle überlegt, wie man den Raben aufheitern könnte, und sich gemeinsam für den Tanz des Falters entschieden. Aber er musste jetzt die ganze Schmach der Ignoranz allein einstecken.

»Schäm dich«, staucht die Schwalbe den Raben zusammen. »Wenn sich schon wer Gedanken macht, wie man dich aus deinem lethargischen Ernst herausreißen könnte, könntest du dich wenigstens ein bisschen freuen.«

»Ich habe keine Aufmunterung bestellt«, knurrt der Rabe.

»Nicht nur unhöflich, trotzig auch noch«, sagt die Iris.

»Lasst nur«, sagt der Schmetterling und tut so, als wäre das Nasse unter seinen Augen nur Tautropfen. »Morgen sieht er es sicher anders.«

»Morgen, morgen«, wettert die Schwalbe. »Sein ganzes Krahkrah steht für morgen. So deuten es auch die Menschen und berufen sich darauf, wenn sie sich um etwas herumschummeln wollen. Alles verschiebt er auf morgen. Sogar die Freude.«

»Freu mich«, sagt der Rabe mit der Anteilnahme eines verdorrten Astes. Schmetterling, Schwalbe und Iris schauen einander betroffen an. Da geht es nicht bloß um schlechte Laune, um ein bissel Mieselsucht. Da sitzt der Ernst des Lebens auf Krähenfüßen vor ihnen. Mit einem Gemütszustand eines finsteren Gesellen, der die Dunkelheit mehr liebt als das Licht.

»Ich glaube, man muss ihm das grundsätzlich erklären«, flüstert die Schwalbe der Iris in den Kelch. »Der Unglücksrabe hat einfach keine Ahnung, wie man sich freut.«

»Lass dir was einfallen«, flüstert die Iris zurück. »Wozu bist du der Bote der Freude?«

»Ich brauch aber deine Hilfe«, sagt die Schwalbe, »du bist die mit der unbändigen Energie und der Kreativität.«

Die Iris runzelt ihre Blütenblätter. Mit denkerischer Abwesenheit schaut sie dem Johannesweg-Pilger zu, der direkt vor ihr die Granitformation neben der Klause hinaufklettert. Rutschig und beinahe gefährlich erklimmt er Stein für Stein, und erst als er sich oben niederlässt, hat die Iris ihre Idee.

»Du«, sie zeigt auf die Schwalbe, »und du«, sie zeigt auf den Schmetterling, »ihr fliegt mit dem Raben dort hinauf«. Sie zeigt auf die Aussichtsplattform am Ende der Himmelsleiter.

Und?, sagt der Blick der Schwalbe und des Schmetterlings.

»Das ändert seine Perspektive«, erklärt die Iris. »Er wird's nicht zugeben, aber er sieht die Welt dort von einem neuen Standpunkt aus, dagegen kann er sich gar nicht wehren.«

»Das ist alles?«, fragt der Schmetterling, der Schwalbe raunt er zu: »Ich dachte, sie ist eine Kreative.«

»Bin noch nicht fertig«, sagt die Iris. »Dann tanzt du«, sie deutet wieder auf den Schmetterling, »ihm noch einmal um den Schnabel …«

»… ganz sicher nicht …«, entrüstet sich der Schmetterling.

»… ganz sicher schon«, beharrt die Iris. »Aber diesmal kannst du dir das Künstlerische abschminken. Es geht bloß darum, dass du ihm den Kopf verdrehst. Du musst ihn dazu bringen, sich zu bewegen. Du musst ihn aus seiner Starre herausreißen.« Sie wendet sich an die Schwalbe: »Den Rest machen wir zwei.«

»Nämlich?«, fragt die Schwalbe.
»Der Schmetterling ist nicht nur der Lockvogel für den Totenvogel. Er verkörpert vor allem die Veränderung. Such mir eine Raupe, mit der kann ich dem Raben zeigen, was sich entwickeln kann. Was es bewirken kann, wenn sich etwas bewegt. Und was es für eine Freude macht.«
Unbemerkt von den anderen hat der Rabe seine Schwingen ausgebreitet und hebt ab. »Spart euch die Mühe«, ruft er dem Schmetterling, der Schwalbe und der Iris im Höhenflug zu. »Hab verstanden. Danke.«

»Ein Leben ohne Freude
ist wie eine weite Reise ohne Gasthaus.«

Demokrit

»Freude ist die einfachste Form der Dankbarkeit.«

Karl Barth

Geld allein macht nicht glücklich, das weiß man. Es gehören auch Aktien, Wertpapiere, Immobilien, Gold und Diamanten dazu. Sagen Kapitalisten und sind trotzdem nicht happy, wenn sie sich gedanklich in den Zobel kuscheln oder schon am Steuer der Yacht sehen, ahoi, Kapitän, jetzt liegt dir sogar das Meer zu Füßen.

Ich finde, die Raffgier, die manche Menschen an den Tag legen, hat etwas Degoutantes. Es ist, als wäre Geld der Schlüssel zum Glück, der Freibrief in die Freiheit. Ich wünsch mir nichts sehnlicher als einen Lottosechser, denkt der geneigte Gambler und wartet auf die Ziehung. Dass sein Glück seiner Meinung nach von sechs Richtigen abhängt, und zwar ausschließlich, zeigt die Misere, in der er steckt: Er hat keine Chance. Weil er sich die Chance selber genommen hat. Aber der Mammon lässt den Fürbitter nicht los: Mit vier Millionen könnt ich endlich ein sorgloses Leben führen, voller Luxus und Glück.

Denkste, sagt Harvard-Professor Dan Gilbert, der Lottogewinner im Kombipack untersucht und festgestellt hat, dass ihr Glücksempfinden zwar kurzfristig stark nach oben ausschlägt, sie nach drei Monaten aber wieder genauso drauf sind wie vorher. Nach der anfänglichen Hochphase überwiegen die Sorgen des Alltags. Das Graue verdeckt das Helle. Und langfristig seien viele Lottogewinner sogar unglücklicher als vor dem Millionenregen. Der nix anderes ist als ein Tröpferlbad in der Scheinwelt der Scheine.

Damit sagt auch die Wissenschaft, dass Geld nicht glücklich macht. Was wiederum die Frage aufwirft: Was ist überhaupt Glück, und wie schaut sie denn aus, die Freude? Goethe hat einmal was sehr Gescheites gesagt: »Alles auf der Welt lässt sich ertragen, nur nicht eine Reihe von schönen Tagen.« Er wollte damit ausdrücken, dass das scheinbar Gute in Folge in der Fadesse versinkt. Man schwimmt im Glück, taucht ein vor lauter Freude und erstickt an der eigenen Gleichgültigkeit.

Gut plus gut plus gut ist nicht gleich super, sondern langweilig. Das Glück, die Freude, das Schöne kann nur mit einem Widerpart existieren. Ja, das Gegenstück muss da sein: das Negative, das Schlechte, das Schwarze, nur dann kann sich der Gebückte wieder aufrichten und das Licht sehen. »Die Kunst ist, einmal mehr aufzustehen, als man umgeworfen wird«, fand Winston Churchill, und ich bin da ganz bei ihm.

In der Psychologie wird Wohlbefinden unter dem Dreigestirn von psychischer, physischer und sozialer Wohligkeit gesehen. Und dazu gehört schon recht viel. Man kommt ausgeglichen und kompetent daher, ist gesund und trainiert, außerdem klopft einem die Umwelt auf die Schulter. Was für ein toller Hecht, was für eine atemberaubende Frau. Das sind natürlich komplexe Anforderungen an den Menschen. Du kannst nicht hergehen und sagen: Pass auf, Wohlbefinden, das geht ganz einfach. Du musst nur einmal lachen, um glücklich zu sein. Hahaha. Und jetzt? Nein, es gehört verdammt viel dazu. Alles muss zusammenpassen, du musst zusammenpassen. Man macht nicht schnipp und ist der Fleisch gewordene Frohsinn. Vielleicht schafft das vorübergehend ein rescher Welschriesling, aber auf Dauer wird das nicht klappen. Nur wer an sich arbeitet, sein Glück auf Hochglanz poliert, wird mit der wahren kosmischen Währung belohnt: der Freude.

Wohlbefinden ist ein hohler Überbegriff, der ein Gesamtgefühl umschließen will wie eine Hand die ganze Welt, weil es sich aus so vielen Einzelteilen zusammensetzt. Im Rahmen einer Forschungsarbeit haben Wissenschaftler 1987 vier Hauptgruppen herausgeschält: die Freiheit von subjektiver Belastung, weil es einem im Moment gut geht; die Freude, zum Beispiel auch das Aufgehen in der eigenen Arbeit; die Zufriedenheit, die sich im Einklang mit den Lebenszielen breitmacht; und das Glück als kurzfristiges Gefühl inneren Jubels. Hossa, epa, hopsassa! Glückliche Menschen sind Leute, die eine gute Meinung von sich haben, sich schätzen und niemand anderer sein wollen. Natürlich ist das auch kein Dauerzustand, sonst wäre man Hansi Hinterseer.

Glück und Unglück sind zyklische Prozesse. Kreisläufe des Daseins, wie Schleifen. Ein Perpetuum mobile der Gefühle. Wobei das Empfinden von Freude ausschließlich subjektiv daherkommt und vom individuellen Maßstab abhängt. Nach einer Pechsträhne wirst du dich über ein kleines Glück vielleicht sehr freuen. Während das gleiche Glück in einer grundsätzlichen Glücksphase normal erscheint oder einem vollkommen wurscht ist, weil eh alles fantastisch läuft. »Optimisten haben gar keine Ahnung von den freudigen Überraschungen, die Pessimisten erleben«, schrieb ein deutscher Schriftsteller namens Peter Bamm.

Und es macht bei alldem auch einen riesengroßen Unterschied, ob man die Dinge aktiv angeht oder ob man in zaghafter Passivität durchs Labyrinth des Lebens geschoben wird. Auch hier gibt die Wissenschaft dem Menschenverstand Recht. Folgendes hat man herausgefunden: Leute, die von ihren Handlungen überzeugt sind, sich eigenen Zielen verpflichtet fühlen und Aufgaben als Herausforderung sehen, scheinen weniger anfällig für psychische Belastungen. Um es anders auszudrücken: Tua weiter, dann wirst nicht wahnsinnig.

Jeder hat seine spezielle Lebensaufgabe, die es wie den Lernstoff einer Schulklasse für jeden zu bewältigen gilt. Sich darüber hinwegzuschwindeln, bringt nichts. Es ist, als würde man sagen: Nein, Freunde, ich will nicht gescheiter werden, ich bin dafür zu müde, vielleicht morgen oder gar nicht, ich weiß es nicht, das sollen andere entscheiden.

Also, die Pflicht muss erfüllt werden, sonst scheitern wir am eigenen Spiegelbild. Sie darf einen aber nicht erdrücken, und kein Schüler soll überfordert werden, denn er ist genau in dieser Schulklasse, wo er aufgrund seiner Fähigkeiten hingehört. Nach einer schwierigen Mathematikstunde sehnt man sich nach der Pausenglocke, raus in den Hof. Hier kann man seine Späße treiben und die Lehrer zur Weißglut bringen. Kurti!, schreit jemand, warum brennt der Mistkübel? Aus dem einfachen Grund, weil ihn der Kurti angezündet hat, um der Gabi zu imponieren. Aber das Glück ist jetzt auch schon verraucht. Ein anderer, der Hannes, strebert sich derweil weg, er redet stumm vor sich hin, rezitiert die Ewigkeit.

So wie in der Schule ist auch das Leben aufgebaut. Wenn man zu ehrgeizig ist und selbst in der Pause oder in den Ferien, gedrillt von überehrgeizigen Eltern, nichts im Kopf hat als den Schulstoff, kommt es früher oder später zum Einbruch. So etwas, das wir heute Burnout nennen, samt einer Depression, die sich gewaschen hat. Das sehe ich als Arzt ständig. Es ist wichtig, den so genannten Ernst des Lebens zu verstehen und anzunehmen, sich aber nicht zermalmen zu lassen. Nicht von den Herausforderungen des Alltags. Nicht von Ausnahmesituationen wie beim Verlust eines geliebten Menschen, einer gescheiterten Ehe oder einer schweren Krankheit, die ich oft begleiten darf. Alles akzeptieren, alles annehmen, aber an nichts verzweifeln. Niederlagen gehören zum Lehrzielkatalog des Lebens. Hier ist der Arzt so was wie der Nachhilfelehrer, der über Wissenslücken hinweghelfen soll, weil man an seine persönlichen Grenzen gestoßen ist. Klippen und Hürden, die man allein nicht überwinden kann. Für eine gute Partnerschaft darf man sich da schon einmal extra bedanken, denn eine glückliche Zweisamkeit verdoppelt die Kraft.

Ich stell mir das Leben als Wendeltreppe über viele Etagen vor. Für jeden Stock brauchst du einen Schlüssel, aber jeder dritte Stock braucht, so wie ein Safe in

Auf der Granitformation bei der Einsiedlerklause kann man sich niederlassen, um die besonderen Energien aufzunehmen

der Bank, zwei Schlüssel, von denen einen du und einen der Partner hat, nur dann kommst du an die wertvollen Schätze, die weiter oben sind, heran.

Und eines: Verwechsle Freude nicht mit Spaß. Läppische Zeitvergeudung, die in unserer Zeit, gefördert von eiskalten Geschäftemachern,

viel Unzufriedenheit bewirkt. Vergeude deine Zeit nicht mit Tätigkeiten, die dir vielleicht zwei Stunden lang Spaß machen, aber am Ende keine Befriedigung bringen. Freude soll dich durchdringen mit einem guten, aufbauenden Gefühl. Nur wirkliche Freude ist ein Elixier des Lebens, das dich frei macht für die neuen Aufgaben, eben den Ernst des Lebens. Den du zwar bearbeiten musst, aber nicht mit bitterer Miene und hektischer Arbeit. Das macht dich bloß fehleranfällig und selten erfolgreich. Bleib also auch bei den ernsten Dingen des Lebens gelassen, dann wird es dir leicht von der Hand gehen, und die Schulnoten werden gut ausfallen. Irgendwann gibt dir das Schicksal lauter Einser.

Zeit ist eines der wertvollsten Geschenke, die du hast, und du sollst sie nützen mit einem Mix aus Pflicht und Kür. Wobei die ernsteren Aufgaben leicht von der Hand gehen, wenn du genug Treibstoff aus wirklicher Freude getankt hast. Lass dir die Zeit nicht stehlen von anderen, die dir Freude aufdrängen wollen und du nicht einmal Spaß daran hast.

Es gibt da diesen Spruch: Das Leben ist ein Spiel. Spiele es.

Das Leben ist eine Herausforderung. Nimm sie an.

Das Leben ist ein Traum. Verwirkliche ihn.

Das Leben ist Liebe. Freu dich an ihr, denn Freude ist eng mit Liebe verwandt.

So und jetzt ist wieder eine Ruh mit dem ganzen Pathos, der da so hin und wieder aus meiner Praxis kommt, aber so bin ich nun einmal. Erfreulicherweise habe ich vernommen, dass sich das Gros der Österreicher glücklich schätzen darf. Laut einer Gallup-Umfrage in achtundfünfzig Ländern liegen wir, was für ein Glück, in der goldenen Mitte. Sechs von zehn Menschen in diesem Land sind ausgewiesenermaßen glücklich, jeder Dritte ist sich nicht ganz sicher, ob er jubeln oder weinen soll, und nur sieben Prozent der Befragten sind laut eigenen Angaben unglücklich.

Die Enquete zeigte zudem, dass der wirtschaftliche Eiertanz das persönliche Glück nicht zwingend beeinträchtigt. Und das beruhigt schon, nicht? Wenn die Wirtschaft floriert, freut sich der Mensch zweifellos, allerdings empfindet er offenbar noch mehr Glück, wenn die Zeiten härter und andere Werte wichtiger werden. Deutschland hat Österreich in der Glücksstatistik einiges voraus, aber die Spitzenreiter in Europa sind die Niederlande, die Schweiz und Finnland. Weltweit am glücklichsten sind die Menschen übrigens auf den Fidschi-Inseln, was möglicherweise mit dem Wetter zusammenhängt. Weniger wohl fühlen sich die Rumänen, und die Chinesen kennen das Glück offenbar nur aus den Keksen.

Ja, der Ernst des Lebens braucht Freude als Benzin, dann ist alles voll super. Oder es braucht nicht lang bis zum Kolbenreiber. Ein Kollege, der mit mir in Ausbildung war, also ungefähr vor ein paar Jahrhunderten, war äußerst glücklich mit seiner Frau, einer wahrhaft schönen Blondine, mit der er zwei Kinder hatte. Er, ein tüchtiger Hautarzt, der Professor und Primarius, sogar Präsident einer medizinischen Gesellschaft wurde, war äußerst sympathisch und kooperativ. Seine Frau, eine Ärztin, ebenso. Sie hatten Spaß miteinander und genossen ihre spärliche Freizeit. Sie begann dann, sich auf ihre Psychologielaufbahn zu konzentrieren. Mein Kollege, der immer einen Scherz auf den Lippen hatte und aus dessen Innerem ein gedankliches Lächeln entströmte, blickte immer sorgenvoller in die Zukunft. Weil wir uns immer viel anvertrauten, gestand er, dass er mit seiner Frau keinen Spaß mehr haben könne.

Die Natur der Mühlviertler Alm blüht gerne auf

Jede Freude werde getrübt durch ihre immer schwermütigere Art. Die einst von frohlockenden Geigen erhellte Spielwiese wurde schließlich von immer dunkleren Wolken behangen und unbespielbar. Um diese angeblich so gute Ehe zu retten, bauten sie ein Haus, aber zum Einziehen kam es nicht mehr. Es wurde verkauft. Das immer schwerer wiegende Sorgengebälk fiel ihnen auf den Kopf und begrub die Ehe unter ihren freudlosen Trümmern.

Was bleibt, ist verbrannte Erde. Rauch, Glutnester. Verheerung. Ein tagtägliches Bild in meiner Praxis, wo selbst Bagatelldermatosen, also Wimmerl, schwer wiegen, wenn sie auf einem Traueracker keimen. Im Gegensatz dazu sind selbst schwere Krankheiten nicht nur leichter zu ertragen, sondern durch freudvolle Begleitumstände, etwa eine gute Partnerschaft, Erkennen von kleinen Glücksmomenten, oft plötzlich wie weggeblasen, nach dem Motto: Freude und Zuversicht bringen nicht selten Heilung.

Es ist ein innerer Auftrieb, eine Positivspirale, die einen nicht nach unten zieht, sondern sich nach oben dreht. Die kleinen Sternschnuppen des Alltags wahrzunehmen, hat großen Einfluss darauf, in welche Richtung die Spirale führt. So manches Goliathproblem kann durch eine Davidfreude ausgehebelt werden.

»Es gibt überall Blumen für den, der sie sehen will«, sagte der französische Maler Henri Matisse. Ich meine, wenn man mit Picasso gut war und von ihm als ebenbürtig angesehen wurde, kann man leicht über Blumen sprechen, aber es stimmt. Warum hätte Matisse sonst 1911 das Bild *Blumenstrauß auf Keramikteller* malen sollen, einfach so. Oder die *Frau mit Hut*. Oder den *Blauen Akt*.

Ich meine, Lebensfreude ist, wenn das Leben dein Freund wird.

Gedanklich kommt die Lebensfreude oft im Gleichschritt mit Adjektiven wie optimistisch, kreativ, glücklich, vital und selbstbewusst. Der griechische Philosoph Epikur hat sie in seiner Betrachtung zum Lust-Unlust-Prinzip ausgiebig beschrieben. Demnach muss man aber erst Furcht, Schmerz und Begierde überwinden, um zur Lebensfreude zu gelangen. Das heißt, ritterlich verhalten, gesund auftreten und den Damen nicht in den Ausschnitt starren, dann schaut's gut aus mit der Gaudi am Dasein. Epikur sieht in der Unabhängigkeit von Äußerem, also dem ganzen Schnickschnack rund um den Konsumwahn, ein großes Gut, nicht, um sich in jeder Lage mit dem Wenigen bescheiden zu geben, sondern damit auszukommen, wenn das Meiste nicht da ist. Nämlich dergestalt, dass Wasser und Brot die höchste Lust bereiten können, wenn man wirklich Hunger und Durst hat.

Um Lebensfreude zu ermöglichen, müssen laut Epikur die Grundbedürfnisse nach Essen, Trinken und Kälteschutz gewährleistet sein, alles andere bezeichnet er als Luxusbedürfnisse, auf die man im Zweifel verzichten könne. Ich bin da jetzt nicht ganz seiner Meinung, weil ein bisserl was Feines wird sich der Mensch schon gönnen dürfen. Es geht nicht darum, die restlichen Tage der Menschheit in mönchischer Askese abzudienen, sondern sich hin und wieder zurückzulehnen und nachzudenken, ob man eh auf Kurs ist. Ob man dies oder jenes tatsächlich braucht. Mein Gott, und wenn du wirklich willst, dann kauf dir halt diese Schuhe mit der roten Sohle, wie heißt der Typ noch einmal, ach ja, Louboutin, Christian Louboutin. Oder kauf dir die Tasche und trag sie herum wie ein Neugeborenes, soll sein. Der Trick besteht auch hier in der Ausgewogenheit, im Zugang. Solange der Kaufrausch ein Damenspitz ist, passt alles, man sollte nur die Dämonen im Keller eingesperrt lassen, sie kommen schneller an die Oberfläche, als man sich schrecken kann.

Der Beziehung zwischen der Freude am Leben und dem Frohlocken am Konsum widmete sich auch der Wirtschaftswissenschaftler Tibor de Scitovsky. Er bohrte die Definition joyless economy an und kam recht schnell zu dem Schluss, dass die so genannten modernen Werte und die moderne Wirtschaft eines brauchen: Kritik. Er riet, Geld in Vergnügungen zu investieren, die nicht vergänglich sind oder bleibende Erinnerungen schaffen, zum Beispiel Urlaube. Kein Geld, meinte er, sollte für flüchtigen Komfort verschwendet werden. Der Mensch verliert schnell die Freude an Gegenständen, die er wegen ihrer Neuheit und ihres Reizes beschafft hat, wobei man oft schon nach dem Kaufakt bereut, der Verführung der Werbung gefolgt zu sein. Das neue iPhone ist nach einem halben Jahr auch nimmer ganz so attraktiv, weil das nächste Modell schon wieder auf den Markt geschmissen wird.

Manchmal kommt mir das Leben so vor wie das Fegefeuer der Christen. Mir scheint, dadurch wird die Erbsünde Schritt für Schritt getilgt.

Sieh also deine Probleme als Hilfestellung zu höherer Entwicklung, und nur was dich wirklich mitten ins Herz trifft, bringt einen Entwicklungsschub in die richtige Richtung. Buddha zeigt es am besten: In tiefer Meditation verbindet er seinen Geist wie eine Nabelschnur mit seiner Seele, die eingetaucht ist in die universelle Matrix der Regeneration, wo Freude und Heiterkeit wohnen. Der Baum, den wir sehen, ist der sichtbare Körper mit einem sanften Lächeln, das unbeirrt ist von irdischen, üblen Einflüssen.

Der Geist ist wie ein Affe, er zieht von einem wirren Gedanken rastlos zum anderen und hält ihn an der Oberfläche, wo er ungeschützt allen Einflüssen wie dummem Geschwätz und seichter Verführung ausgesetzt ist. Er kommt nicht in die unbeirrbare Tiefe, wo er vor all dem Negativen geschützt ist und sich zurückzieht vom Film des Lebens. Beispiel: der Ozean. Seine Oberfläche wird durch Wind gepeitscht, die Wellen und Schaumkronen wirken zwar imposant, sind aber für die Tiefe des Meeres völlig bedeutungslos. Der Auftrag lautet: Sei nicht Sklave deines Affen, sondern führe du ihn an der Leine. Von Zeit zu Zeit sperre ihn in den Käfig, wende dich vom geschäftigen Alltagskauderwelsch ab und gehe in deine Tiefe so wie Buddha, Jesus oder Johannes in Meditation oder Gebet. Halte damit regelmäßig Kontakt mit deinen tieferen Schichten, wo die Quelle der Freude und der Lebenskraft ist, und halte den Affen ruhig, mit ihm handelst du dir so manchen Ärger und viele Krankheiten ein. Strukturiere also den Tag. Konzentriere dich auf die Gedanken der Freude, sie führen dich nach oben, negative Gedanken führen dich ins Leid und in die Krankheit.

Aber pass auf, welche Art Freude du dir gönnst. Schadenfreude währt immer nur kurz. Kommerziell nutzt man sie im Fernsehen, siehe *Upps! Die Pannenshow.* Sie ergötzt sich am Unheil der anderen. Früher oder später wendet sich so eine falsche Freude gegen dich selbst und folgt der Volksweisheit von der Grube, die man für andere gräbt, aber selbst hineinfällt. Jeder spürt den Unterschied zwischen echter Freude aus reinem Herzen und der, die auf dem Schaden eines anderen gebaut ist. Da wirst du bald selbst der sein, über den die anderen lachen.

Die Himmelsleiter gleich hinter der Einsiedlerklause

Es geht darum, den Blick auf das Wesentliche zu richten, mit dem Herzen zu sehen wie der kleine Prinz in Antoine de Saint-Exupérys Buch. Es geht darum, sich den Sand aus den Augen zu wischen. Apropos. Wenn ein Kind gar nicht schlafen will, schickt ihm der liebende Vater das Traummännlein. Das streut Sand in die Augen, um so den Blick zu trüben, der nicht ablassen will vom momentanen Treiben. Erst dann wird das Kind bereit für das Traumland, für die wunderbaren Geschichten, die es schließlich in den Schlaf hineinschlummern lassen. Die Geschichten von weißen Elefanten, von tanzenden Bären, vom Zauberer Tintifax und dem Schlaraffenland, wo Milch und Honig fließen.

Den Trick mit dem Sand-in-die-Augen-Streuen haben nicht nur die liebenden Eltern, sondern auch übel meinende Verführer entdeckt. Hier ist der Sand in den Augen nur dazu da, um den Blick der Massen von der Realität abzulenken und ihn dorthin zu führen, wo ihre eigenen Begierden liegen. In der Unterjochung, aus der sie reichlich Kapital schlagen können. Dafür wird nicht die eigene Fantasie, wie bei den Kindermärchen, angeregt, sondern gleich manipulative Szenen von den Fernsehern und Internetplattformen aus vor Augen geführt. Werbung heute ist oft eine Ohrfeige für die Wahrheit.

Die einzige Maxime ist der Machtanspruch und der materielle Vorteil der Manipulateure. Jeder, der sich den Sand halbwegs aus den Augen gespült hat, sieht immer klarer, in welche Richtung uns die Weltenführerschaft gelenkt hat, auf einem Weg, der in ein Gelände geführt hat, gespickt mit Landminen, abgrundtiefen Klippen und Dornengestrüpp. Immer mehr Menschen bekommen die Augen frei und beginnen zu handeln, vertreiben die Tyrannen aus ihren Palästen, die sich zähneknirschend wehren, ihre Herrschaft abzugeben. Sie lassen durch Militär- und Polizeieinheiten ihr eigenes Volk ausbluten, ohne jeden Skrupel. Auf der anderen Seite ist die Verzweiflung der Unterjochten so tief greifend, dass sie ihr Leben aufs Spiel setzen, um ihrer verzweifelten Situation zu entrinnen. In unserer Zeit haben wenige Völker das Glück, von Menschen geführt zu werden, deren Regentschaft auf moralischen Grundwerten beruht und die versuchen, soziale Gerechtigkeit in den Mittelpunkt ihrer Gesetzgebung zu stellen. Schwierig genug, wo doch die oben auf der Sozialleiter rangieren, durch die wachsende Gier unserer Tage hungrig nach noch mehr schreien und die soziale Unterschicht in fauler Passivität nach sozialer Absicherung ruft, ohne jede Gegenleistung, wie etwa gar arbeiten zu sollen.

Grund für die nahezu globale Entwicklung des Auseinanderdriftens, die zu einer Spannung führt, die kurz vor dem Zerreißen ist, ist die Kurzsichtigkeit und der egoistische Verlust des Gemeinschaftssinnes nach dem Motto: Alle denken an sich, nur ich denke an mich. Menschliche Grundwerte, die seit Jahrtausenden von Konfessionsgemeinschaften gepredigt werden, müssen wieder den Weg pflastern, der herausführt aus der gegebenen Misere. Aus meiner mehr als dreißigjährigen, ärztlichen Erfahrung heraus glaub mir das, darum bitte ich dich, glaub mir meine Prognose. Dieser Weg, den wir wieder finden müssen, ist ein schlechtes Terrain für Krankheiten, deren Behandlung unbeherrschbare Löcher in unsere Budgets frisst. Wenn dieses Gedankengut unsere Herzen erreicht, ist das die effektive Prophylaxe, von der wir so viel reden und sie doch bloß mit der Früherkennung von Krankheiten verwechseln, für die wir nicht einmal zwei Prozent unseres Gesundheitsbudgets aufwenden.

Das Geheimnis heißt Optimismus. Ein Phänomen, das der Südtiroler Mediziner Toni Pizzecco studiert hat. Bei Buschmenschen in Ostafrika, bei den Favela-Bewohnern in Rio de Janeiro, in den Slums von Kalkutta und bei den Reichen in Hollywood. Immer wieder hat er sich die Frage gestellt: Warum sind die einen so viel besser drauf und haben selbst in ihrer widrigen Situation Freude am Leben, und warum sind die anderen niedergeschlagen, obwohl es ihnen augenscheinlich an nichts fehlt? Die Lösung liegt in den Gedanken und Bildern, die wir uns vorm inneren Auge machen.

Im Prinzip geht das so: Unser Gehirn vergisst nichts. Es ist ein Speicher, der nie voll ist. Jede Information des Tages wird dort oben aufbewahrt. Neuntausend Bilder täglich, das ist der heutige Stand. Unseren Urzeit-Vorfahren lieferte der tägliche Kampf ums Überleben und Fortpflanzen maximal zehn bis zwanzig Bilder. Im Mittelalter fand man mit zweihundert Bildern das Auslangen. Damals wie heute schleichen sich diese Informationstafeln ins Bewusstsein und von dort ins Unterbewusstsein, von wo sie jederzeit zurückkehren und uns das Leben schwer machen können. Darum beginnt Positive Thinking schon mit der Fütterung unserer grauen Festplatte. Denn die alte Weisheit stimmt: Ein gesunder Körper braucht einen gesunden Geist.

Erste und wichtigste Regel: Filtere die Flut eingehender Informationen.

Es steckt in uns, dass wir auf schlechte Meldungen mit erhöhter Aufmerksamkeit reagieren. Schuld daran ist die Urangst, die uns immer noch vor Gefahr schützt und deretwegen wir nach wie vor hinter jeder Katastrophenmeldung eine echte Bedrohung sehen. Medien, insbesondere die Amerikaner sind Meister darin, ihr Geschäft mit genau dieser Angst zu machen. Der Rat des Optimisten: Lies Zeitungen mit selektiver Leichtigkeit und höre am Morgen nicht Radio, um dich nicht mit Negativem zu beschallen. Die Bilder und Gedanken, die wir uns in der Früh machen, entscheiden nämlich oft über die Stimmung des Tages. Schau dir keine Horrorfilme aus Politik und Wirtschaft an, wenn du eine ruhige Nacht haben willst. Denn nachts sind wir mit unseren Gedanken noch mehr allein. Sei der Regisseur, der aktiv entscheidet, welche Bilder er auf die innere Leinwand projiziert.

Feind Nummer eins: die Miesmacher. Das sind gute Bekannte, die ein Gespräch damit beginnen, wie schlecht du heute ausschaust. Warmen Dank, bis zu dieser sensiblen Bemerkung war alles in Ordnung, ab da fühlst du dich so, wie du angeblich ausschaust. Der Rat des Optimisten: Tappe nicht in die Falle der sich selbst erfüllenden Prophezeiung.

Feind Nummer zwei: die Hiobsboten. Sie kennen die aktuellsten Krankheiten und wissen auch, wer sie schon hat. Jeder Unfall hat bei ihnen einen persönlichen Bezug, und überhaupt wird alles immer schlimmer. Der Rat des Optimisten: Ohren zu und weitergehen.

Feind Nummer drei: die Selbstzerstörer. Man erkennt sie am Blitz und Donner über ihrem Kopf. Sie ziehen das Unheil an wie Paris Hilton die Paparazzi, wenn sie aus der Limousine steigt und wieder einmal vergessen hat, ein Höschen anzuziehen. Selbstzerstörer teilen ihre hausgemachten Cassandra-Rufe jedem mit, den es nicht interessiert. Der Rat des Optimisten: Die Schreckensnachricht gehört überhört.

Feind Nummer vier: die Traumzerstörer. Wenn du einem Traumtöter erzählst, dass du dir endlich das Fertigteilhaus leisten kannst, auf das du so lange gespart hast, darfst du nicht darauf hoffen, dass er sich mitfreut. Im Gegenteil. Er rechnet dir vor, wie viel länger du an deinem Kredit zahlst, als das Haus hält. Und er hört erst auf, wenn er dir die Freude verdorben hat. Der Rat des Optimisten: Träume sind Ziele, und zwar ausschließlich deine.

Es gelingt nicht immer, den Bad News auf zwei Beinen zu entkommen. Die Freudlosen laufen dir nach und reden dich nieder. Zieh ihrem Sermon das Trommelfell über die Ohren und denk nicht weiter drüber nach. Mit der Zeit lässt das Bewusstsein alle unschönen Gedanken tiefer sinken. Gnädige Einrichtung der Natur. Lass das Schlechte untergehen in dir. Steuere dein Gehirn in Richtung Zukunft. Wenn du das schaffst, gehörst du nicht länger zu den Marionetten deiner inneren Teufel, sondern ziehst die Fäden selbst.

Um der Zuversicht Tür und Tor zu öffnen, solltest du bei ganz banalen Dingen ansetzen. Trink stets aus dem halbvollen statt aus dem halbleeren Wasserglas. Sieh aus Krisen einen Weg bergauf statt bergab. Mach nur nicht den Fehler, die Welt durch das trügerische Rosarot einer Brille zu betrachten, die dir falsche Tatsachen vorgaukelt. Der beste Schutz vor schlechten Gedanken ist Konzentration. Wenn wir uns mit einer Arbeit intensiv auseinandersetzen, uns in eine Geschichte vollkommen vertiefen, hat unser Geist gar nicht die Chance, andere Baustellen zu beackern.

Optimismus kann man tanken, die Zapfsäulen stehen zuhauf in der Natur. Dich möchte ich sehen, wenn du heute von der Himmelsleiter, die kommt jetzt übrigens gleich da vorn, heruntersteigst und schwarz siehst. Schau dir eine Wiese an, und deine Seele ist im grünen Bereich. Wenn du grad keine Wiese hast, mach Sport. Je mehr du deinen Körper spürst, desto weniger zerbrichst du dir den Kopf.

»Gib jedem Tag die Chance, der schönste deines Lebens zu werden«, schrieb Mark Twain. Das sagt sich natürlich schon recht leicht dahin. Die Realität schaut anders aus, das weißt du, das weiß ich. Aber was soll's, wir haben moderne Probleme, aber uralte Instinkte. Wenn dir der Stress am Rockzipfel hängt, ist es verdammt weit bis zum schönsten

Tag des Lebens. Früher hast du einen Saurier gesehen und die Flucht ergriffen. Heute siehst du deinen Chef und steckst im Dilemma. Dein Organismus reagiert noch wie zur Zeit der Höhlenmalereien, dein Verstand sagt dir, dass man das nicht ganz verstehen wird in einem Großraumbüro, in dem jeder alles mitkriegt. Oder in einem Lehrsaal auf der Uni. Oder im Kindergarten.

Jeder Mensch vom Erstklässler bis zur Mizzitant stöhnt heute, wenn er gefragt wird, wie's ihm geht. Stressig. Kann dir gar nicht sagen, wie. Puh, keine Zeit für nix, das Leben kann schon was Anstrengendes sein, gell? Dadurch wird ein Leben auf der höchsten Leistungsstufe zur Dauereinrichtung und kann auf lange Sicht sogar krank machen. Außer, du drehst den Spieß um. Machst deinen Stress zu etwas Positivem. Du kannst damit anfangen, dass du dich ein bissel weniger über etwas aufregst, ohne dass du dich vor anderen wie ein unnützes Mitglied dieser Gesellschaft fühlen würdest. Hättest du nämlich plötzlich überhaupt keinen Stress, Zeit für alles und nix Anstrengendes zu tun, wär dir das ganz und gar nicht recht. Wo nie das Handy läutet, wohnt kein Erfolg. Wer öfter Zeit hat, ist seltener begehrt. Nur wer Stress hat, ist gefragt.

Auf positiven Stress reagiert der Körper dagegen ähnlich wie beim bösen Zwillingsbruder. Der Sympathicus nimmt seinen Dienst auf, der Blutdruck steigt, die Leistungsfähigkeit nimmt zu. Die Folgen: Man kommt in den so genannten Flow-Zustand. Und das, sag ich dir, ist etwas Großartiges. Manchmal hat man es beim Schreiben, allerdings wart ich jetzt schon elf Kapitel drauf.

Flow ist das Gefühl des Fließens. Dass du ganz aufgehst in einer Tätigkeit. Dass du an irgendeinem Kabel in dem Kosmos hängst und weißt, jetzt kannst du keinen Beistrich im Leben falsch machen. Der Flow entsteht vor allem dann, wenn eine Balance zwischen Anforderungen und Fähigkeiten besteht. Das Gehirn arbeitet ruhig und klar, und doch schneller, effizienter, schärfer, kreativer als sonst. Schwemmt Ideen und Lösungen an, wie man es sich bei Künstlern, Wunderkindern, Spitzensportlern oder Schachmeistern vorstellt.

Es hat was mit Gehirnwellen zu tun, mit dem Zugang ins Unterbewusstsein, wo Gedanken, Assoziationen, Visionen lauern. Vor dem negativen Stress verstecken sie sich gern, der positive lockt sie heraus

aus der Versenkung. Der Weg von der Panik zum Plaisir führt über die mentale Autobahn. Beim Stress sind das Körperliche und das Seelische eng miteinander verkoppelt. Und man kann den Schulterschluss noch fördern. Mit Erfolgserlebnissen. Nicht mit fertigen, mit vorgedachten. Man kann sich selbst in Situationen größter Anstrengung vergegenwärtigen, dass das Ende in jedem Fall ein Hammer sein wird. Lampenfieber ist ein gutes Beispiel. Künstler fragen sich vorm Auftritt immer wieder, warum sie sich das antun. Kaum sind sie auf der Bühne, löst sich der Stress auf, und die maßlose Freude setzt ein.

Leider lässt sich der schädliche Distress meistens nicht direkt in den sympathischen Eustress umwandeln. Der beste Weg vom Reizdarm zum Flow: negativen Stress und seine Folgen abbauen und neutralisieren und dann den positiven Stress suchen gehen. Es ist wie an einem Mischpult. Man schiebt den positiven Regler rauf und den negativen runter. Man kann das gezielt üben und so jedem Burnout die lange Nase zeigen.

Die Methode ist eigentlich simpel. Denk dich hinein, wie du es hast, und denk dir dann, wie du es haben willst. Spitzensportler machen es so, Mentaltrainer lehren es dich so. Spiele dir alle Varianten geistig durch, mach Fehler, stell dir vor, was du im Fall des Scheiterns machen wirst, dann kannst du überhaupt nur positiv überrascht werden. Und zeig Sigmund Freud, dass er nicht Recht hatte, als er sagte: »Wir streben mehr danach, Schmerz zu vermeiden als Freude zu gewinnen.«

Eine Station habe ich noch für dich vorbereitet. Es ist die wichtigste, wie ich meine. Es ist der Schlüssel zur Schatztruhe des Lebens. Ich schenk ihn dir, komm, er liegt gleich dort hinter dem Baum.

12 Der Schlüssel zum gesunden Altern liegt in deinem Alltag.

»Oy«, sagt der Johanniskäfer.
»Ja, ich weiß«, sagt die Lilie.
»Er kann sich kaum noch auf den Beinen halten. Sie humpelt und hat sicher sieben Blasen von ihren neuen Wanderschuhen.« Die Wanderer stöhnen. Der Johanniskäfer seufzt.
»Wir sind am Gipfelkreuz in Harlingsedt, das ist die letzte Station des Johanneswegs, hier darf man schon etwas geschafft sein«, beschwichtigt die Lilie.
»Geschafft, ja, fragt sich nur auf welche Art«, sinniert der Johanniskäfer. »Ein Wort beschreibt da zwei Welten. Es teilt die Johannesweg-Pilger in zwei Gruppen: die, die bloß geschafft sind, und die, die es geschafft haben. Die körperlich Fertigen erkennt man gleich. Würde mich interessieren, woran man sieht, dass jemand auf seinem Weg zum Glück gekommen ist.«
»Vielleicht die zwei, die dort hinten antraben, sie haben einen ausgesprochen beschwingten Schritt«, sagt die Lilie.
»Erleuchtet schauen sie trotzdem nicht aus«, sagt der Johanniskäfer.
»Seit wann bist du so zappelig?«, fragt die Lilie. »Zurück zum Herrgottsitz, mein Freund. Station zwei, schon vergessen? Die Geduld.«
»Also, wenn es jemanden gibt, der warten kann, dann wohl ich«, verteidigt sich der Johanniskäfer. »Ich trage meinen Namen nicht zufällig, man leitet ihn von Johannes dem Täufer ab. Jener war die Lampe, die brennt und leuchtet. Das hat schon Jesus über ihn gesagt. Und das ist über den Daumen jetzt zweitausend Jahre her. Verzeih, dass mich das Ungestüm kurz übermannt hat. Aber mitunter fühle ich mich etwas ausgebrannt.«
»Schon gut«, beruhigt ihn die Lilie und lächelt.
»Du kennst das nicht«, sagt der Johanniskäfer. »Du bist das erstgeborene

Kind des Lichts sozusagen. Symbol für das Leben. Eine hellere Zukunft als die, die du uns ausleuchtest, gibt es nicht.«

»Hast ja recht«, winkt die Lilie ab. So viel Lob macht sie etwas verlegen. »Mir geht es allerdings auch manchmal wie dir: viel zu langsam. Und doch glaube ich an unsere Vision.«

»An dieser Stelle des Johanneswegs, noch einige Kilometer bis zum Ende, sind wir ihr schon ein gutes Stück näher«, sagt der Johanniskäfer und lächelt.

»Alltag ist nur durch Wunder erträglich.«

MAX FRISCH

»Die Ewigkeit dauert lange, besonders gegen Ende.«

WOODY ALLEN

Und täglich grüßt das Murmeltier, haaallllloo! Es schreit, wenn der Wecker Alarm schlägt. Es ächzt, wenn man aus dem Bett steigt. Es grummelt, wenn man ins Bad schlurft. Es dreht sich um, wenn man sich die Zähne putzt. Es legt sich gelangweilt hin, wenn man aus dem Haus geht. Es denkt sich: Geh was hackeln, ich mach's mir derweil gemütlich. Man wünschte, man wäre sein eigenes Murmeltier.

Alltag ist nicht alles, aber das Wesentliche, das deinen Lebenslauf, insbesondere deine Gesundheit beeinflusst. Als Arzt erlaube ich mir schon, das mit aller Deutlichkeit zu sagen. So wie für den Wettkämpfer eine solide Vorbereitung die Voraussetzung für die Meisterschaften ist, so ist der Vorabend die Grundlage für den erfolgreichen nächsten Tag. Also das Morgen beginnt schon heute Abend. Jeden Abend für jeden Morgen danach.

Vielleicht kannst du so wie Österreichs Sonnenkönig, der frühere Bundeskanzler Bruno Kreisky, am Abend noch einen Spaziergang machen, um die Verdauung zu fördern, um noch einmal den Lauf des Tages Revue passieren zu lassen und um zu überlegen, was du beim nächsten Mal anders machen würdest. Aber nicht grübeln und nachtrauern, denn schon die Chinesen sagen, es ist sinnlos, verschüttete Milch aufsammeln zu wollen.

Und gleich noch ein Tipp unter Freunden: Mach dir Gedanken, was du am nächsten Tag zu erledigen hast, vor allem wenn die Herausforderungen stärker sein sollten als dein gewohntes Pensum. Fürchte dich aber nicht davor, sondern freu dich und sei froh, dass du eine sinnvolle Aufgabe hast. Nichts ist öder, als die Tage zu verplempern.

Auch wenn Studien dagegen zu sprechen scheinen, ist es für die meisten von uns günstig, noch vor Mitternacht einzuschlafen, wenn möglich in einem nicht allzu warmen Raum. Denn damit eine Nacht eine gute Nacht werden möge, soll die Körpertemperatur ein wenig abnehmen. Die so genannte Hibernisation unterstützt die Zellen bei der so wichtigen nächtlichen Reparatur. Zusätzlich ergießt sich das Jungbrunnen-Hormon Somatotropin, das unfassbare, regenerative Effekte auf den Körper hat, über einen. Lange wurde diese Substanz auch als Anti-Aging-Mittel gespritzt, ein sündteures Medikament, um die Leistungsfähigkeit hinaufzuschrauben oder das jugendliche Erscheinungsbild von Leistungssportlern so zu stimulieren, dass sie tatsächlich um zehn Jahre jünger ausschauen. Inzwischen ist der vorgebliche Wunderwirkstoff entmystifiziert, weil er künstlich zugeführt aufgrund des erhöhten Stoffwechsels zu viele freie Radikale produziert und das Leben nachweislich verkürzt. Im Gegensatz zu dem Stoff, den wir im Schlaf selbst ausschütten. Es ist kein Widerspruch, wir sehen bei fast allen Hormonen, etwa Kortison oder Östrogen, über längere Zeit, dass sie trotz biologischer Identität auch Gefahren mit sich bringen.

Das Schlafhormon Melatonin ist das einzige, das im Gegensatz zu allen anderen Hormonen, die am Abend ihre Arbeit reduzieren, seine Aktivität in der Dunkelheit steigert. Es richtet deine innere Uhr nach und unterstützt dich bei der Sanierung deines Körpers. Nicht für jeden gelten die folgenden Vorschläge gleichermaßen, aber eine Richtlinie sind sie schon.

Schau, dass du nicht reizüberflutet ins Bett gehst, sondern chill zuerst deinen Geist ein bisserl runter. Bevor du ins Reich des Schlafes hinüberschwebst, sprich noch einmal mit deinem Inneren oder je nach Glauben und Einstellung mit dem, was du für deinen Gott hältst. Sieh es analog zum Abendgebet und lass deinen Geist vertrauensvoll hineingleiten in deine Seele, die dort, wo die heilende Kraft zu Hause ist, ihre Heimat hat.

Je nach deinem Naturell und deinem Tagesrhythmus lass den Wecker in der Früh nicht zu aggressiv schrillen. Wache sanft auf und begrüße den Tag mit einem Lächeln, das deinen Geist wie ein zarter Kuss erfreut. Man könnte es auch die Zuneigung des Morgens nennen. Ist vielleicht nicht jedermanns Sache, hat aber was. Der Montagmorgen scheint für viele Menschen was Furchtbares zu sein. Die Woche beginnt ja erst, denken sie, wie werde ich die Tage bis zum Freitagnachmittag nur überstehen, bis endlich Wochenende ist und die Freizeit einen tun lässt, was immer man will. Ich weiß nicht, warum die Menschen den Montag hassen, der kann ja gar nix dafür. Er ist ein Tag wie jeder andre, der Chancen bringt, Möglichkeiten, gleich morgen. Du musst nur aufstehen und dir den Tag holen, dann gehört er dir. Nur dann ist nicht alles so fremdbestimmt, wie du glaubst. Ich brauche zum Beispiel in den seltensten Fällen einen Wecker. Am Vorabend stelle ich mir einfach vor, wann ich aufwachen will, und zack, munter. Manche kennen diese innere Uhr, andere haben von ihr gehört, wieder andere nennen es Intuition. Sei's drum, steh einfach auf, wenn der Tag dich begrüßt, ob er jetzt Montag, Mittwoch oder Sonntag heißt, ist doch bitte schön wirklich einerlei. Manche Menschen arbeiten ja auch am Wochenende und freuen sich deshalb nicht automatisch auf den Freitag, nur weil der für die meisten die Freizeit einläutet, mit der dann eh nicht alle etwas anzufangen wissen.

Nehmen wir einmal an, das Murmeltier hat es jetzt gerade geschafft, dich aus den Federn zu stampern. Dann ist es an der Zeit, was zu tun. Um den Körper auf Betriebstemperatur zu bringen, kann's nicht schaden, ein paar Übungen zu machen. Liegestütze, Kniebeugen, Sit-ups, Laufen, was dir halt so liegt. Die Atmung wird angeregt, der Kreislauf und die Muskulatur kommen in Schwung. In China oder Korea macht man in Großbetrieben die Übungen gemeinschaftlich. Die stereotype und von der Firmenleitung überwachte Angelegenheit fördert zwar auch die Gesundheit, wäre aber nichts für uns. Ich jedenfalls würde mir nicht gern vorschreiben lassen, wie mein Qigong um 5.45 Uhr auszuschauen hat, aber gut.

Nach der gründlichen Morgentoilette, zu deren Abschluss du deine geballte Attraktivität im Spiegel noch einmal mit einem Lächeln unterstreichst, zwitscher dir ein kerniges Frühstück ganz nach deinem Geschmack, aber möglichst den modernen Ernährungsregeln entsprechend rein, das gibt dir Kraft für die wichtigste Arbeitszeit, den Vormittag. Teile dir nach dem Mittagessen leichtere Arbeiten ein und wenn möglich eine Pause. Kein Chef sieht gern, wenn seine Mitarbeiter die

Die Naturplattform beim Harlingsedter Gipfelkreuz (900 Meter Seehöhe) bietet zum Abschluss wieder eine herrliche Aussicht über die Landschaft

Füße am Schreibtisch hochlagern, damit die Verdauungsorgane optimal durchblutet werden. Aber jeder Chef goutiert die Effizienz, mit der du danach durch die Aktenberge pflügst.

Je nach Notwendigkeit und beruflicher Situation wird der Nachmittag schon ein wenig gemächlicher. Wenn du doch bis zum Abend oder gar bis in die Nacht hinein arbeiten musst, weil du in der Gastronomie oder im Dienste der Medizin stehst, vielleicht Schriftsteller bist oder zu einer anderen Art Verrückter gehörst, die sich die Nächte nicht mit ihrem Partner, sondern mit ihrem Beruf um die Ohren schlagen müssen, wenn du also keinen Neun-bis-fünf-Job hast, dann geh wenigstens zwischendurch einmal spazieren, damit du nicht einrostest. Und mit Spazieren meine ich nicht einmal um den Schreibtisch. Es sind schon zehntausend Schritte am Tag, die du machen solltest.

Außerdem wissen wir heute, dass Stickstoffmonoxid die Hirngefäße erweitert und die Aufnahmefähigkeit verbessert. Du merkst dir alles leichter, wenn du dich bewegst. Anregende Getränke wie Kaffee solltest

Auf der Mühlviertler Alm trägt man mit Stolz die Verantwortung für Grund und Boden und für die Tiere, die man respektiert und die den Lebensunterhalt sichern

du nicht in dich hineinschlürfen, als wär's Wasser. Kaffee ist eine Peitsche für die Nieren, wie die Chinesen sagen. Und Koffein können manche Menschen auch nur langsam abbauen. Ich zum Beispiel bestelle mir einen Mokka nach dem Abendessen nur dann, wenn ich weiß, dass ich bis fünf in der Früh noch was Besseres vorhabe als schlafen.

Wenn der Tag an dir zu nagen beginnt, denk immer wieder daran, worauf du dich demnächst freuen kannst. Nahe liegende, kleine Freuden im Alltag helfen dir bis zum nächsten Urlaub, der noch in weiter Ferne liegt, ganz gut hinweg. Freu dich auf das Treffen mit einem Freund. Auf die kleine Radtour mit deinem Sohn. Auf einen Nachmittag im Puppenhaus mit deiner Tochter. Auf irgendwas mit deinem Partner. Oder auch nur auf ein gutes Buch, einen spannenden Film, ein fröhliches Essen, ein interessantes Gespräch. Verlege diese Annehmlichkeiten auch nicht alle aufs Wochenende, sonst kommst du wieder auf keinen grünen Zweig an deinen Donnerstagen. Ausnahmen sollten in deinem Leben immer wieder die Regeln bestätigen. Sie sind die Würze, die dem Alltag den köstlichen Geschmack verleiht. Wenn du einschläfst, tritt aus dem Film des Lebens heraus und tritt ein in den weiten Raum, der deine Seele umsorgt. Und dann wird man wieder munter und hat sofort Charles Baudelaire im Sinn, bevor man sich frühmorgens in den Spiegel schaut. »Herr, gib mir die Kraft und den Mut, mein Herz und meinen Körper ohne Ekel zu betrachten.«

Na ja. Um ein ganz anderes Thema anzuschneiden: Letztens ist mir was total Schräges passiert. Ich hatte, nennen wir es eine Eingebung. Bevor die Realisten unter euch jetzt bereuen, dass sie das Buch bis hierher gelesen haben, möchte ich schon klarstellen, dass das nicht unbedingt etwas obszön Esoterisches sein muss. Es war einfach einer dieser Momente, in denen man das sichere Gefühl hat, dass einem jemand die Hand führt. In meinem Fall kamen folgende Zeilen heraus:

Steig auf, du bessre, neue Welt,
Bring Frieden, Glück ins Leben,
Mit weißen Lilien in der Hand
Führ alle uns zum Segen.

Und wenn wir einst im Himmel sind,
Lass Erd und Himmel gleichen,
Bring Freude rein in unsern Sinn,
Lass Tod und Teufel weichen.

Die Liebe ist das Wunderband,
Sie wird die Welt begleiten,
Bringt Licht in jedes edle Land,
Uns Menschen wird sie leiten.

Wir sind es heute nicht mehr so gewöhnt, im Versmaß zu denken. Uns auf Lyrisches einen Reim zu machen. Die Sprache der Zeit ist kurz und informativ, sobald sie einen anderen Rhythmus bekommt als das Schnelllebige, heißt man sie kitschig. Ich muss sagen, ich hab schon noch was übrig für so eine Art Kitsch, und ich habe auch nicht vor, mich dafür zu schämen. Ich las durch, was da plötzlich vor mir stand, und kein Buchstabe erschien mir fehl am Platz.

Die Kirche in Königswiesen zählt dank dem 480 Felder zählenden Schlingrippengewölbe zu den hervorragendsten Bauwerken der Endgotik Österreichs

Noch während sich das Papier mit diesen Worten füllte, klangen sie mir auch gleich als Melodie in den Ohren. Wie eine Hymne für meine Vision. Ohne dir die Ohren mit meinen Talenten voll singen zu wollen, ich habe eine ganz propere Stimme, Tenor, wurde vor langer Zeit einmal ausgebildet. Diese drei Strophen, die mir da eingeflüstert wurden, dieses Johanneslied, würde ich jedenfalls gern einmal mit dir singen.

Ein schneller Tipp unter Freunden zwischendurch: Vergiss nicht auf das Singen, Musik ist der beste, billigste und gesündeste Stimmungsmacher, den ich kenne. Gesang bringt dir Energie direkt aus der Seele, fördert die Sauerstoffversorgung und hemmt Krankheiten, etwa Allergien, auch wenn Molekularbiologen dafür noch keine eindeutigen Beweise haben, die in den Stein der Wissenschaft gemeißelt werden können. Ich halte es mit der Binse: Wo man singt und lacht, da lass dich nieder, böse Menschen haben keine Lieder.

Musik wird in ihrer Auswirkung unterschätzt. Als meine Frau schwanger war, habe ich sie in die Staatsoper eingeladen. Zu Richard

Strauss' *Salome.* Meine Tochter, damals ein Fötus im Bauch, hat gestrampelt wie nie und wollte anscheinend davonlaufen, besonders bei der Szene, in der Johannes geköpft wurde. Später, bei Mozartklängen, war sie still und genoss offensichtlich. Vielleicht hätte ich ihr mehr Brahms vorspielen sollen, wer weiß das schon. Dabei kann ich sagen, dass meine Tochter Magdalena sich gar nicht besser hätte entwickeln können. Sie ist mein Augenstern und ihr erster Freund, den sie länger als drei Tage hat, wird mich leider Gottes jeden Fortschritt bei den Stationen Humor, Toleranz, Demut und Freude kosten. Zurück an den Start, Herr Doktor, wird das Schicksal raunen, schade, Sie haben schon so schön Meter gemacht. Ja, Väter sind so, wenn es um Töchter geht, die älter sind als fünfzehn und wirken, als hätten sie mehr erlebt, als dem Papa lieb ist.

Vielleicht sollte ich den jungen Mann singend begrüßen. Singen hebt nicht nur die Laune, es ist generell wie eine Frischzellenkur. Vor meiner Gesangsstunde früher war ich oft erschöpft und wollte sie schon absagen. Eine Viertelstunde nach Beginn war ich fast immer wieder in meiner Mitte. Gemeinsames Singen wird übrigens in allen Kulturen und Konfessionen und zuletzt auch in der medizinischen Klangtherapie als Grundnahrungsmittel für das Seelenheil genützt. Wird also was dran sein.

Trotzdem wurde weder ein Sänger noch ein Wissenschaftler aus mir. Wer immer mich an der Hand führte, er hat mich nicht in die Irre geführt. Ich hätte meine Natur verraten, wenn ich mit Mäusen und Mikroskopen im Keller geblieben wäre. Meinem Wesen entspricht es, mit Menschen umzugehen, umso mehr, wenn ich ihnen helfen kann. Deswegen bin ich Arzt geworden, und deswegen habe ich auch den Johannesweg geschaffen. Und hoffe, damit einer Aufforderung zu folgen, die mir immer sehr imponiert hat: Vertritt deine Überzeugung mit Nachdruck und hinterlasse Abdrücke in Felsen und nicht Spuren im Sand.

Das geht allerdings nur, wenn man im Hier und Jetzt lebt und den Alltag schatzt wie einen Mitstreiter, oder einen Weggefährten. Die Zeit ist wie ein Fließband an deiner Seite, folge seinem Fluss, ruhig zwar, ohne Hast, sonst bleibst du zurück und findest dich in deinem Gestern wieder. Alte Religionen verlieren den Anschluss an unsere Zeit, weil sie das missachten. Ihr altes glorreiches Wissen wird mit der Zeit nicht mehr verstanden und

Der gut erhaltene Wohnturm der Burgruine Ruttenstein in Pierbach bietet einen sensationellen Ausblick. Bei schönem Wetter kann man sogar den Dachstein sehen

gerät in Vergessenheit. Wenn auch die Tage verwehen und vergessen werden, ist das tiefe Wesen der Zeit die Verwandlung. Tipp unter Freunden: Sei strebsam, aber nicht übereifrig auf deinem Johannesweg. Ein lächelndes Gesicht ist schöner und erfolgreicher als ein starrer, verbissener Blick eines nutzlosen Eremiten.

Lebenskunst ist, das kleine Glück im Alltag zu erleben. Geerdet bleiben und doch nach den Sternen greifen und den Lebenstraum nicht aufgeben. Selbstaufgabe, aber auch verkrampftes Kämpfen um das Glück verstopft die Adern des Paradiesvogels, der am Lebensbaum seine Lieder pfeift, jederzeit bereit zum Abheben. Natürlich braucht es ein Erkennen, ein Sehen beim Gehen. Wer sich an gewisse Regeln hält, am besten an welche, die er für sich selbst und für sein generelles Weiterkommen aufgestellt hat, der ist dem Ziel näher, als er glaubt. Disziplin hat nichts mit spartanischer Kargheit zu tun, ist aber für unser Leben so grundsätzlich wie das Alphabet zum Schreiben und Lesen.

Der Schlüssel zum gesunden Altern liegt im Alltag, heißt es bei Station zwölf. Da fragt sich freilich, was der Alltag ist. Routine? Endlosschleifen? Wirklich nichts anderes als tägliche Murmeltiergrüße? Der Alltag zeichnet sich durch Muster aus, die sich ergeben haben, Schemata, nach denen der Mensch gewohnt ist zu leben. Das Gros der Leute sehnt sich nach einer speziellen Rhythmik des Daseins, wenn sich Dinge in regelmäßigen Abständen wiederholen, und wenn Szenen vorhersehbar werden. Man weiß, dass man am Mittwoch um halb sieben ein Puten-Cordon-bleu im Stammwirtshaus einschneiden und sich dabei ein Weizenbier einverleiben wird. Herrlich, solche Prognosen.

Der Alltag hat irgendwie den Mief der Fadesse. Alltag: grau, trist, riecht verdächtig nach Vorstufe zum Tod. Finde ich überhaupt nicht. Das Leben besteht halt nun mal nicht aus einem permanenten Insel-Urlaub oder sonstigen gefälligen Ausnahmezuständen. Der Alltag ist einfach das, was alle Tag' daherkommt. Aber auch das, wie man sich alle Tage gestalten mag. Sieht man den Alltag darin, in der Früh wie ein Zombie in die Arbeit zu fahren, im Büro das Allernötigste zu erledigen, um dann exakt beim Gong zum Feierabend den Bleistift fallen zu lassen, nur damit man nach Hause rasen kann, um dort vor dem Fernsehen zu sitzen und sich etwas Fettes in den Mund zu schieben, nun, dann wird der Alltag vielleicht so sein, wie man ihn kennt. Alltäglich. Es geht aber auch anders.

Man muss die Blickrichtung und die Einstellungen gleichermaßen ändern, dann schaut auch der Fokus auf einmal ganz anders aus. Du kannst die Fragen auf die eigenen Stärken lenken: Was habe ich gut gemacht? Was kann ich besser? Womit kann ich wirklich zufrieden sein? Wenn du persönliche Wertmaßstäbe entwickelt hast, fällt es auch viel leichter sie einzuhalten, weil sie von dir kommen und nicht von einer obskuren Kommission aus Brüssel. Du kannst auch hergehen und einen schriftlichen Einsatzplan erstellen, mit Etappenzielen. Wenn die erreicht werden, gibt es kleine Belohnungen. Im Ganzen gesehen darf man sich auch kleine Misserfolge zugestehen. Manchmal ist es gut, einen Schritt zurückzugehen, um dann zwei Schritte nach vorne zu gehen.

»Der Alltag der meisten Menschen ist stilles Heldentum in Raten«, sagte Anna Magnani, eine italienische Schauspielerin, die Tennessee Williams in seinen Memoiren beschrieb: »Sie stand so sehr außerhalb jeder Konvention wie niemand sonst, den ich in meinem Leben gekannt habe.« Vielleicht nicht zuletzt wegen ihrer Einstellung zum Alltag. Grazie, Anna.

Lebt gesund, lebt Genuss – so das Motto im Gesundheitsresort Lebensquell Bad Zell, in dem man nach der Wanderung noch einige Tage genießen kann

Ich habe da übrigens einen kleinen Trick, wenn mir einmal etwas misslingt. Ich sehe den Fehler nur als einen Fehler, also das, was er ist, und nicht ein generelles Scheitern an der Sache oder gar den ganzen Menschen als Versager. Sachen, mein Freund, können schiefgehen. Es stürzt nicht gleich die Welt ein, mein Gott, ist halt ein Fehler passiert. Im Alltag normal, im Detail vielleicht peinlich, aber scheißt der Hund drauf. Pardon, das ist mir jetzt passiert, haben wir aber als kleine Indianer immer wieder gesagt. Man kann sogar so weit gehen und seine Fehler feiern. Hey, super, stell dir vor, was mir wieder für ein Blödsinn passiert ist, ha!

Der Antrieb im Alltag kann ruhig eine positive Anspannung sein, das heißt, man steuert auf etwas Positives zu und rennt nicht vor einer negativen Situation weg. Wie wichtig der Alltag ist, und dass genau dort das Geheimnis zum gesunden Altern liegt, haben schon viele berühmte Menschen in Aphorismen gepackt. Pass auf. Sieben Zitate.

»Menschliches Glück stammt nicht so sehr aus großen Glücksfällen, die sich selten ereignen, als vielmehr aus kleinen glücklichen Umständen, die jeden Tag vorkommen.« (Benjamin Franklin)

»Die wahre Lebensweisheit besteht darin, im Alltäglichen das Wunderbare zu sehen.« (Pearl S. Buck, amerikanische Literaturnobelpreisträgerin)

»Man sollte die Existenz eintönig gestalten, damit sie nicht eintönig wird. Den Alltag beruhigen, damit auch die kleinste Einzelheit eine Zerstreuung mit sich bringt.« (Fernando Pessoa)

»Manche leben mit einer so erstaunlichen Routine, dass es schwer fällt zu glauben, sie lebten zum ersten Mal.« (Stanislaw Lec)

»Fürchte dich nicht langsam zu gehen, fürchte dich nur, stehen zu bleiben.« (Chinesische Weisheit)

»Kleine Geister interessieren sich für das Außergewöhnliche, große Geister für das Gewöhnliche.« (Elbert Hubbard, amerikanischer Schriftsteller)

»Nehmen Sie die Menschen, wie sie sind. Andere gibt es nicht.« (Konrad Adenauer)

Zu den sieben Merksätzen darf ich auch gleich sieben Glücksfaktoren nachreichen, die für ein langes Leben ausschlaggebend sind. Ein überschaubarer Alkoholkonsum, keine Zigaretten, eine glückliche Beziehung, regelmäßig Sport, kaum Übergewicht, ein gesunder Umgang mit Problemen und keine Depression ins fortgeschrittene Stadium entgleiten zu lassen.

Der Alltag kann so wunderbar sein. Wie Wandern. Einen Fuß vor den anderen setzen. Durchs Leben wandern. Manchmal muss man mitten durch ein Loch im Stein, manchmal elegant drum herum, ein andermal kleine Hürden überwinden und einmal vielleicht sogar über einen vereisten Wasserfall klettern. Hin und wieder ist es ganz gut, sehr nahe an den Dingen zu sein. Wer nur weitsichtig ist, kann nahe Dinge nicht sehen. Dann stolpert man auch leicht, beim Wandern.

Mit dem Johannesweg wirst du die Turbulenzen und Herausforderungen des Lebens leichter bewältigen, gesünder bleiben und dein eigenes Niveau erhöhen. Es ist ja eigentlich recht einfach. Du brauchst nur darauf schauen, dass Humor dein Leben begleitet, auch wenn die Dinge trist werden; dass du die Geduld bewahrst, wenn dir die Hast in den Hintern tritt; dass du mutig bleibst, wenn sich die Angst von hinten

Das Cella Hedwigsbründl in Bad Zell ist ein Ort, an dem besondere Heilkräfte wirksam sind. Ein Zentrum der Erholung und Erneuerung

anschleicht; dass du tolerant gegenüber deinen Gesprächspartnern bleibst, auch wenn sie dich vielleicht nerven; dass du dich nicht selbst erhöhst und abfällig über andere sprichst, weil das früher oder später auf dich zurückfällt; dass du hilfsbereit bist und dich als guter Gastgeber erweist, wenn die Zeiten vielleicht nicht ganz so rosig sind; dass du Maß halten kannst, vor allem beim Essen und Trinken, auch wenn das wirklich nicht immer leicht sein mag, außer beim Oktoberfest; dass du dein Alter akzeptierst und zufrieden mit deinem Los bist, auch wenn man dir vorgaukelt, andere seien viel besser dran; dass du deinen Körper äußerlich pflegst und innerlich in Balance hältst, auch wenn die Dinge sonst nicht im Lot sind; dass der Ernst des Lebens Freude als Treibstoff braucht, auch wenn sich die Trauer einstellen mag; und dass der Schlüssel zum gesunden Altern in deinem Alltag liegt. Im Hier und Jetzt. Auf deinem Johannesweg.

Am Anfang des Buches habe ich dich eingeladen, mich zu begleiten. Nun wünsche ich dir, mein lieber Johannesweggefährte, dass auch du deinen Weg gehst. Bis ins Ziel.

Eigentlich könnte ich damit das Buch schon beenden. Mit den drei Worten ist alles gesagt. Der polnische Dichter Stanislaw Lec hat ja, wie du dich vielleicht erinnerst, einmal gesagt: »Ich wollte der Welt nur ein einziges Wort sagen. Da ich es nicht konnte, wurde ich Schriftsteller.« Das hat mir eingeleuchtet, man soll von den Guten lernen.

Wobei es eben nie mein Ehrgeiz war, mich als Schriftsteller hervorzutun. Ich wollte nur in Worte fassen, worauf es mir ankommt. Ich wollte nur einen Namen haben, für das, womit ich auf die Leute zukommen möchte. In meinem Freundeskreis hatte man mir gesagt, dass das schon in Ordnung ist. So heißt du halt einmal, Johannes, haben sie gesagt, mit dem Namen bist du auf die Welt gekommen. Damit hat der Lebensweg begonnen, der mich zum Johannesweg geführt hat.

Ich freue mich, dass du mitgekommen bist.

Ich wünsche dir, dass du gut ankommst.

Der Johannesweg

Die Streckenbeschreibung

Der Johannesweg hat nicht zufällig die weiße Lilie im Logo. Sie steht als Symbol für das Licht, und ins Licht soll der Weg auch führen. Folgt man ihm über seine zwölf Stationen, folgt man vierundachtzig Kilometer lang den Umrissen der Lilie, nach der die Strecke abgesteckt wurde.

Natürlich kann jeder den Weg gehen, wie er will. In der Mitte einsteigen, nach einem Drittel aussteigen, immer wieder kommen oder ihn in einem durchrennen. An zwölf eigens aufgestellten Johannessäulen kann man sich orientieren, welcher Weisheit man im jeweiligen Abschnitt gerade auf den Grund geht.

Ein kleiner Wanderguide

1 Anfang und Ende liegen beim Johannesweg dicht beieinander. Nämlich in der oberösterreichischen Gemeinde Pierbach im Mühlviertel, von der aus man Richtung Linz marschiert. Einige Meter nach der Ortstafel geht es rechts hinauf auf den Ramlberg und weiter zum Hof der Familie Irxenmayr und seiner Quelle des Lebens. Am Johannesbrunnen und der Engelskapelle ist der offizielle Start des Wanderweges. Auf diesem ersten Abschnitt ist man dem Humor auf der Spur.

2 Es geht bergab zur Kleinen Naarn und ein Stück den Bach entlang, bevor man links durch den Wald hinauf nach Kaining kommt. Wiesen und Waldwege führen nach Schönau zur Mühlviertler Alm Bundesstraße. Am Herrgottsitz lässt man sich entweder in der Mulde nieder und schaut auf die Hügel der Mühlviertler Alm herunter, wie es der Sage nach der liebe Gott gemacht haben soll, als er die Welt erschuf.

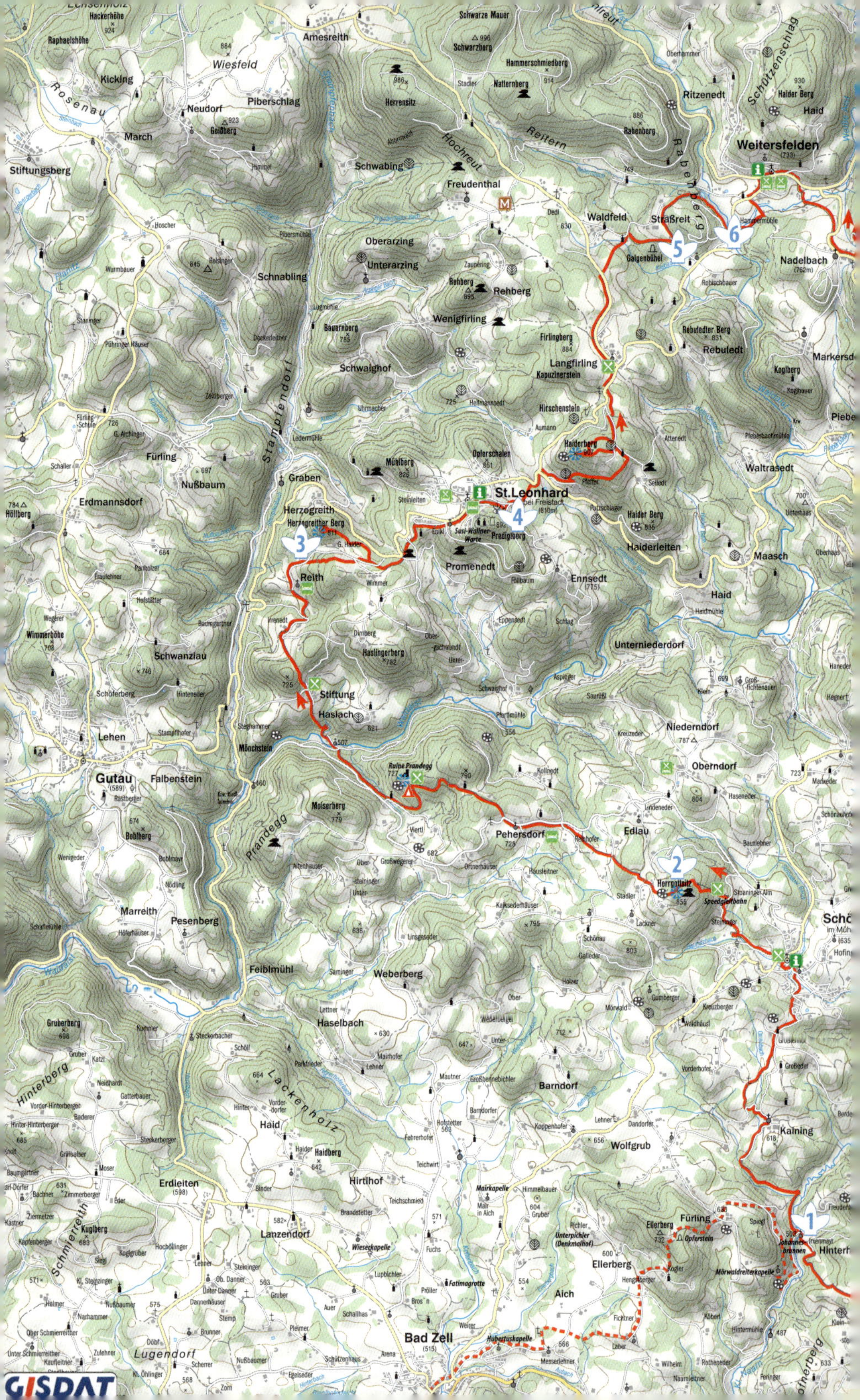
Amesreith
Wiesfeld
Piberschlag
Neudorf
March
Kicking
Stiftungsberg
Schwabing
Freudenthal
Hochreut
Reitern
Weitersfelden
Ritzenedt
Waldfeld
Straßreit
Galgenbühel
Nadelbach
Oberarzing
Unterarzing
Schnabling
Rehberg
Wenigfirling
Firlingberg
Langfirling
Kapuzinerstein
Schwaighof
Bauernberg
Hirschenstein
Haiderberg
Rebuledt
Stampfendorf
Graben
Herzogreith
Herzogreither Berg
Mühlberg
St.Leonhard
bei Freistadt
(810m)
Predigtberg
Promenedt
Haider Berg
Haiderleiten
Maasch
Waltrasedt
Fürling
Nußbaum
Erdmannsdorf
Höllberg
Reith
Ennsedt
Haid
Wimmerhöhe
Schwanzlau
Haslingerberg
Unterniederdorf
Stiftung
Haslach
Lehen
Gutau
Falbenstein
Mönchstein
Niederndorf
Oberndorf
Ruine Prandegg
Moiserberg
Prandegg
Pehersdorf
Edlau
Bodlberg
Herrgottsitz
Marreith
Pesenberg
Feiblmühl
Weberberg
Gruberberg
Haselbach
Barndorf
Lackenholz
Hinterberg
Haid
Haidberg
Hirtlhof
Kalning
Wolfgrub
Erdleiten
Lanzendorf
Kuglberg
Schmierreith
Mairkapelle
Wieseckapelle
Fürling
Ellerberg
Opferstein
Johannesbrunnen
Mörwaldreiterkapelle
Aich
Fatimagrotte
Bad Zell
Hubertuskapelle
Lugendorf
GISDAT

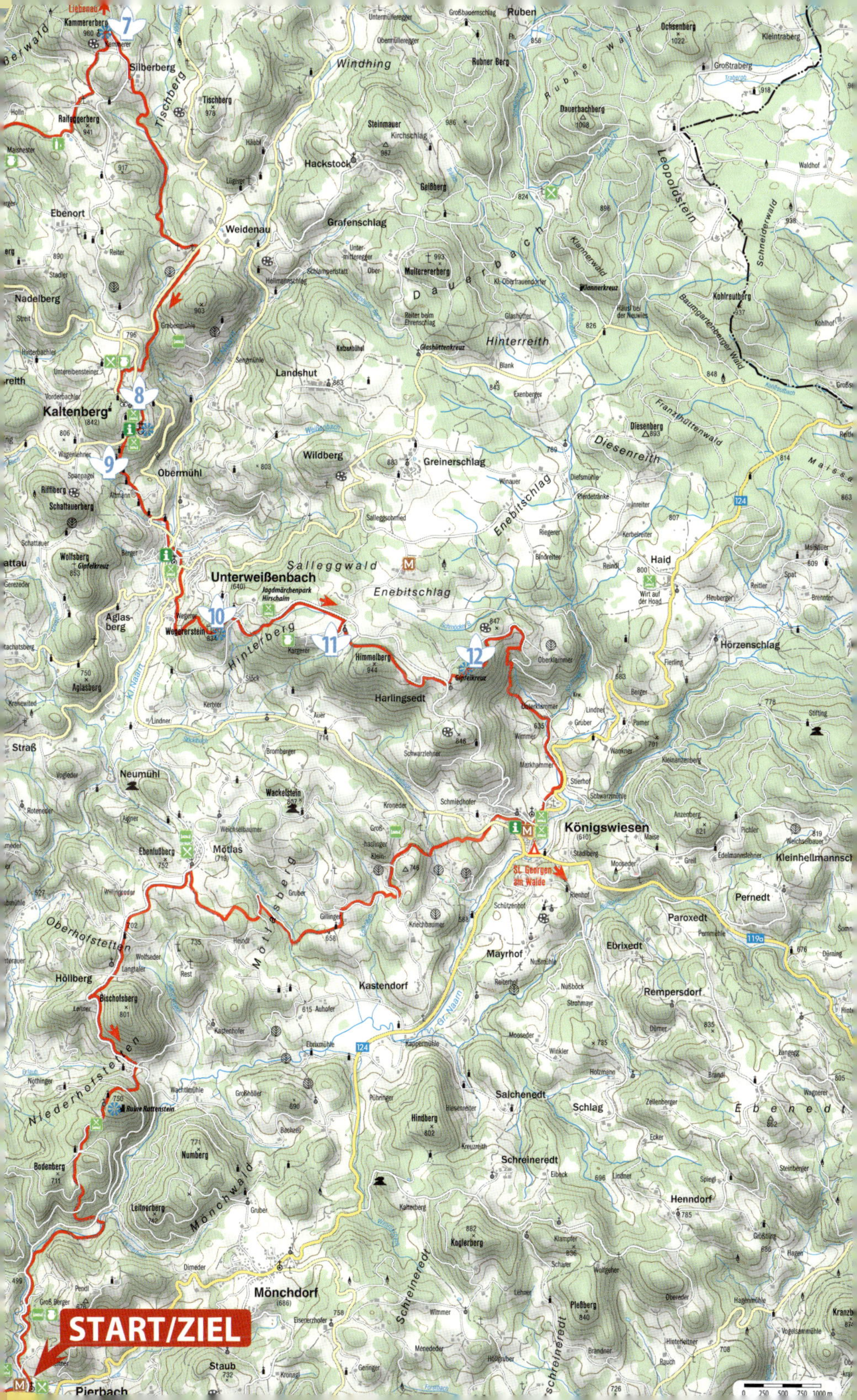

START/ZIEL
Kaltenberg
Unterweißenbach
Königswiesen
St. Georgen am Walde
Mönchdorf
Pierbach
Weidenau
Landshut
Wildberg
Greinerschlag
Hackstock
Grafenschlag
Windhing
Ruben
Salleggwald
Enebitschlag
Hinterberg
Himmelberg
Harlingsedt
Mötlas
Mötlasberg
Kastendorf
Mayrhof
Oberhofstetten
Niederhofstetten
Höllberg
Bischofsberg
Ruine Ruttenstein
Numberg
Mönchwald
Leitnerberg
Bodenberg
Staub
Saichenedt
Schreineredt
Schlag
Hindberg
Koglerberg
Pleßberg
Henndorf
Rempersdorf
Ebrixedt
Paroxedt
Pernedt
Kleinhellmannsch
Hörzenschlag
Haid
Diesenreith
Diesenberg
Franzhüttenwald
Hinterreith
Dauerbach
Dauerbachberg
Rubner Wald
Leopoldstein
Schneiderwald
Kohlreutberg
Ochsenberg
Kleintraberg
Großtraberg
Tischberg
Silberberg
Kammererberg
Raiteggerberg
Ebenort
Nadelberg
Obermühl
Riffiberg
Schattauerberg
Wolfsberg
Aglasberg
Neumühl
Straß
Wackelstein
Jagdmärchenpark Hirschalm
Gipfelkreuz
Ebened
124
119a
7
8
9
10
11
12
0 250 500 750 1000 m

Oder man will aufs neu errichtete Gipfelkreuz. Das nächste Stück Weg zur Ruine Prandegg ist leicht zu bewältigen. Die Aussicht auf dem Turm kann sich sehen lassen, man schaut bis zu den Alpen. Nach der Turmbesteigung wird man die Taverne zu Prandegg ungern links liegen lassen. Auf diesem zweiten Abschnitt geht man der Geduld nach.

3 Von nun an geht's bergab ins Waldaisttal und gleich darauf wieder bergauf in die Ortschaften Stiftung und Reith. Von hier aus ist es nicht mehr weit bis zum Herzogreitherfelsen, der Spitze des ersten Lilienblattes. Über die in Stein gehauenen Stufen bezwingt man den großen Granitfelsen, außerdem gibt es Aufstiegshilfen. Wieder sieht man bis zu den Alpen und macht sich dann auf nach St. Leonhard bei Freistadt und seiner sehenswerten Wallfahrtskirche. Wer den Johannesweg in drei Etappen gehen will, hat hier die erste hinter sich. Auf diesem dritten Abschnitt kommt man dem Mut näher.

4 Direkt beim Kirchenwirt im Ortszentrum beginnt der Weg zur Bründlkapelle. Am Augenbründl sollte man nicht achtlos vorübergehen, es hat einen Grund, warum es so heißt. Das Wasser, das aus der Quelle sprudelt, ist radonhältig, deshalb wird ihm eine starke positive Wirkung auf Augen und Ohren zugesprochen. Man kann also nicht sagen, dass einem an dieser Stelle des Johanneswegs Hören und Sehen vergeht. Auf diesem Abschnitt ist man Richtung Großzügigkeit unterwegs.

5 Nun geht es bergauf über den Haiderberg in die Ortschaft Langfirling und über eine herrliche Panoramastrecke nach Waldfeld. Von hier ist es nicht mehr weit bis zum Galgen. Was jetzt nicht bildlich gemeint ist, den gibt es hier wirklich. Allerdings muss man genau schauen, vor lauter Bäumen kann man ihn beinahe nicht sehen. Auf diesem Abschnitt läuft man der Toleranz in die Arme.

6 Bergab führt der Weg durch den Wald bis zur Zwischenstromwiese. Die heißt deshalb so, weil sich hier die Schwarze und die Weiße Aist zur Waldaist zusammentun und dazwischen Wiese ist. Auf hölzernen Liegen lässt es sich trefflich rasten und erleben, wie die beiden Bäche

symbolisch vieles herantragen, aber auch wieder mitnehmen. Bis man merkt, dass man im Sitzen nicht weiterkommt, kann es schon etwas dauern. Auf diesem Abschnitt ergeht man sich in Demut.

7 Weiter geht es flussaufwärts der Weißen Aist in die Ortsmitte des Marktes Weitersfelden, wo man, wenn man Lust hat, einige Wirte abklappern kann. Auf der Straße Richtung Kaltenberg biegt man nach einigen hundert Metern rechts ab und ist sofort wieder in der freien Natur. Über Wiesen- und Waldwege am sogenannten Naturkino vorbei, marschiert man nach Nadelbach, vorbei an der Jausenstation Maisnester und dem Silberberger Schnapsbrenner. Ein Stamperl Selbstgebrannter oder Angesetzter macht den Anstieg zur Kammererkreuzkapelle leichter. Dann hat man die Spitze des mittleren Lilienblattes des Johannesweges erreicht und wird mit einem grandiosen Blick bis in die Alpen belohnt. Ein paar Minuten atmet man in der Kapelle durch, bevor man nach Kaltenberg aufbricht. Auf diesem Abschnitt geht man Hand in Hand mit der Hilfsbereitschaft.

8 Die Wanderung führt durch eine ausgesprochen intakte Natur- und Kulturlandschaft durch die Ortschaft Silberberg, vorbei an der Jausenstation Langoth nach Kaltenberg. Bevor man den Ortsplatz erreicht, kommt man an der Ursprungskapelle und am Augenbründl vorüber. Sehenswert ist auch die Marien-Wallfahrtskirche. Der Volkssage nach soll es im 16. Jahrhundert hier eine Marienerscheinung gegeben haben. Auf diesem Abschnitt geht man alles mit Maß und Ziel an.

9 Vom Marktplatz von Kaltenberg geht man den Kreuzweg nach Unterweißenbach. Vierzehn Kapellen stehen hier auf 200 Meter Höhenunterschied verteilt. Die Kapellen sind in Steinbloß-Mauerwerk ausgeführt, innen weiß verputzt und haben einen hölzernen Vorbau. Das Dach jeder Kapelle krönt ein päpstliches Kreuz, hölzerne Reliefs des Bildhauers Felix Weiß aus Liebenau schmücken sie. Die achte Station des Kreuzwegs wird wegen des eingemauerten steinernen Beckens auch Schüsselkapelle genannt. Auf diesem Abschnitt wandert man der Zufriedenheit entgegen.

10 Man durchquert Unterweißenbach und lässt den Wegererhof hinter sich, dann geht es steil bergauf. Vom 834 Meter hohen Wegererstein zeigt sich die Landschaft wieder einmal von ihren schönsten Seiten. Der Rundblick von der Plattform am Gipfel gibt einem Berge. Auf diesem Abschnitt tritt man in Kontakt mit der Ausgeglichenheit.

11 An der Hirschalm-Almhütte im Jagdmärchenpark muss man nicht vorbei, man kann auch dort einkehren. Als nächstes stolpert man über die kleine Hauskapelle und die Einsiedlerklause. Umrundet man den Platz, steht man vor der Himmelsleiter mit ihren hundertacht Stufen nach oben. Der gesamte Hügel ist bekannt für seine besonderen Energiezonen, man kann hier gut Kraft tanken. Auf diesem Abschnitt entdeckt man Schritt für Schritt die Freude.

12 Durch den Wald kommt man zum Harlingsedter Gipfelkreuz. Danach geht es bergab nach Königswiesen, über Wald- und Wiesenwege bis in die Ortschaft Mötlas, um den Bischofsberg herum und wieder bergauf zur Ruine Ruttenstein. Vom Turm aus wirft man noch einen letzten Blick vom Johannesweg herunter, dann ist es Zeit für ein Glaserl Most in der Schutzhütte Ruttenstein, bevor man nach Pierbach aufbricht. Auf diesem letzten Abschnitt hat man den Kreis zum Alltag geschlossen.

Information und Kartenmaterial erhältlich unter
Verband Mühlviertler Alm
A-4273 Unterweißenbach 19
Tel.: 0043(0)7956/7304
Mail: office@muehlviertleralm.at
Web: www.muehlviertleralm.at